学校教育理论的创新与实践丛书　　靳玉乐　总主编

课程改革的
制度化研究

KECHENG GAIGE DE
ZHIDUHUA YANJIU

肖　磊　著

西南师范大学出版社
国家一级出版社　全国百佳图书出版单位

图书在版编目（CIP）数据

课程改革的制度化研究 / 肖磊著. －－ 重庆 ：西南师范大学出版社，2017.2
ISBN 978-7-5621-8468-3

Ⅰ.①课… Ⅱ.①肖… Ⅲ.①课程改革－教学研究－中小学 Ⅳ.①G632.3

中国版本图书馆 CIP 数据核字（2017）第 018655 号

课程改革的制度化研究

肖　磊　著

责任编辑：张昊越

装帧设计：北京文元晟然文化有限公司

排　　版：重庆大雅数码印刷有限公司·瞿　勤

出版发行：西南师范大学出版社

　　　　　　网址：http://www.xscbs.com

　　　　　　地址：重庆市北碚区天生路 2 号

　　　　　　市场营销部电话：023-68868624

　　　　　　邮编：400715

印　　刷：重庆荟文印务有限公司

开　　本：720mm×1030mm　1/16

印　　张：13

字　　数：253 千字

版　　次：2017 年 6 月　第 1 版

印　　次：2017 年 6 月　第 1 次印刷

书　　号：ISBN 978-7-5621-8468-3

定　　价：38.00 元

前　言

　　制度是历史性存在的用于调节社会交往关系且具有权威性的行为规则系统。每个人都生活在特定的社会制度、政治制度、经济制度以及文化制度中,制度无时无刻不影响和规范着人们的生活与行为。课程改革作为现代国家的一项公共事业,关系着广大青少年儿童的健康发展,关系着国家综合国力的提升,其本身就是一个复杂的社会系统。从政治视角看,多元权力推动课程改革并通过改革实现自身的再生产;从文化视角看,它是多元教育观竞相登场和彼此角逐的过程;从经济视角看,它是文化资本的再分配过程。课程改革即是由具有特定教育观的权力主体所推动,围绕文化资本的重新分配,实现权力的再生产、知识的阶层化以及利益的再分配。然而,课程改革作为教育系统危机的解除策略,总体目标是公共利益的实现、教育系统与外部环境之间达至平衡状态。如果课程改革缺少制度来规约和调整其中的权力关系、价值关系以及利益关系,那么就会造成权力的压制、文化的霸权以及利益的失衡,这不利于课程改革的顺利开展。因此,课程改革需要建立起健全、合理的"制度丛"来规约其朝着合理性的方向发展,并保障课程改革的顺利进行。这个建立"制度丛"的过程便是课程改革的制度化,制度规则系统的建立和完善,是课程改革制度化的核心。那些以自然演进反对制度化、以先入之见贬抑制度化、以人性本善排斥制度化、以国情特殊拒绝制度化、以改革复杂否定制度化的观点,在根本上都是站不住脚的。

　　我国在世纪之交启动的新课程改革,较之以往历次课程改革在各方面都有了长足的进步,取得了一定的成效,也初步建立起了一些课程改革的制度,但从塞缪尔·P.亨廷顿(Samuel P. Huntington)有关制度化的衡量标准来看,我国的课程改革制度化尚处于较低水平,很多制度不健全、不完善或者不尽合理,诸如课程决策制度与课程实施制度尚未真正形成、课程管理制度不健全、教科书制度与课程评价制度缺乏形式化等。这就造成了课程改革过程中的乱象丛生,如官僚主义、经验主义、形式主义和冒进主义等不良现象频发,严重干扰了课程改革的正常开展。然而,从国际课程改革的主流趋势看,大多数国家都是通过立法或建立其他正式制度来确保课程改革行为的合理性。这一点在日本的课程改革过程中表现得尤为明显,依法行政、依法改革的理念已经深入日本国民的内心,高度制度化是日本课程改革的显著特征,值得我们认真研究和借鉴。正是在对现存课程改革制度的肯定性把握和否定性把握的基础上,课程改革主体通过主动进行反思,逐步清楚哪些规则可以保障课程改革的合理开展,这些规则的作用机制是什么,其价值何在等,哪些需要固化下来成为制度,这就是课程改革制度意识的产生。课程改革制度意识的自觉表达便形成了课程改革制度。

合理性的课程改革制度可以保障课程改革主体的自由,有助于形成课程改革的良好秩序。由于课程改革的制度缺失或不尽合理,我们的课程改革往往陷入"一统就死、一放就乱、一乱就收"的怪圈之中,其实质就是自由与秩序之间的冲突和矛盾在课程改革中的突出表现。单纯强调自由,课程改革容易陷入非理性、随意化的泥沼;单纯强调秩序,课程改革容易走进机械化、一元化的境地。这两种情况都是不利于课程改革的科学发展的。课程改革制度应该对权力的行使、观念的表达以及利益的竞取进行合理的规约与引导,使课程改革不仅有秩序,而且能够照顾到不同地区的差异,充分调动地方和学校的积极性,在既定政策范围内自主地推动课程改革,即形成一种有秩序的自由,我们称之为"自由秩序",以期使课程改革有利于教育的科学发展,有利于青少年儿童身心的全面发展,最终实现社会的和谐发展。

课程改革的制度创新与制度建设,不能仅凭主观意志,随意而为,必须确立科学的、正确的理论基础和指导思想。在课程改革的过程中,改革的发起者与参与者应该在制度自觉——意识到课程改革的各个环节所需要的制度或者现存制度的不合时宜之处的基础之上,秉持公共理性精神,建立新的、合理性的制度或完善、修正现有制度使之趋于合理,更好地调节关系各方的权利—义务达至均衡,使其符合时代发展的规律、符合课程改革的需要、符合最大多数青少年儿童发展的需要。这即是课程改革的制度理性,课程改革的制度化需要以课程改革的制度理性为指导。课程改革制度理性的基本特征是:立足现实,面向未来;注重形式,兼顾实质;民主先于自由,公平先于效率;权责明晰,对等统一。课程改革的制度建设包含建立合理性的课程决策制度、课程管理制度、教科书制度、课程实施制度以及课程评价制度五个方面,而制度的构成又包括制度观念、规则系统、规范对象以及呈现载体四个要素,课程改革的制度化应结合课程改革制度的五个方面和制度的四个构成要素而展开。课程改革制度化的一般程序是,分析制度的规范对象究竟是什么;规范对象的性质究竟是权力、观念,还是利益,抑或是它们之间的结合体;根据规范对象提出规则系统的内容,并根据规范对象的性质提出相应的制度观念;最后将这些内容以正式制度的形式予以表达。

课程改革是一项复杂的系统工程,其正常开展需要制度的规约和保障,但是即便建立起了相应的制度也并不一定能够保证课程改革的必然成功,并不一定能够保证课程改革预期目标的顺利达成。因为课程改革制度有其自身的局限性,即课程改革制度是"他律"而非"自律"的,从制度系统内部各子系统独立来看可能功能良好,但协同作用时则可能存在着功能内耗的现象,这是制度功用的内在限度;另外,课程改革制度面对的是活生生的人,当制度客体秉持机会主义态度行事时,制度将成为摆设,当制度观念超前或落后于社会环境的变化时,制度的功用也将减损,这些是制度功用的外在限度。合理性的课程改革制度功用的良好发挥,课程改革的顺利推进,还需要良好的社会文化氛围、改革参与者道德修养的不断提升和专业素养的不断发展。只有在这些要素的功能与课程改革制度相一致的情况下,才能最大限度地避免课程改革过程中随意化和非理性现象的发生,保障课程改革的顺利推进。

CONTENTS
目录

第一章　导　论

第一节　问题的提出

教育现代化是我国近百年来一直追求的目标,《国家中长期教育改革和发展规划纲要(2010—2020年)》指出:"到2020年,基本实现教育现代化,基本形成学习型社会,进入人力资源强国行列。"[①]塞缪尔·P.亨廷顿认为,所谓的现代化,其核心和要害就是制度化。教育现代化的指标之一便是教育管理的制度化、理性化以及决策的科学化。[②] 现代文明社会有别于原始社会、古代社会之处便是以人的理性为依据,祛除各种神性的和非理性的因素为指导而进行的社会实践。古代社会的教育是面向少数人的精英式教育,教育的内容也多是治术,教育的目的是为了维护统治阶级的利益,因此这种教育具有很强的稳定性,很少进行重大的课程改革,这种教育完全由"帝王"说了算,帝王的命令就是法律,就是政策。然而,随着现代工业社会的发展,教育开始面向普通民众,教育的目的逐步演变为培养能够适应现代工业社会发展的现代公民。同时,社会的民主化程度也日益提升,教育不再是某一阶级或阶层的专权,而是关系到每一位公民的福祉,是国家综合国力提升的关键因素。如何促进教育事业的健康发展,如何保障大多数人民接受良好的教育,成为世界各国政府必须认真考虑和谨慎对待的问题。因此,必须建立各种教育制度,保障公民的受教育权,确保公民接受优质的教育。教育现代化要求这些制度不能建立在神性和非理性的基础上,而只能以人类的理性为基础进行决策。课程改革也不例外,也需要建立相关的制度来保驾护航,因为课程改革关系到教育向何处发展、如何发展、为了谁而发展等重大问题。

我国在经历了两千多年的传统农业社会之后,毛泽东同志带领全国人民建立了社会主义新中国,然而,传统的人治、威权主义思想仍然存在,不时扰乱社会的正常秩序。这在"文革"时期尤其严重,社会的各项事业陷于全面停滞和全面落后的境地,包括教育事业与教育改革,究其原因,其中最为重要的一点恐怕就是没有健全的法律、

制度的约束,致使各种非理性行为泛滥,诸如教育的泛政治化、行政彻底干预教育、以领导人的意志办教育等,使教育成为政治的附庸,严重影响了教育事业的顺利开展。改革开放以来,我国逐步建立起适应社会主义市场经济的法律和制度体系,依法治国的理念得以确立,社会的各项事业逐步走向规范化、有序化和法制化,各种不利于社会稳定、有序运作的现象得到了一定程度的遏制,取得了举世瞩目的成就。这其中也包括教育事业,正是在各种法律、制度的规约下,教育改革有序进行,我国的教育事业才逐步走上正轨,纠正了"文革"时期种种错误的和偏激的做法。

2001 年,基于我国基础教育实践中"应试教育"倾向所引发的诸多问题和弊端,为落实素质教育理念,培养时代发展所需要的创新型人才,我国启动了新一轮基础教育课程改革(以下简称"新课程改革"),这次课程改革涉及面广、改革幅度大,实质上也是以课程改革来带动整个教育系统的改革。新课程改革力图以系统的眼光考量教育、规划改革,倡导和实施了很多新的理念以及新的做法,为我国的教育事业吹来了一阵新风。然而,随着改革的逐步深入,众多学者、教师和社会人士注意到本次课程改革的缺陷和失误,他们通过各种途径发表自己对新课程改革的意见和看法,提出了很多建议,也展开了激烈的学术争鸣,这有利于课程改革的顺利进行。诸如本次课程改革的理论基础不清晰、试验阶段过短、推进速度过快、不适合农村地区的学校、教科书选用过程不规范、行政干预过多、很多地区用于实施改革的经费短缺等,这些问题有的是伴随改革过程必然会出现的问题,但大多数却是由改革的制度缺失所导致的。之所以会出现此种状况,是由于我们国家开展这种系统性的课程改革在新中国成立以来尚属首次,很多因素在改革设计阶段未经仔细考虑和斟酌,事先没有建立起一套规范、约束和引导课程改革行为的制度,遂造成了许多不合理的做法、不应该发生的现象的出现,这些现象不利于基础教育改革的顺利推进,还有可能对学生的发展造成不良影响,使一大批学生成为课程改革的"小白鼠",继而对我国各项社会事业的发展造成不良影响。

课程改革作为国家的一项公共政治行动,牵涉到千千万万学生的发展,更关系到国家各项事业的顺利发展,启动和实施之前需要慎之又慎。课程改革本身是为了学生的全面发展,是为了调节潜在的利益冲突,而课程改革的参与者也是"经济人",也有自己特定的利益诉求,为了规约课程改革朝合理的方向前进,课程改革需要走向制度化。所谓"制度化",按照亨廷顿的解释,即是"组织与程序获得价值和稳定性的过程"①。通俗地讲,课程改革的制度化是制定一系列规约课程改革行为本身的规则和

---

① [美]塞缪尔·P. 亨廷顿.变化社会中的政治秩序[M].王冠华,等译.上海:上海人民出版社,2008:10.

程序,且这些规则和程序能被课程改革的参与者认可和遵守,从而形成稳定的行为模式的过程,使课程改革行为本身逐步走向合理性和有序化。纵观世界发达国家的课程改革,无不是经过审慎思考、精心设计、长时间实验之后才逐步推广开来的,并在改革启动之前就制定或颁布专门的法律或规章制度,以保障课程改革的顺利推进。因此,探讨课程改革的制度化这一命题对于我国的课程改革具有现实和长远的意义。因为课程随着时代的发展还将会继续变革,变革对于教育、对于课程来说在未来应该是常态,那么思考如何使课程改革这种社会行为本身走向规范化与制度化,确保各项课程政策制定的科学、合理,执行顺畅,则是课程理论研究的重要任务。然而,课程理论研究者的责任并不在于提供具体的课程改革制度,这更多的可能是教育行政部门的职责,理论研究的任务主要在于深入认识现象并揭示现象背后的规律,在于从繁杂的特殊之中抽取出具有普遍性的东西,从而在一般原则的层面为实践的开展提供相应的依据。具体到本研究中来,即是对课程改革制度化这一反思性实践进行深入的认识,帮助大家更好地理解其本质、发生机制、价值诉求与方法论原则等,以便从观念层面对课程改革过程中各项制度的建设提供理论支持。

第二节 研究的意义

一、理论意义

课程学者古德莱德(John I. Goodlad)主张,课程作为一个研究领域,主要涉及三种现象:实质的(substantial)、政治社会的(political-social)、技术专业的(technical professional)。[①] 对于课程改革的研究而言,其实质面重在剖析改革的目标、策略、结果与评价等,此角度有助于我们认识课程改革的程序与结果;政治社会面意指解读各种社会脉络与权力博弈的关系,认识这种关系对于课程改革的影响,此角度有助于我们厘清课程改革在整体社会中的定位与运作状况;技术专业面则重在探究课程改革所需的资源和配套措施等,从此角度着手研究,有助于我们分析课程改革的技术力量。笔者认为,课程改革研究的三个方面是有着内在联系的,以往的许多研究基本上都重在对其某一个方面进行深入研究,或倾向于主要研究改革的实质面向,或倾向于研究改革的政治社会面向,或倾向于研究改革的技术面向,这是课程改革研究初期所必需的。然而,随着课程改革研究的逐步深入,需要我们从宏观审视、整体把握课程改革,如此,方能提供课程改革的整体图像。本书就是试图兼顾课程改革研究的三个

① 黄显华,霍秉坤.寻找课程论和教科书设计的理论基础[M].北京:人民教育出版社,2002:79.

方面,从课程改革的政治社会面的分析入手,对课程改革的制度化的技术面进行重点研究,同时兼顾课程改革的实质面,以求从整体理解课程改革的制度化这个研究主题。具体来说即是,本研究着眼于理想的课程改革图景,着手于课程改革的社会机制和我国新课程改革制度缺失现象的分析,对课程改革制度化的内涵、立论基础、发生过程、价值诉求、顶层设计以及制度化本身的局限等进行深入系统的分析,以便从一般原则的层面建构保障课程改革顺利推进的制度系统。这为我国的课程改革研究提供了新的主题、视角和理论基础,有助于丰富课程改革的理论研究。

二、实践意义

改革开放以后,我国与国外学术交流日益频繁,国人接触到形形色色的异国理论,开阔了我们的视野,解放了我们禁锢已久的心灵,我们敞开了怀抱充分吸收、学习。新世纪伊始,为实现我国向人力资源强国的转变,紧跟世界教育改革的潮流,适应变化迅速的现代世界,基于我国基础教育中存在的各种弊端,我国政府发动了新一轮基础教育课程改革,这次课程改革乃是新中国成立以来的首次课程改革。这次课程改革的理论基础繁多,但后现代主义无疑是许多学者所大力倡导的,后现代主义已成为我国课程改革中的显学。这种学术思潮倡导去中心化、多元化、不确定性,反对普遍化、确定性,这种思潮在某种程度上是有利于社会发展和教育进步的,但它本身也存在着明显的弊端,比如反理性这一特征就明显不适应现代社会的发展,对于我国这种尚未实现现代化的国家来说尤为如此。后现代主义明显地反映在课程改革的过程中,因为有什么样的思维方式,就有什么样的实践样态。相反,制度化恰恰在于追求确定性、规范化与普遍化,最大限度地避免非理性和随意化现象的出现。我国课程改革的制度化水平不高,固然与课程改革经验的匮乏有很大的关系,但是后现代主义思潮的泛滥更加剧了这种状况,可谓"火上浇油"。课程改革如果没有良好与完备的制度进行规范、约束与保障,课程改革的路径、所需要的各种资源与支持等都会处于一种不确定的状态,导致课程改革的实施者无所适从,课程改革目标的实现也就无从谈起。随着我国课程改革的深入推进,许多学者也意识到制度建设的必要性和急迫性,但是有关课程改革制度化的研究却刚刚起步,尚不能很好地指导课程改革的制度建设,再加上国民的制度意识普遍比较淡薄,这就会导致课程改革过程的乱象丛生。因此,加强课程改革制度化的研究,建立完备、合理性的课程改革制度对于我国课程改革顺利、科学地开展无疑具有很强的现实意义。

第三节 已有研究述评

一、制度与制度化的研究

1.制度的内涵

关于制度的研究已成为我国社会科学研究领域的一个重要课题,因为制度的范围广泛,几乎涉及社会的各个领域,关系到我们生活的各个方面。20世纪80年代,我们很少使用"制度"这一词语,而是更多地使用"体制"一词。在译介西方文献时,大多将 institution 译为"体制"。到了20世纪90年代,受新制度经济学的影响,"制度"遂成为一个流行概念,我们将许多与 institution 无关的词都译为制度,如将"体制变迁"(systematical changes)译为"制度变迁"。概念混淆现象较为严重,作为本研究的核心概念,澄清其内涵对我们的研究具有重要的意义。通过对各学科制度研究材料的梳理与总结,我们发现学者们经常使用的制度的定义大概有四种,它们分别代表了人们理解制度的四个视角。

第一,制度是一种(套)规则或规范,这是对制度最常见也是最为基本的一种定义。如诺斯(Douglass C. North)就认为,"制度是一系列被制定出来的规则、守法程序和行为的道德伦理规范"[①]。这一定义将组织、法律、道德、价值观与意识形态等全部纳入到制度的范畴之中。在诺斯看来,制度一方面形塑着人们重要的社会关系与互动过程,因此是社会及其结构的基本要素;另一方面,制度又非抽象的社会宏观结构,因宏观结构意义上的制度乃是体制(system),与具体的社会关系、互动过程没有直接的关系,只是作为活动的背景要素客观地存在,而制度(institution)则是人们活动过程中的各种规则或规范。诺斯对制度的定义被人们广泛接受,但也存在不足之处,即简单地将一切的文化和意识形态都看作制度的内容,从而模糊了制度和非制度之间的界限。另外,他的定义又过于狭窄,即只有被制定出来的规则系统才能称为制度,这就将风俗、习惯和惯例等统统都排除在外。

第二,制度是一种行为模式。其代表人物是亨廷顿,他认为,所谓制度乃是"稳定的、受到尊重的和不断重现的行为模式"[②]。亨廷顿在此强调的是制度的过程性,他定义制度的目的是为了说明制度化的概念。制度化意指组织与程序获得价值和稳定

---

① [美]道格拉斯·C.诺斯.经济史中的结构与变迁[M].陈郁,罗华平,等译.上海:上海三联书店,1994:225-226.

② [美]塞缪尔·P.亨廷顿.变革社会中的政治秩序[M].李盛平,等译.北京:华夏出版社,1988:12.

性的过程。此外,英国社会学家米切尔在总结了学者们对制度的界定后指出,几乎所有的社会学家都在这样的意义上使用了"制度"一词,即"制度是已建立的行为方式"①。

第三,制度是一种特定的组织。最早将制度作为一个社会学语汇使用的斯宾塞(Herbert Spencer),就认为制度是"履行社会功能的机构"②。此后,新制度经济学家如奥利弗·威廉姆森(Oliver Eaton Williamson)也提出,"组织及其结构、程序本身就是制度,作为制度的组织就是一种被设计用来治理生产活动并使交易成本最小化的系统"③。然而,制度毕竟不完全等同于组织。制度是建构人与人之间互动的一系列规则,而组织则是受制度约束的集体。④ 制度是比赛规则,而组织是运动员。⑤

第四,制度是一种社会关系结构。"制度在根本上首先是客观、稳定的社会交往关系结构,社会的基本权利—义务关系的安排是制度的核心。"⑥如资本主义制度、社会主义制度等就是从这个意义上使用"制度"的。在此,制度被看作社会的基本制度,等同于社会形态。这就造成了一种后果,即倾向于将所有制度的对立都归结为社会基本制度的对立,这种错误的印象源于我们对马克思和恩格斯对"制度"一词使用的误解和误读,并长期流行于我国民间和学界,使我们丧失了与别的制度理论对话的机会,不利于我们进行全方位、多层次的制度探索与创新。⑦ 因为,社会关系结构是普遍存在于人类生活之中的,而制度却不一定,尤其是正式制度,比如我们通常会说制度不健全,而不会说社会关系结构不健全,稳定的社会关系结构是制度规范的客观结果,所以不能将二者混淆。

由上可知,学者们大都是站在自己的学术立场上去理解、定义"制度"这一术语的,都是出于自己研究的需要,结果是只抓住了制度的一个侧面,无法提供关于制度的全景,因而其解释力和应用范围也受到了限制。这就需要我们站在马克思辩证唯物主义的立场,在对以往的"制度"定义理解的基础上重新界定"制度",以探寻制度的本质,为我们研究课程改革的制度奠定良好的研究基础。

---

① [英]G.邓肯·米切尔.新社会学词典[Z].蔡振扬,等译.上海:上海译文出版社,1987:177.
② [英]G.邓肯·米切尔.新社会学词典[Z].蔡振扬,等译.上海:上海译文出版社,1987:176.
③ [美]W.理查德·斯科特.制度与组织——思想观念与物质利益[M].姚伟,王黎芳,译.北京:中国人民大学出版社,2010:158.
④ [美]杰克·奈特.制度与社会冲突[M].周伟林,译.上海:上海人民出版社,2009:3.
⑤ North, D.C. Institutions, Institutional Change and Economic Performance [M]. Cambridge and New York: Cambridge University Press,1990:4.
⑥ 高兆明.制度伦理研究——一种宪政正义的理解[M].北京:商务印书馆,2011:12.
⑦ 宋增伟.制度公正与人的全面发展[M].北京:人民出版社,2008:28—29.

2.制度的来源

制度来自哪里？如何产生？这是制度研究最基本的问题。对"制度是什么"这一问题的探讨必须以"制度从何处来"为前提。目前看来，学者们普遍认为，一些制度是自发地产生，另外一些则是人为设计的结果。① 但从根本上说，制度来源于人类的社会生产与生活实践。一些制度是人类在社会实践中发现某些规则有用，而且能被大多数人所采用，从而被长期保持与传承，并逐步被整个共同体所接受和执行。相反，不能满足人类需要的一些规则则被抛弃。因而，人们日常生活中的多数占重要地位的规则，都是在社会中经过一种渐进式反馈并逐步演化发展而来的。其他类型的制度则是由一批代理人设计而生，这些制度清晰地反映在各种法规、规章和条例之中，并由一个高踞社会之上的权威机构如政府来执行。当然也有一些学者持极端的观点，认为所有的制度都是自发产生的，如美国学者杰克·奈特(Jack Knight)②，这种观点不免有失偏颇。正确的态度是坚持全面的、辩证的态度来看待制度的来源。

3.制度的功用

制度的功用同制度的产生和来源关系紧密，因为对人类的生产生活没有功用的一些规则多被人类在实践中所抛弃，只有那些有利于人类之间相互交往、有利于人们更好地生产与生活的规则才会被人们所接受和传承，从而成为制度。关于制度功用的探讨要从人类在生产生活中所面临的种种困境开始。第一，增加预期。个人在社会中生存和发展都需要资源，然而资源的供给总是充满不确定性，如干旱、洪涝、地震等自然灾害以及人为因素都会增加资源获取的不确定性和风险。加之人的认知能力有限，必须与他人合作，这就需要制度来增进合作、协调关系以共同抵御风险和提高确定性。③ 第二，保护自由。在现代社会，个人的充分发展需要以自由为前提，使自主领域免受干扰是其功用之一。然而资源总是有限的，个人在追求自己的目标时，尤其是社会中掌握权力的一部分人，常常会影响或阻碍他人追求同样的目标。这就需要明确自己与他人自由的界限。没有这样的约束，自由就成了放纵，社会将处于无政府状态。从这个角度来看，制度既保护自由又限制自由。第三，防止与化解冲突。在许多时候，个人在追求自己的目标时，相互之间难免会发生冲突。冲突发生时，如果没有制度的约束，如原始社会，则会以暴力的方式解决。制度保证了冲突以较低的代

---

① ［德］柯武刚，史漫飞.制度经济学：社会秩序与公共政策［M］.韩朝华，译.北京：商务印书馆，2000：35—36.
② ［美］杰克·奈特.制度与社会冲突［M］.周伟林，译.上海：上海人民出版社，2009.
③ 王旭.论制度存在与变迁的必然性和合理性［J］.中共中央党校学报，2002(2)：20.

价或非暴力的方式予以解决。①

4.制度化的内涵

许多学者在对制度进行研究时,倾向于强调制度促进稳定和维护秩序的功能,然而制度本身也会变迁,因此,制度研究的主题,不仅包括作为一种寄存社会秩序的"属性"或状态的制度,也必须包括作为一种"过程"的制度,必须包括制度化与去制度化。② 制度化是指社会控制和运行机制的模式化、程序化和规范化。通俗来讲,"制度化即是建立健全、完善的制度体系"③。以制度化方式设置以及运行的社会结构就是制度化结构。制度化结构作为一种社会实在,对个体的行为既是一种设置,同时也是一种裁切。前者导引"合理性"行为,蕴含着鼓励;后者则是对非理性行为的禁戒,以使主体放弃以制度所禁止的那些方式去追求利益最大化的企图。④ 从因果关系上讲,制度的建立即是组织制度化的结果。在现代社会的制度体系中,至关重要的且居于核心地位的是规则系统,而在制度的规则系统中,各种成文的法律、法规、条例又占有明显的主导地位。其他一些不成文的准则,如习惯、风俗和道德等只对法律起补充和调节的作用,这一点同古代社会正好相反。因此,制度化是一个系统,规则系统的完善是制度化的关键和核心。⑤ 一个政治昌明的社会,必须是一个制度完备的社会。我国在制度建设上虽然做了大量的工作,但距制度化还有着相当大的距离,还需要我们付出更多的努力去完善制度。具体说来,应该从如下几个方面着手进行:第一,树立人大的权威,不断完善立法。人大的首要职能便是立法,目前我国的法律法规还很不完善,而现实生活又处于不断的变革之中,这就要求我们的法律更加细化、更加具有可操作性。第二,提高司法与行政执法人员的素质。对其进行掌权为民、执法为民的思想教育,清除官本位的传统思想观念。第三,坚持独立执法,加大执法力度。中国法制之路步履维艰,其中一个重要原因就是执法不独立,以权代法、以言压法的情况时有发生。解决这一问题首先要实现法官队伍和执法队伍的职业化,其次要抑制一切干扰,避免长官意志的盛行,最后要建立权责明晰、相互配合并能够相互制约与监督的司法运行机制。第四,完善各种监督机制,使监督变得制度化、经常化。现实情况是,我们的监督部门繁多,但是却没有形成一个统一的机制,存在多头领导、机构

---

① [德]柯武刚,史漫飞.制度经济学:社会秩序与公共政策[M].韩朝华,译.北京:商务印书馆,2000:142—145.

② Tolbert,P.S.,Lynne,G.Z. Institutional sources of change in the formal structure of organization [J]. Administrative Science Quarterly,1983(30):22—39.

③ 贺培育.论制度化[J].理论探讨,1990(2):85.

④ 杨育民.略论"制度化"[J].社会科学辑刊,2001(6):56.

⑤ 贺培育.论制度化[J].理论探讨,1990(2):85.

臃肿的现象,且腐败已渗透到监督队伍之中,因此实践呼唤监督体制的创新,使监督制度化、公开化、常规化。制度化是一个系统的工程,也是一个动态的过程,必须扎实开展。① 目前关于制度化的研究数量并不多,且研究基本上都是围绕政治制度而展开的,但是课程改革或教育改革从根本上说也是社会系统改革的一部分,从政治社会学的视角看,也是政治改革的一部分,与政治制度的建立和完善有着相通之处。总之,以上关于制度和制度化的研究对于本书课程改革制度化的研究有着极大的启发意义。

二、制度理性的研究

1.合理性的研究

合理性问题是 20 世纪西方哲学的研究主题之一。合理性是人们判断事物的标准之一,具有合理性的事物容易得到大家的支持和认可。因而,合理性这一概念引发了众多学者的关注,关注的焦点在于合理性的发展、合理性的标准等。在我们看来,理性是人区别于动物的一种特有能力,而合理性则是判断事物是否合乎理性的标准。然而,合理性是在人类和哲学家经历了很长时间的努力下才从"理性"这个概念演变而来的,作为哲学范畴则是由马克斯·韦伯(Max Weber)所提出的②,并逐渐在其他学科(如政治学、经济学和文化学等)中扎根。

理性(reason)概念来自古希腊,但古希腊哲学家并没有区分"理性"与"合理性"。在古希腊人的思想中,最能代表合理性概念的词是 Logos 和 Nous。Nous 的最初含义是"看",通过看而领悟一种情况的全部意义。阿那克萨哥拉(Anaxagoras)认为Nous 是一种具有精神性质的本原力量,它无所不在,并建立起世界的秩序。Logos的基本含义则是"词""言谈"。赫拉克利特(Heraclitus)说:"如果要理智地说话,就得将我们的量放在这个人人共同的东西上。"赫拉克利特指出,Logos 是普遍的理智,万物的本源。但是这种规律的总体是通过语言来表达、显示和实现的。另外,Logos 还包含有"尺度"的含义,以此去协调人和自然的各种活动。后来由于对世界本原的看法不同,古希腊哲学家们对这两个概念已有了不同的理解:Nous 代表通过理智的直观而对第一原理的把握,而 Logos 则是通过推理达于存在秩序的能力。③ 因而,理性有形而上学中的"第一原理"和知识论上的终极原因的含义。

古希腊的"合理性"不能完全解释基督教徒对上帝的信仰。因而,在新约和旧约

---

① 孟令择,徐朝辉.制度化的思考[J].西北民族大学学报:哲学社会科学版,2005(3):7-8.
② 朱葆伟.理性与合理性论纲[J].湖北大学学报:哲学社会科学版,2011(6):21.
③ 朱葆伟.理性与合理性论纲[J].湖北大学学报:哲学社会科学版,2011(6):19.

圣经中,给了合理性一个其他的位置,而非古希腊思想中的 Nous。在其中,上帝是天堂和地球的国王,人类无法参与上帝的智慧,所以人类知识的合理性就被限制在了一个很小的范围——人类自己创造出来的东西。这个限制人类知识合理的可能性,使得 15 世纪早期的伟大思想家始终无法跨越现代化的门槛。可见,在这一时期,人们普遍相信理念世界的永恒存在,相信理念或逻各斯乃是世界的本质。合理性的含义是符合自然理性或者上帝的意志,它既是宇宙的原理也是人类生活的最高准则。因此,尽管早期自然哲学直接以自然宇宙为对象,但其最终目的是探索人类社会的政治规律或伦理规律,旨在寻求和谐统一的生活秩序。如此一来,自然宇宙就按照上帝的意志运行,人类社会则按照统治阶级的意志运转。①

　　文艺复兴时期,人类的理性逐渐脱离宗教的控制,恢复了以人为主体的理性思考。发展至启蒙运动时期,人类的理性更加高昂,启蒙思想家们对人类理性以及未来充满信心,他们相信凭借理性和科学,人类社会的所有问题,都能在理性之光的照耀下得到解决。只要运用正确的规则推理,就能建立起合乎人性的行为法则,也能发现自然运行的法则。然而,随着经验科学的兴起和发展,形而上学中的第一原理和知识论上的终极原因逐渐分离,甚至理性概念中的终极意涵逐渐淡化,逐步转变为合理性的概念。尤其在康德(Immanuel Kant)的《纯粹理性批判》中,理性被净化为纯粹理性,或转化为知识论的原理。经过康德批判哲学的洗礼,理性与合理性充分叠合,一方面使理性指向于第一因或终极因的目的论意蕴消失;另一方面,通过对逻辑一致性的强调及哲学辩证法的运用,使理性和实在由符应走向等同。到了黑格尔(Georg Wilhelm Friedrich Hegel),更是提出了"凡合理的即是存在的,凡存在的即是合理的",使合理性与实在性在思想上混为一同。于是,理性主义在与西方社会的一般趋势结合之后,扩大为以理性来看待与估算事物的一种态度或原则,而所谓合理性则窄化为目的与手段之间的合理权衡,即以最有效、最经济的手段去达成目的,这便是合理性的,否则便是非理性的。

　　将合理性的概念从哲学认识论引入社会学领域而成为观察人类行为的概念,马克斯·韦伯是最主要的推动者。② 他从西方社会的历史演进过程中发现,近代西方社会的发展,本质上是一个从价值理性转变为目的理性,再从目的理性转变为工具理性的演进过程。在韦伯看来,理性主义不再只是哲学的专有名词,合理性也不再只是和知识论有关。在与人类社会行为结合之后,理性主义态度和合理性概念,已经成为现代西方文化中的主导意识。当使用合理性去理性化现实社会时,我们应当意识到,

---

① 袁红梅,连桂玉.合理性的历史演变及其当代建构[J].河南社会科学,2012(8):50.
② 傅永军.韦伯合理性理论评议[J].文史哲,2002(5):100.

合理性并不是事物本身所固有的,而是被人类强加于事物之上的。合理性是一个关系概念,一件事情是否具有合理性,仅是从一种特殊的立场与观点来说的,并不在于事物本身。它所表达的不过是人对事物的一种态度,从属于使用它的人所秉持的价值取向。①

从合理性概念类型建构的角度,韦伯在社会文化层面将合理性区分为形式合理性和实质合理性;在个人行动层面,则将合理性区分为目的合理性和价值合理性。通过对这四种合理性类型进行对比,可以发现,形式合理性与目的合理性同义,而实质合理性与价值合理性同义。他把西方社会文化的历史发展看作一个合理化的过程②,合理化也即是理性化的过程。在此,理性化意味着:从实质合理性导向形式合理性的发展过程,实质理性或价值理性是人类行动的原动力;理性化是指解除魔咒的过程;理性化意味着形式化、系统化、技术化、普遍化以及科层化;理性化是目的理性行动在生活世界的具体落实,必须依赖科学方法的引导,才能达成理性化在生活世界各制度层面的体现。综上所述,理性化或合理性化在消极的方面是去除思想中的神秘成分,在积极方面,则是使现代生活的各领域都实现制度化,具有系统性、一贯性和可计算性。因此,韦伯的合理性对于本书有着极大的启发意义,有助于我们深刻反思课程改革制度化过程中存在的非理性因素,同时也为制度理性的提出奠定了良好的基础。然而,韦伯也深刻地指出,工具理性的过度扩张会导致价值理性的萎缩甚至消失,人的自主性在工具与目的的应用之间丧失,使人类陷入官僚和法制系统的"铁笼"之中。这值得我们在合理化过程中时时警惕和反思。

2.制度理性的研究

制度理性从字面意义上可以有两种不同的理解,即作为人类能力的制度理性(institutional reason),与作为评价制度好坏的制度合理性(institutional rationality),制度理性的目的是为了使人类所设计的制度具有最大程度的合理性,能够对个人的自由与社会的秩序发挥良好的中介作用。因此,制度理性既蕴含着作为人类能力的一种理性类型,也内含着作为评价手段的制度合理性。制度理性是一个很古老的话题,伴随着人类各种制度的创设与变迁,在这一过程中,制度设计者总是力求使其创设的制度在其所处时代看起来是合理的。实际上,国内外众多学者都曾对制度理性做出探索性研究,虽然很多人没有明确提出制度理性这一概念。如韦伯通过对形式理性和实质理性的区分,表达了对资本主义制度的深深担忧。哲学家约翰·罗尔斯(John Rawls)的制度理性和制度正义思想渗透于他的巨著《正义论》中,他认为:"正

---

① 傅永军.韦伯合理性理论评议[J].文史哲,2002(5):101.
② 欧阳康.合理性与当代人文社会科学[J].中国社会科学,2001(4):19.

义是社会制度的首要价值,正像真理是思想体系的首要价值一样。"①在罗尔斯看来,评价一个社会体系的正义与否,应该着重考察其社会的基本结构或社会的主要制度在分配权利与义务以及分配社会合作利益时的方式。正义、公正的制度即为理性的制度,反之,不公正、不正义的制度则为理性欠缺的制度。《正义论》中蕴含着一个深刻的道理,那就是:作为现代社会的制度理性,主要的不是一种个体的行为方式选择,而是一种内含着明确价值取向的社会公共行为和选择。在很大程度上可以说,政策的设计与制度的选择成功与否,其关键在于制度设计集团的价值取向,也即取决于决策集团是否能够秉持公平、公正的价值观。罗尔斯的制度理性观对研究制度理性具有非常重要的指导意义,国内很多学者对制度理性的研究都是基于罗尔斯的制度理性研究。印度经济学家阿马蒂亚·森(Amartya Sen)认为能够"扩展自由"的制度方为正义的制度,他认为:"当我们评价一个社会的利弊或者某种社会制度的正义与否时,我们很难不以某种方式思考不同类型的自由以及它们在社会中的实现与剥夺。"②由此我们发现,不同学者基于不同的学科视角,对制度理性有着不同的认识。然而,对于制度理性他们却有着基本的共识,即制度理性的核心内容是公平与公正,制度的设计应该着眼于最大多数人的最大福利和最大幸福的实现。

国内明确提出"制度理性"这一概念是在 21 世纪之初。关于制度理性的内涵,国内学者的看法也是不同的。对于制度理性与价值理性、实质理性的关系,有的学者认为制度理性是独立于韦伯所提出的价值理性和实质理性的,而有的学者则认为制度理性是工具理性的表现。如苗启明认为,科技理性与人文理性分别是形式理性和实质理性的集中表现,二者是推进社会发展的、深层的、内隐的精神力量。在社会发展过程中,还存在着一种外显的激荡在社会表层的动力——政治理性及其组织体现——制度理性,它对社会的发展起关键作用。制度作为一定社会、特定阶级的经济利益与政治利益的集中体现,本身是能动、独立的,如果政治制度本身是由理性支配的话,那么它可以接受科技理性和人文理性的作用;反之,也可以不接受甚至于抵制科技理性与人文理性的作用。③　与此观点相左,司汉武则认为制度理性实际上是哲学家和思想家们所竭力论证的理性或合理性在社会制度中的表现,也是工具理性在社会制度中的表现。然而,司汉武也认为制度理性包含两个基本层面,即实质合理性和形式合理性。在实质合理性上,制度理性与制度非理性没有多大差别,各民族、各个社会都有理想,差异往往出现在形式合理性上,从中国目前的法制化进程与西方发

---

① [美]约翰·罗尔斯.正义论(修订版)[M].何怀宏,等译.北京:中国社会科学出版社,2009:3.
② [印]阿马蒂亚·森.理性与自由[M].李风华,译.北京:中国人民大学出版社,2006:6.
③ 苗启明.论制度理性:从不发达到现代化的主导力量[J].学术探索,2000(5):10.

达国家基于人权理念而逐渐创设起来的完善而且人道的法律制度来看,恰恰是形式层面的东西才构成了东西方文化与价值观念之间的巨大差异。① 然而,仔细对比两种观点,可以发现它们之间其实还是有内在的相通之处,即都承认制度理性要受到价值理性的规范,都认为制度理性是社会发展的关键因素。那么,究竟什么是制度理性? 学界少有明确界定制度理性这一概念的,然而大多数学者都认可,能够增进公平、正义,满足最大多数人的最大福利的制度乃是合理性的制度。如王海峰和郭素华认为,制度理性指的是通过制度安排以及制度内在机制的建构,使制度具有较大的理性空间与理性色彩,既能防止制度缺乏公正,又能够保障制度得到及时的修正。② 高兆明教授认为,制度理性指的是制度本身不仅应当蕴涵"公平的正义"这一价值精神,而且还应当将此种价值精神具体化为一系列的具体制度设计与安排,并且使这些具体制度成为如哲学家黑格尔所说的自由理念的定在。③ 那么,制度理性有哪些具体的特征呢? 司汉武教授通过研究指出,任何社会都存在制度,但并非任何制度都能促进社会的健康发展,原因就在于并非所有的社会制度都是合理性的。合理性的制度应该是能够立足现实且面向未来的制度;注重专业分工与协作,实行科层化管理的制度;注重效率、兼顾公平的制度;鼓励创新,不断促进技术进步的制度;权责利对等统一与结合的制度。④ 由此可见,学者们大多是在国家基本制度这个层面谈论制度理性的,并未深入到具体制度层面来探讨。而课程改革制度作为基本制度的具体化,与基本制度的关系是一般与具体的关系,学者们的研究为本书的深入研究奠定了良好的基础,而关于课程改革制度化的特殊性则是本书所要深入探讨的。

三、课程改革制度化的研究

1.作为课程改革阶段的制度化研究

关于本书所述课程改革制度化的专门研究并不多见。迈克尔·富兰(Michael Fullan)提出了课程改革的三阶段理论,即课程改革分为启动阶段、实施阶段和制度化阶段。⑤ 在此理论中,制度化仅仅是实施之后的变革持续化,按照笔者的理解,这里的制度化是课程实施的制度化或常规化,即新的课程理念、课程实施方式与评价方式等走向常规化,融入了师生的教学生活,变成了师生的教学习惯。在此,制度化仅

---

① 司汉武.制度理性与社会秩序[M].北京:知识产权出版社,2011:221—222.

② 王海峰,郭素华.制度理性:政府公共治理的价值源起[J].理论观察,2007(5):66.

③ 高兆明.制度伦理研究——一种宪政主义的理解[M].北京:商务印书馆,2011:280.

④ 司汉武.制度理性与社会秩序[M].北京:知识产权出版社,2011:225—248.

⑤ [加]迈克尔·富兰.教育变革的新意义[M].武云斐,译.上海:华东师范大学出版社,2010:50.

仅是课程改革的一个阶段,是判断课程改革成功与否的一个重要标志。多数研究者都是从这个角度理解课程改革的制度化,这就造成了很多人忽略了对课程改革行为本身制度化的探讨和研究,导致这方面的系统研究目前几乎是空白。迈克尔·富兰在其《教育变革的新意义》这本连续再版三次的著作中对制度化阶段的介绍也是一笔带过,将更多的笔墨放在了课程实施阶段。在富兰的界定中,启动阶段与实施阶段的内涵都是确定无疑的,然而制度化阶段却具有一种十分难以把握的悖论特征:变革既可能在这个阶段得以继续,并发展成为新的专业常规;又可能被原有的实践所同化,最终消逝得无影无踪。① 这就向我们提出了挑战,即如何保证课程改革能够进入制度化阶段成为我们必须思考的问题。与此紧密相关的问题是:课程改革既然进入了实施阶段,为什么没有被人们所接受而制度化下来? 如果课程改革符合大多数教师和学生的利益,改革效果明显,且改革的各项保障措施到位,那么这种课程改革会遭到师生的拒斥吗? 这就要求我们从宏观层面审视课程改革,不仅包括要审视课程政策制定的制度是否合理,而且还要审视课程管理制度是否合理,课程实施制度是否合理,课程评价与督导制度是否合理,等等。因为有了合理性的制度保障,我们的课程改革政策的制定才会科学、合理,课程管理才会责权分明、管理顺畅、资源充足,课程实施中教师才有足够的教学专业自主权等。

国内外很多学者都是从迈克尔·富兰所说的制度化着手探讨课程改革的,这些研究的前提基本上都假定了课程改革方案或者课程改革制度没有问题,继而去探讨某项课程改革方案在经过实施之后如何走向制度化。这些研究属于微观层面的探讨,对于我们进行宏观层面课程改革的制度化研究有着启发意义。比如有学者专门对美国高等教育阶段开设的服务学习(service learning)的制度化进行了专门研究,提出了影响美国高等教育阶段开设的服务性学习制度化的因素、保障其制度化的各种条件等。② 这些也是宏观层面的课程改革制度化所要关注的。

2.课程改革全过程的制度化研究

本书所要探讨的课程改革的制度化是要超越迈克尔·富兰所说的课程改革制度化,从整体审视课程改革的制度建设。关于这方面的研究文献在国内外都很少见到,学者们基本上都是在论文之中零星地提到,而且少有课程改革全过程的研究,基本上

---

① 尹弘飚.论课程变革的制度化——基于新制度主义的分析[J].高等教育研究,2009(4):76.
② Alisha Vincent. An examination of factors that affect the institutionalization of service—learning at American institutions of higher education [D]. Vermillion:University of South Dakota,2010.

局限于探讨某一个点,比如课程决策的制度化①、中小学生综合素质评价的制度化②等。值得一提的是,胡定荣博士在《课程改革的文化研究》一书中辟专章对课程改革制度进行了研究,但是他也仅仅局限于课程决策制度,这从他对课程改革制度的定义便可得见:课程改革制度是一种制约课程资源配置决策活动的规则系统③。而且在其论述的过程中不时将课程改革制度与课程制度、课程决策制度、课程管理制度等相混淆,没有看到这些制度之间既有联系又有区别,且具有相对的独立性。诸如此类研究的优点是可以深入探讨课程改革的某一个环节,然而,其不足之处也是显而易见的,即不能通盘考虑课程改革全过程的制度化,不能深入考察课程改革内部各因素制度化的关系等。

关于课程改革全过程的制度化研究可以分为以下两种基本途径:其一,在研究世界发达国家课程改革的政策和实施过程特点的基础之上,结合我国新课程改革的现状进行比较研究,对我国课程改革的制度化提出具有针对性的建议;其二,针对我国新课程改革的推动与实施过程中出现的问题,根据国内课程改革经验或教育观念,提出具体的改进意见,这类研究居主流。

通过对世界发达国家课程改革的分析,学者们发现:在课程政策制定方面,发达国家都有专门的课程改革咨询机构,如日本的临时教育审议会(简称"临教审")等,而且出台《临时教育审议会设置法》,规定了临教审委员的产生方式、人员比例、工作职责、运作方法等,在进行课程政策制定的过程中能够展开充分的、长时间的协商和讨论,充分确保意见集散和及时的信息公开,让公众了解改革的各项议题及其诞生的背景,使公众充分参与到课程政策的制定过程中。④ 如此一来,可以大大减少课程实施人员对政策的排斥行为。在课程政策的内容方面,有学者将我国的《基础教育课程改革纲要(试行)》(简称"纲要")与美国的《不让一个孩子掉队法》(No Child Left Behind Act,简称"NCLB法案")进行对比发现:美国的NCLB法案政策的清晰度较高,表现在能够通过摆事实、列数字说明改革的必要性,容易为大众所接受;政策的一致性程度较高,表现在理念上与以往的课程政策具有一致性和连贯性;课程政策的稳定性不高,NCLB法案自2001年颁布之后,就不断地进行调整和修正,更加科学与合理;课程政策的推行速度相对稳妥,初步用13年时间完成总目标,因此拥有足够的时间总结实验经验、完善改革方案;政策的权威性较高,NCLB法案对能够凸显政策权力的

① 胡定荣.课程改革的文化研究[M].北京:教育科学出版社,2005:163—218.
② 樊亚峤,靳玉乐.学生综合素质评价的制度化[J].中国教育学刊,2010(6):29—31.
③ 胡定荣.课程改革的文化研究[M].北京:教育科学出版社,2005:212.
④ 周建高.日本教育改革如何达成共识[J].日本问题研究,2009(1):1—7.

保障和奖惩措施进行了详细的规定,大大增强了政策的权威性。[①] 除课程政策制定之外,发达国家在课程改革中往往都建立了有效的课程改革组织和支持系统,如课程开发组织、课程督导组织、课程评估组织等,这些组织相互合作、彼此协调,共同推动课程改革。发达国家的课程改革尤为强调督导、评估以及反馈的循环发展机制,加强对课程改革的指导,减少课程改革行为的主观性、盲目性和不规范性。[②]

我国课程改革是一场关系到两亿多中小学生和一千多万教师的切身利益,影响千家万户乃至整个社会的国家层面的改革,没有健全、合理的制度确保课程改革各环节的科学运行,课程改革的效果会大打折扣。毫无疑问,我国的新课程改革相对以往历次课程改革来说具有更大的进步性,在制度建设方面也有很大的改进,但是与以上发达国家课程改革制度化程度较高的事实相比,我国目前的课程改革距制度化还有相当大的差距。

第一,在课程政策制定的人员组成上,政策的制定依然是精英决策模式,存在核心相关利益者缺失的弊端。虽然也有基层教研员、一线教师的参与,但只选取九个地区的优秀教师代表参与[③],显然有失偏颇,这使得课程政策难以为大多数教师所接受。课程改革专家工作组的成员以及课程标准的制(修)订人员随着改革的推进也有很大的变化,不同专家之间的观点可能存在着较大的差异,不能保证就课程改革过程中所遇到的一些问题进行深入、贯彻的研究,可能会使政策文件之间缺乏连贯性。

第二,纲要的清晰度、具体性不高。如对改革的必要性的说明,没有像 NCLB 法案那样通过摆事实、列数字的形式展现,不容易为课程实施者所接受。再如仅宏观地提出新课程改革应该始终贯彻"先立后破,先试验后推广"的工作方针,但改革过程却缺乏对实验区划定、实验区扩展步骤的具体方案,导致了在新课程的推广中实验区的选择极为随意,实验区的数量以及发展速度缺乏合理的规划,推广失控。而且实验推广的速度过于迅速和冒进,对于先前实验区暴露出的问题没有及时进行总结并对政策加以调整,打断了"实验—发现问题—修订—再实验"的渐进式链条。[④] 课程实验的科学性大打折扣,其对课程政策的反馈与改革活动的调节功能也不可能得到充分的体现。

第三,国家推行的三级课程管理体制的方式存在功利性倾向,坚持以"理性人"假

① 申超.中美基础教育课程改革的政策比较[J].教育学报,2008(4):35—37.

② 吕林海,汪霞.当前世界发达国家课程改革的推进特征及其启示[J].比较教育研究,2009(7):37.

③ 叶澜.中国基础教育改革发展研究[M].北京:中国人民大学出版社,2009:147.

④ 李芳.拷问新一轮基础教育课程改革[J].当代教育科学,2007(22):20—22.

设为依据,进行组织结构科层制形式划分,忽视了行动者在实施过程中对课程文本的"多元性解读";从现代化研究看,国家在推行三级课程管理体制的过程中作为一名"后来者",由于离开本土化问题语境对国外课程管理体制照抄照搬,导致相关的课程监控体系还不完善,出现"错置具体感的谬误";从国家制订课程管理文本的态势看,多原则性规定,少实用性指导,从而不能使地方和学校有效行使职责。① 在具体管理中,尚存在分权带来的"隐形的对抗",具体表征为管理思维方式间的冲突、管理职能定位间的冲突以及对管理能力的期望和实际水平间的冲突等。② 究其实质,主要是因为这种课程管理改革的思路在很大程度上是一种放权与分权的思路,它仅仅对谁应该拥有权力做出了回答,而没有就权力下放之后应该如何使用做出明确的制度安排。作为一种崭新的制度安排,其主要的问题就在于规则的不健全,它尚未建立在法治的基础上,而且支配课程改革制度安排的价值观念存在混乱的情况。③

第四,在教科书多样化政策的推进过程中,部分教科书编写质量低下,出现了一些以争夺利益为目的的"商战",原因也在于没有建立起完善的教科书编审制度,"没有严把准入和通过门槛来促成教材的多样化和特色化建设"④。另外,教育行政部门对于一些地方出现的教科书垄断现象所出台的一些政策也表现出非理性的一面,诸如为了保证每一套审查通过的实验教材都有一定的使用范围,教育部基础教育司发出通知,规定每一种实验教材都应有不少于10%的使用比例,同一学科如果有两种教材通过审查,那么任何一种教材的选用比例都不得超出70%,同一学科如果有三种或三种以上教材通过审查,则任何一种教材的选用比例都不得超过60%。⑤ 试问这样的规定有多大程度的合理性?为了矫正一种不合理的现象,用另一种不合理、随意的方法,得到的结果也必定是不合理的。这是典型的"一放就乱、一乱就收"现象。既然赋予了地方和学校自由选择教科书的权力,那么这些权力主体就有权力选择适合他们所在地区或学校的优秀教材,只有规范教科书选用制度,加强教科书选用的监督和奖惩机制,而不是机械地、强制性地规定每套教科书的使用比例,优秀的教科书才能脱颖而出,有利于教学质量的不断提升。

第五,课程实施方面,本次课程改革大力倡导"自主、合作、探究"的学习方式,大力推进信息技术在教学中的普遍应用,而且以这样的标准衡量教师教学的先进与否,

① 余进利.我国基础教育三级课程管理体制实施述评[J].当代教育科学,2004(4):23—25.
② 屠莉娅.隐形的对抗:课程分权管理中的困境与启示[J].当代教育科学,2007(12):13—18.
③ 胡定荣.课程改革的文化研究[M].北京:教育科学出版社,2005:207.
④ 杨爱玲.基础教育课程改革存在缺憾的原因反思[J].教育学报,2007(1):27.
⑤ 李建平.教材多样化遭遇利益冲击[N].中国教育报,2002—04—14.

且不说这样做的理论基础是否科学。就我国学校班级规模、教学设施与教育经费而言,各地区的状况有很大的差异,西部农村地区、贫困地区等连最基本的教学设施的需求都不能满足,何谈花巨资购买大量的探究教学器材、多媒体设备等。为了解决这一困境,政府曾大力倡导"撤点并校",试图整合高素质教师和优质教学资源,使更多的儿童受益。然而,"撤点并校"使更多的儿童成为寄宿生,这对于那些经济困难不能支付孩子食宿的家庭或不愿意让孩子到离家很远的地方上学的家庭而言,无疑是一项巨大的挑战。① 撤点并校政策得到了很多地方政府的支持并大力实施,原因很简单,即想以此为借口减少办学点,进而缩减教育经费投入,更加方便地管理学校,其初衷"根本不是什么提高教育质量,为乡村学生着想"。无论是从媒体报道的情况看,还是从学术调查研究的结论看,很明显,撤点并校在一些地区不仅没有为农村教育带去欣欣向荣的景象,反而导致了上学难、辍学率升高、公共安全事故频发等社会问题。甚至还有研究显示,缩小城乡教育差距的愿望也未实现,反而城乡教育差距还有进一步拉大之势。② 这一问题也引起了教育行政部门的关注,2012 年 1 月 20 日,国家教育部发布了《教育部 2012 年工作要点》,关于布局调整,用词变得较为谨慎,即"坚持办好必要的村小和教学点,审慎推进义务教育学校布局调整"。

　　除了上述改革过程中出现的诸多问题之外,还有许多诸如此类由于制度缺失或制度非理性所造成的问题。课程改革是一项特殊的实践活动,不同于社会其他方面的改革,因为课程改革的目标是教育的整体改革,而教育则关涉到一代人能否健康成长、成才,因此需要慎重对待。学者们针对课程改革过程中出现的问题,提出了诸多改进建议。第一,课程改革是一项系统工程,需要全社会的支持和参与,因此,需要"坚硬"的立法支持,即必须为课程改革立法。③ 立法的滞后会使得课程改革缺乏权威性法律法规的保驾护航,并导致实践过程中出现政出多门、相互推诿、随心所欲等不良现象。第二,明确中央政府、地方政府部门的职责与权限。由于我国各地的教育情况十分复杂,因此,教育政策的执行,需要因地制宜,但这并不意味着把权限全部交给地方,对于一些地方政府必须履行的基本职责,必须由中央政府明确,这样才能将中央政策和地方情况有效结合起来,也有利于中央检查、督促地方执行政策。第三,努力实现公众参与教育决策。如果各地在教育决策过程中,能够广泛听取和征集社

---

① Sargent,T.C. Institutionalizing educational ideologies:curriculum reform and the transformation of teaching practices in rural China [D]. Philadelphia:University of Pennsylvania,2006:58.

② 叶铁桥,陈一村.并校十年难言成败[N].中国青年报,2011－12－24(3).

③ 张华.道德的课程改革与民主的课程领导[J].全球教育展望,2006(4):11.

会各方的意见,建立起将民意纳入决策的过程和机制,对村级小学和教学点究竟要不要撤、如何撤、撤并之后学生上学和放学的交通问题怎么解决等进行深入的意见交流与讨论,那么,实现决策的因地制宜也是完全可以做到的。①

总体上看,学者们基于我国课程改革过程中出现的问题所提出的完善制度方面的建议对于我们的研究具有很大的启发意义,尤其是国内学者关于我国课程改革实践的探讨和有关国外课程改革经验的研究,为我们的研究提供了方法论层面的借鉴,然而对于如何确保课程改革制度化缺乏整体性的、方法论层面的审视,没有洞察到课程改革制度化进程中的关键问题——制度理性的缺失对于课程改革顺利推进的阻碍。这是本书所要着重解决的问题之一。

第四节 核心概念界定

一、制度化

制度化是指社会控制和运行机制的模式化、程序化和规范化。通俗来讲,制度化即是建立健全、完善的合理性的制度体系。制度化的目的不是为了单纯的建立制度,其终极目的在于保障社会事业的规范运行,实现各项社会事业的科学、合理发展。

二、课程改革制度化

本书所研究的课程改革制度化不同于迈克尔·富兰所说的课程改革三阶段——启动、实施与制度化中的制度化,而是课程改革行为本身的制度化。具体是指,课程改革作为一项复杂的社会实践活动,需要建立起健全的、合理性的"制度丛"来规约其朝着合理性的方向发展,并保障课程改革的顺利进行。这个建立"制度丛"的过程即是课程改革的制度化。

三、制度理性

高兆明教授认为:"制度理性指的是制度本身不仅应该具有公平的正义这一价值精神,而且还应当进一步将这种价值精神具体化为一系列的制度设计与安排,以便使这些具体的制度成为哲学家黑格尔所说的自由理念的定在。"②这种定义的对象是国家基本制度,本书中的制度理性意指在课程改革的全过程中,改革的发起者与参与者

---

① 熊丙奇.由"撤点并校"后果反思教育决策机制[N].东方早报,2012-11-20(A23).
② 高兆明.制度伦理研究——一种宪政正义的理解[M].北京:商务印书馆,2011:280.

能够在制度自觉——意识到课程改革的各个环节所需要的制度或者现存制度的不合时宜之处的基础上,秉持公正理性精神,建立新的合理性的制度或完善、修正现有制度使之趋于合理,使制度的建构符合时代发展的规律、符合课程改革的需要、符合最大多数青少年儿童发展的需要。这种定义相对于高兆明教授的定义更为具体,更具可操作性,且与其精神实质——公平的正义也是一脉相承的。

第五节　研究思路与方法

本书属于对课程改革文化学[①]或课程社会学的理论思辨研究,主要是对课程改革制度化这个命题做一些学理层面的探究。在广泛占有理论与经验材料的基础之上,综合运用理论研究和比较研究的方法,以制度哲学的分析架构为依托,以课程改革的三种社会属性为主轴,着眼于理想的课程改革图景,着手于分析现实课程改革过程中由于制度理性缺失而引发的诸多问题,即课程改革在很多方面表现出非理性、随意性、主观性和行政干预过多等现象,对课程改革制度化进行系统而深入的探讨,以期为我国的课程改革制度化过程提供方法论层面的指引。本书共分为六个紧密相关的部分,遵循"课程改革制度化是什么→课程改革制度化何以可能→课程改革制度化是如何发生的→课程改革为什么要实现制度化→课程改革如何实现制度化→课程改革制度化有哪些局限性"这一研究路线而展开。

第一部分是对课程改革制度化的内涵解析或本质追问。首先,对制度、制度化以及课程改革的制度化进行内涵分析,指明本书中课程改革制度化的特定内涵;其次,对课程改革制度化的层次、主体和衡量标准等进行了深入的分析,为课程改革的制度化现状提供评判的依据以及为制度化改进寻找适当的切入点;最后,对与"课程改革制度"容易混淆的几个概念分别进行了辨析,这有利于本书的焦点聚集。

第二部分是对课程改革制度化的立论之基进行探析,以便从理论上确证课程改革制度化是可能的,同时建构起本书开展的内在线索——课程改革的三种社会属性,使各部分之间的论述形成一个有机体。之所以要对课程改革制度化进行理论确证,是因为制度本来是社会领域存在的一种现象,如政治制度、经济制度和文化制度等,那么就有人会提出课程改革仅仅是教育领域内部的改革,它具有哪些性质使其能够制度化或需要制度化? 本部分首先对几种常见的课程改革不可能制度化的观点进行了辩驳,从外部证伪了这几种观点,说明了课程改革制度化是可能的。接着深入剖析

---

① 胡定荣博士将课程改革的文化研究划分为课程改革的价值研究、制度研究和行为研究三个方面。参见:胡定荣.课程改革的文化研究[M].北京:教育科学出版社,2005.

课程改革的内在性质,分别从政治、文化与经济的视角审视课程改革,课程改革实际上是权力的变迁与运作、教育观的竞逐与外化、文化资本重新分配的过程,如果课程改革缺少制度来规约和调整其中的权力关系、价值关系以及利益关系,那么就会造成权力的压制、文化的霸权以及利益的失衡,这不利于课程改革的顺利开展,也从内部证实了课程改革制度化的必然性。

立足于反思性实践,第三部分对课程改革制度化的发生图式进行了分析,说明实践呼唤课程改革实现制度化,与第二部分的理论确证遥相呼应。首先,明确课程改革是人类的一种反思性社会实践。课程改革实践催生课程改革制度意识,课程改革制度意识的自觉表达即为课程改革的制度化。课程改革制度意识的生成有两种基本图式:肯定性把握图式与否定性把握图式。继而从正反两方面论述了课程改革制度化的来源,以我国新课程改革为例,从反面分析了课程改革制度缺失所带来的一些非理性和随意化的现象;以日本课程改革为例,从正面阐述了课程改革制度化的应有做法。这部分的目的在于使我们明白课程改革制度化的发生机制,自觉在课程改革过程中进行反思和总结经验教训。这也是我们提出并研究课程改革制度化的根本所在。

承接第三部分的实践反思,第四部分是对课程改革制度化价值诉求的分析。在制度哲学研究的基础上,探析制度化对于人类社会的两大相互联系的价值——自由和秩序,并对二者间的关系进行了较为深入的辨析。课程改革非制度化的现象表征究其实质就是自由和秩序之间的矛盾和冲突没有得到合理的解决。在此基础上,结合课程改革的三种社会属性,对课程改革制度化的价值进行分析,明确在课程改革过程中自由和秩序都是确保课程改革顺利推进的必要条件。但过度强调自由会导向课程改革的无政府主义,过度强调秩序则会抹杀改革参与者的创造性并导致课程改革缺乏应有的活力。课程改革制度应在自由和秩序之间保持必要的张力,即实现自由秩序。而这需要科学、合理的课程改革制度对权力的分配和运作、观念的表达以及利益的竞取进行恰当的规约与引导,以便最终有利于人的自由、全面发展。

第五部分是对课程改革制度化的顶层设计,在知识基础、理论前提和一般原则层面观照课程改革的制度化,不直接涉及制度化的具体方法、程序和技术,不具体到创设课程改革制度的细枝末节。在此我们提出课程改革(主体)应该秉持制度理性,摒弃制度非理性,并对课程改革制度理性的特征进行了分析,这是课程改革制度建设或创新的前提条件。在这一方法论的前提之下,参与课程改革的相关部门还应基于课程改革的社会性质建立起完备的、合理性的课程改革"制度丛",即应建立合理性的课程决策制度、课程管理制度、教科书制度、课程实施制度以及课程评价和监督制度,合理规约课程改革中的权力关系、价值关系以及利益关系,以确保课程改革在制度的规范和约束下健康发展。

　　课程改革制度化对于课程改革的健康发展是必要的,但是仅有制度的约束是不够的,因为制度的功用有着内在和外在的限度。基于课程改革制度化的功能限度,第六部分对课程改革顺利推进的条件保障进行了探讨。理想的课程改革应该是课程改革制度和其他有利于形成课程改革自由秩序的要素,即社会文化氛围、改革参与者的道德修养和专业素养共同作用,形成合力,减少制度与其他要素之间的功能冲突,共同保障课程改革的顺利推进。这也是课程改革制度顺利实施的条件保障。

第二章　本质追问：课程改革制度化的内涵解析

　　科学、明晰的概念是思维的工具和形式,对问题的思考具有前提性、基础性的价值,是借以获得真理的手段,它决定了研究本身所能够达到的深度与高度。严谨的科学研究或思考都必须建立在基本概念的清晰、准确与合理辨析之上,而且富有生命活力的新概念可以更新研究者的思维结构与思维方法。实验科学的真正始祖培根(Francis Bacon)曾对他那个时代的科学发展状况做过一番考察,认为造成当时科学发展停滞与僵化的重要原因之一就是最基本的概念不可靠、不健全。在他看来,作为科学研究认识基础的概念混乱,其上层建筑也一定不会稳固。① 一般系统论的创始人贝塔朗菲(Ludwig Von Bertalanffy)也指出:"对任何一门科学来说,不断澄清概念的必要性绝不亚于增进事实知识的必要性。"②课程改革制度化是本研究的核心概念。既然我们将"课程改革制度化"作为研究对象,那么这个概念和其相关的概念如"制度""制度化""课程改革制度"等就必须得到清晰、准确的界定,其本质必须得到揭示。如此,方可有利于本研究顺利、深入地开展。

第一节　制度的内涵

　　"制度"普遍存在于我们生活之中,每个人都生活在特定的社会制度、政治制度、经济制度以及文化制度中,这些制度无时无刻不影响、规范着人们的生活与行为。制度与人的关系非常紧密,可以说,认识制度就是认识我们人类自身。因此,探究制度的本质、构成要素以及类型对于社会科学研究具有非常重要的意义,同时这也是我们研究的起点和"地基"。

一、制度的定义

　　研究制度是社会科学古老的核心,正如社会学家涂尔干(Emile Durkheim)所指出的:社会学是专门研究制度起源与功能的科学。如政治学原本就是以研究"法律形式主义"(legal-formalism)为特色,经济学在完全市场竞争理论受到"市场失灵"的挑

---

① 徐继存.教学理论反思与建设[M].兰州:甘肃教育出版社,2004:202.
② [德]恩斯特·卡西尔.人文科学的逻辑[M].关之尹,译.上海:上海译文出版社,2004:150.

战以后,也逐渐对制度产生了兴趣,并产生了制度经济学等新兴学科。然而,制度却是社会科学家眼中一项永远的"迷惑"。① 德国学者柯武刚(Wolfgang Kasper)与史漫飞(Manfred E. Streit)曾对与制度相关的文献进行了梳理,发现文献中的"制度"这个术语有着众多的且相互矛盾的定义。不同时代和学派的社会科学家赋予这个词语以如此之多可供选择的定义,以至于我们只能笼统地将其与行为规则联系在一起,而不可能给出一个普适的定义。② 学者们对制度的看法因人而异,根据自己的制度观和研究目的去定义制度。几种比较常见的关于"制度"的定义,笔者已经在前文的"已有研究述评部分"做了总结,分别是行为规则说、行为模式说、组织说以及社会关系结构说,这些制度定义并不存在绝对的对错之分,它们往往只关注了制度的一个侧面,无法提供关于制度的全景,因而其解释力和应用范围也受到了限制。这就要求我们在研究各种现象和梳理相关文献的基础上,对制度做出一个相对来说比较普适的定义。

在中英文语汇中,人们更多的是在规范、秩序等意义上使用"制度"这一概念。"制"和"度"在古汉语中是分开使用的。《说文解字》是这样解释制度的:"制,裁也。从刀,从未。未,物成有滋味,可裁断。一曰止也。""度,法制也。从又,庶省声。""制"系会意字,本意为修剪枝条,引申泛指裁断、裁制、规划、规章、制度、限制、控制、约束等。"度"系形声字,本义为伸缩两臂量长短,引申泛指法度、度量。③ 由此可见,在古汉语中,"制"和"度"都有与现代意义上的"制度"相近的含义。而在《词源》中"制度"的定义是"法令礼俗的总称",这已经与现代意义上的制度很接近了。《辞海》中"制度"的定义是:(1)要求成员共同遵守的、按一定程序办事的规程或行动准则。如工作制度、学习制度等。(2)在一定的历史条件下形成的政治、经济、文化等各方面的体系。如社会主义制度、资本主义制度等。英文中关于"制度"(institution)一词的解释与中文基本上相同,也强调其规则、规范性,如《牛津高阶英汉双解词典》对"institution"的解释是:(1)a large important organization that has a particular purpose,for example, a university or bank.在这里,其核心是指一种大规模的、有组织的机构,如大学、银行等。(2)a custom or system that has existed for a long time among a particular group of people.④在这里,其核心是指一种在特定人群中长期存在的风俗、习惯或规则系统。由此对"制度"的中英文语义的考察可知,不论"制度"的定义如何,都至少

---

① 陈敦源.民主与官僚[M].台北:韦伯文化事业出版社,2002:29.

② [德]柯武刚,史漫飞.制度经济学:社会秩序与公共政策[M].韩朝华,译.北京:商务印书馆,2000:32.

③ 高兆明.制度伦理研究——一种宪政正义的理解[M].北京:商务印书馆,2011:8.

④ [英]霍恩比.牛津高阶英汉双解词典(第6版)[Z].石孝殊,等译.北京:商务印书馆,2004:916.

包含"制"与"度"两方面,即"限制"和"标准"两方面的内涵,而且还应以组织和系统轮廓为依托。在这一点上,中西方都是一致的。

本书是从本体论的角度探究制度的本质和定义。所谓本体论探究即是通过哲学的追问和反思,对制度的存在以及它的本质进行认识,在此基础上进行概括和表达。制度的本体论探究不是关注"什么是制度",而是重在研究"制度是什么",是对作为"being"状态存在的制度的思考和探究。① 因此,应该建立在充分概括各种制度现象的基础之上,对制度的本质做出哲学的抽象,即是对各种制度现象进行理性的思考,提取出其具有必然性的特征,而非如制度文化学、制度经济学、制度社会学、制度政治学那样将制度作为学科研究对象中的一个因素而定义。

首先,制度是一个规范范畴。这是制度最为本质的一个特征,也是所有关于制度的定义和本质分析中最没有争议的一点。制度通过自身的规则告诉特定的人群在具体的场合应该做什么,什么可以做,什么不能做,承担何种责任,做出某种行为要承担何种后果等信息。这些信息确保人与人之间交往活动的顺利进行,避免不必要的冲突,形成稳定的社会秩序,促进个人与社会的健康发展。邓小平同志曾经说过,"制度好可以使坏人无法任意横行,制度不好可以使好人无法充分做好事,甚至会走向反面"②,就是对制度规范性的最好诠释。

其次,制度是一个关系范畴。"制度是一个从非个人关系角度表示稳定的社会关系的范畴。"③作为现实的人总是生活在各种社会关系之中,通过社会交往关系实现物质生产与人类自身的再生产。制度则通过各种具有规范性的规则、程序对人们的社会关系进行规定和调整,使之形成客观、稳定的社会关系结构。这个稳定的社会关系结构,首先标识的是社会特定交往关系的框架结构、运行机制以及其程序,此种框架结构和运行机制对社会成员的权利—义务关系做出安排以及对社会资源的分配方式做出规定。而社会关系又呈现出多种样态、不同层次,因而制度也应该呈现多元和谐、互动共生的面貌,如此才可有利于社会关系的塑造。

最后,制度是一个历史范畴。伴随着人类生产力的不断发展,人类社会从原始社会、古代社会发展到现代社会,社会关系越来越复杂,而且也呈现出与以往不同的形式,这就需要人类进行制度创新和制度改良。比如在古代以"血族团体为基础"④的

---

① 辛鸣.制度论——关于制度哲学的理论建构[M].北京:人民出版社,2005:49.

② 邓小平.党和国家领导制度的改革[A]//邓小平文选(第二卷)[C].北京:人民出版社,2008:333.

③ 高兆明.制度伦理研究——一种宪政正义的理解[M].北京:商务印书馆,2011:3.

④ [德]恩格斯.家庭、私有制和国家的起源[A]//马克思恩格斯选集(第四卷)[C].北京:人民出版社,1972:2.

熟人社会中,习俗、习惯就足以调节人与人之间的关系,而在现代以"契约"为基础的生人社会中,社会交往关系结构日益复杂,人与人之间是独立的关系,原有的习俗、习惯已不再有效,需要形式化的法律制度来规范和调整社会交往关系。制度是一个历史范畴,说明了不存在一成不变的制度,需要根据时代的发展变化和需要,及时进行制度创新。

综合以上制度的三种特征,笔者尝试对制度进行如下定义:制度是历史性存在的用于调节社会交往关系的具有权威性的行为规则系统。

二、制度的要素

制度由哪些要素构成,是我们研究制度化的前提条件,如果我们不从理论上将制度的构成要素搞清楚,制度化是无从谈起的,也是无从着手的。从理论上来说,制度由四种要素所构成,分别是制度观念、规则系统、规范对象与呈现载体。"制度具有价值性与技术性双重特质或两个层面"[①],制度观念属于制度的价值性特质,规则系统、规范对象以及呈现载体属于制度的技术性特质。这是制度的逻辑结构,除了制度的逻辑结构之外,制度形成的关键是其权力基础。

1.制度观念

制度主体在设计制度之前,会根据自己对社会生产力和相应的社会交往关系的理解和把握,形成关于特定社会成员之间权利—义务关系安排的观念、思路和想法,这就是制度的观念要素。制度就是制度观念外化的产物,是从制度理想到现实的过程。没有合理的制度观念的指导,是不可能建立起科学、合理的制度的。制度观念是制度的灵魂,没有灵魂的制度是僵死的制度。不同制度观念指导下形成的制度具有不同的性质,这就是制度的善与恶、好与坏、先进与落后之别。比如以公平、自由和民主为指导的法律制度,就可以有效保障公民的合法权利;而以专制、独裁、维护特权等理念为指导的法西斯主义制度,就变成了压迫人民、剥削人民的工具。在现代社会,制度必须有利于个人与社会的双重发展,即制度必须具备两个基本观念:第一,制度必须要以追求每个人的全面自由发展、实现人的解放为目的,把人当作历史与社会的主体;第二,制度必须以解放和发展社会生产力、实现社会文明的发展为指向,消除个人与社会、个人与国家、社会与国家之间的对立状态,为社会发展提供动力。从形式合理性与实质合理性的区分角度来说,制度观念的合理与否即表征着制度的实质合理性。

---

① 高兆明.制度伦理研究——一种宪政正义的理解[M].北京:商务印书馆,2011:27.

2.规则系统

规则系统是制度的核心内容,规则系统发挥着规范和调节社会交往关系,分配权利—义务关系以及进行资源分配的功能,规则也是制度价值观念的具体表现。制度的规则系统合理与否表征着制度的形式合理性或程序合理性。制度实际上是由各种不同的规则耦合而成的体系,一个完善的制度必须依据制度观念建立起一套具有普遍约束力的、操作性强的、逻辑自洽的规则系统。所谓"具有普遍约束力"是指规则对于所规范的全体对象而言,是不分身份、地位、阶级与种族而无差别地适用的,谁也不能逃避规则系统的约束,规则是具有社会性质的"公共物品"(public goods)。"这些规则在本质上乃是长期性的措施,指涉的也是未知的情形,而不指涉任何特定的人、地点和物。"①因此,规则必须以全称命题的形式出现,规则的表述需要使用具有较大综合性和包容性的概念。所谓"操作性强"是指规则能够通过一定的操作程序而确切地被加以执行、使用和遵守,不受主体的任意说明和诠释而影响规则的效用。这就要求规则的内容要表述清晰,明确易懂,避免引起歧义,使制度客体在实践过程中有明确的活动方向。所谓"逻辑自洽"是指规则系统内的各规则之间不能相互冲突和矛盾,否则将有损制度的权威。

3.规范对象

制度的规范对象也被称为"制度客体",是制度得以发挥功能的组织与机构②,没有无规范对象的制度。特定的制度总是对应于特定的社会交往关系,而社会交往关系是由个体所承担的社会角色相互作用而形成的。因此,人即是制度的主体,又是制度的客体。制度在对象化活动中,其主体根据制度价值观念对制度客体进行改造,使其符合自身的需要,从而实现对对象的占有和支配。也就是说,制度发挥功能的机理是通过一系列的规则而将其所蕴含的价值观念"制度化"于对象,使对象改变其自在状态而带有制度的烙印。不同的社会角色有不同制度约束和调节,如教师教学需要教学制度的规约,教科书质量需要教科书审查制度的保障等。作用于不同规范对象的制度其性质和内容是不同的,所以不存在一种适合于所有对象的制度。

4.呈现载体

呈现载体是制度借以表达的工具,制度如果不通过各种载体公开表达,制度客体就无法知晓制度的内容和要求,因而也就不能按照制度的规范去行事,制度就无法发挥其功用规范制度客体。因此,呈现载体是沟通制度主体和制度客体之间的中介,其

---

① [英]弗里德利希·冯·哈耶克.自由秩序原理[M].邓正来,译.北京:生活·读书·新知三联书店,1997:264.

② 张敦福.现代社会学教程[M].北京:高等教育出版社,2001:134.

作用不容忽视。一般来讲,制度呈现的载体分为以文字表达、以仪式和口耳相传、以不可言传的心理认同等方式。以文字表达为载体的制度一般称为正式制度;以仪式、口耳相传等方式表达为载体的制度称为非正式制度;以不可言传的心理认同为载体的制度即为我们通常所说的"潜规则",潜规则也属于非正式制度的一种。正是由于制度呈现载体的多样性,才有了多元复杂的制度体系。

以上四种要素共同构成了制度的逻辑结构,制度的逻辑来自于生活中的人情物理与行为方式,制度的逻辑又使生活规则化、条理化。逻辑结构是制度的显性结构,在其背后,还存在一个巨大的隐性结构,就是权力结构。权力结构决定了人情物理结构在多大程度上能够被发现、选择以及确立为制度的逻辑结构。因此,马克思说:"一个国家的真正宪法不是成文法,而真正的宪法取决于现实的'力量对比'。"①制度的权力结构与逻辑结构是对立统一的关系,其不同的组合决定了制度的类型、特征等。从历史的发展趋势来看,制度的权力结构逐渐隐退,逻辑结构不断增强,即人治的因素逐渐减少,但并不会消失。

三、制度的类型

在人类的社会实践中存在着各种不同的制度,制度是一个包含多种要素、具有多个层面的多维结构概念,不同要素在各种层面上的不同分布,就形成了种类繁多的制度类型,仔细分析这些不同的制度类型,对于我们深入理解制度的本质与特征、准确把握制度的演变趋势和规律有着重要的意义。②

1.正式制度与非正式制度

根据制度的起源,即制度是制度主体有意识建构的还是无意识形成的,我们可以将制度区分为正式制度与非正式制度。恩格斯曾指出:"在社会发展的某个很早的阶段,产生这样一种需要:把每天重复着的生产、分配和交换产品的行为用一个共同规则概括起来,设法使个人服从生产和交往的一般条件。这个规则首先表现为习惯,后来便成了法律。随着法律的产生,就必然产生出以维护法律为职责的机关——公共权力,即国家。"③恩格斯的这段话简明扼要地概括了制度的演化历程,即制度首先表现为非正式制度,后来逐渐演化为正式制度。非正式制度是人们在长期的社会生活中无意识形成的,这种规则无须经由正式组织的正规化,而是约定俗成的,为一定范

---

① 邹吉忠.自由与秩序:制度价值研究[M].北京:北京师范大学出版社,2003:75－77.

② 邹吉忠.自由与秩序:制度价值研究[M].北京:北京师范大学出版社,2003:93.

③ [德]恩格斯.论住宅问题[A]//马克思恩格斯选集(第二卷)[C].北京:人民出版社,1972:538－539.

围内的社会成员所自觉践行。① 非正式制度主要包括一个社会的传统文化、风俗习惯、道德规范、乡规民约等。非正式制度是各民族世代相传的文化的一部分,具有持久的生命活力。在正式制度产生之前,人们之间的关系主要依靠非正式制度的规范和调整,即使在现代社会,正式制度也只是占社会总约束中的一小部分,大量的社会关系还是要靠非正式制度的调整。正式制度是制度主体在社会交往实践过程中发挥主观能动性而创建的,通过特定的程序与方式明确规定,并加以强力维护。之所以要将一部分制度通过特定的程序明确规定,除了机缘巧合的因素之外,具有必然性的则是因为这些内容对人类正常生活的重要性和基础性,这些内容容不得丝毫冒犯,不允许社会成员对这些制度有任何的僭越和自由裁量。② 本书的研究对象——课程改革制度,就是在正式制度的意义上进行探讨的。

2.基本制度与具体制度

从纵向层次和位阶上,我们可以将社会制度分为基本制度与具体制度。一个社会的基本制度是这个社会根本性质和特征的总体规定,它在社会制度系统中居于支配地位,对全体社会成员的活动产生强有力的支配和制约作用。比如社会主义制度、资本主义制度等就属于社会基本制度的范畴。社会基本制度本身具有笼统性、抽象性与原则性,需要通过具体制度的运行方可得以贯彻。因此,它是关于制度的制度,确定着社会的基本架构与宏观结构。③ 而具体制度则是指用于调整特定社会的政治、经济与文化等各生活领域中关系的制度,分别是政治制度、经济制度与文化制度。政治制度调整的是政治关系,政治关系的核心和焦点是权力的分配与使用,因而政治制度就是对权力关系的分配、调节与整合的机制,主要靠国家的强力保障与推动。它所指向的是公正问题。从与权力的关系上,可将政治制度分为两个部分:分配权力的制度和管理权力的制度。④ 经济制度调整的是经济关系,经济关系的核心是稀缺资源(利益)的配置问题,经济制度则是有关稀缺资源如何有效配置的规则,它所指向的是效率问题。它通过利益结构来反映特定社会的权力结构。文化制度则是用于调整人们的文化实践活动和文化创造活动的规则,主要处理的是其他文化类型和流派与主流意识形态之间的关系。文化制度规定着何种文化是主流文化、何种文化可以被生产和传播等,因此,它同样暗含着权力和利益的因素。社会的具体制度一般来讲是"中性"的,对社会性质只有影响作用,而不起决定作用,因此,同一种具体制度既可以

① [德]马克斯·韦伯.经济与社会[M].林荣远,译.北京:商务印书馆,1997:60—61.
② 高兆明.制度伦理研究——一种宪政正义的理解[M].北京:商务印书馆,2011:23.
③ 邹吉忠.自由与秩序:制度价值研究[M].北京:北京师范大学出版社,2003:96.
④ 邹吉忠.自由与秩序:制度价值研究[M].北京:北京师范大学出版社,2003:93—94.

在社会主义社会中实行,也可以在资本主义社会中实行。课程改革制度在社会制度系统中属于具体制度,受基本制度的规约和指导。

第二节 课程改革制度化的内涵

在澄清"制度"的本质之后,我们需要对书中的核心概念"课程改革制度化"进行辨析,清楚界定本书中课程改革制度化的内涵、层次以及衡量标准。界定课程改革制度化的内涵是为了使本书的研究对象更为聚焦,而不至于使研究的过程"有形无神";搞清楚课程改革制度化的层次是为了使本书的研究逻辑更为清晰,而不至于出现逻辑混乱;建立课程改革制度化的衡量标准或评价指标是为了更加清醒地认识我国课程改革制度化的状况,而不至于判断失误,以便做到有理有据。

一、课程改革制度化的定义

按照美国政治思想家、哈佛大学教授塞缪尔·P.亨廷顿在他的名著《变化社会中的政治秩序》一书中的定义,制度是稳定的、受珍重的周期性发生的行为模式,而制度化则指的是组织与程序获得价值观和稳定性的进程。[①] 然而,亨廷顿并没有对这种进程的本质特征做出解释和说明,人们在这一定义及其书中也没有看到如何实现这一进程的方法。因此,我们应该重新定义"制度化"。在本书中,制度化是指社会控制与运行机制的模式化、程序化和规范化。通俗来讲,制度化即是建立健全、完善的制度体系[②],以确保社会各项事业的有序进行,实现个人和社会的同步发展。通过制度化的形式,存在于人们观念之中或理论之中的各种理念、设计与安排能够得以明确和固定下来,从而有助于人们在社会实践过程中知晓和运用。[③]

在日常生活、教育研究与教育实践过程中,我们经常在本书的意义上使用"制度化"这一术语。然而,关于课程改革制度化的提法和相关研究却并不常见。截至目前,就笔者视野所及,真正使"课程改革制度化"这一提法进入人们视野的是研究"教育变革方面的知名权威"——加拿大多伦多大学安大略教育研究所的迈克尔·富兰教授。他在《教育变革的新意义》一书中提出了教育变革的三个阶段,即启动阶段、实施阶段与制度化阶段。然而,富兰所说的课程改革制度化,指的是课程改革方案实施

---

① [美]塞缪尔·P. 亨廷顿.变化社会中的政治秩序[M].王冠华,等译.上海:上海世纪出版集团,2012:10.

② 贺培育.论制度化[J].理论探讨,1990(2):85.

③ 钟丽娟.自然权利制度化研究[M].济南:山东人民出版社,2010:119.

的制度化或常规化(routinization)①,即新的课程理念、课程实施方式与评价方式等走向常规化,融入了师生的教学生活,变成了师生的日常生存状态。因此,这里的课程改革制度化实质上是课程改革的内在价值追求、理想状态或者预期目标。在此之后,国内外的很多学者都在富兰教授研究的基础上,就课程改革的制度化这一主题展开深入研究。产生了一批有影响力的研究成果,比如美国众多学者对"服务学习"(service learning)制度化的研究、中国香港学者尹弘飚对课程变革制度化的研究,笔者在导论部分中已就此做了详细的介绍,在此不再赘述。不可否认的是,这对人们理解课程改革这一复杂事件是颇有助益的。

然而,也正是由于这一"路径依赖"(path dependence)②,学者们却大多忽略了更为关键的作为过程、工具意义上的课程改革制度化。我们知道,目的和工具同样重要。没有工具的目的只能是空想,而没有目的的工具,工具的存在也将是无意义的。本书正是从过程或工具的层面对课程改革制度化进行探讨和研究的。本书中所说的"课程改革制度化"指的是,课程改革作为一项复杂的社会实践活动,需要建立起健全的、合理的"制度丛"来规约其朝着合理性的方向发展,并保障课程改革的顺利进行。这个建立"制度丛"的过程即是课程改革的制度化,制度规则系统的建立和完善是课程改革制度化的核心。因此,本书意义上的课程改革制度化是针对课程改革全过程而言的,是从改革的全过程审视与检讨课程改革,而并非单纯针对课程改革的某一个阶段。需要说明的是,正式提出本书意义上的课程改革制度化的,是西南大学教育学部的靳玉乐教授。靳教授在 2012 年第八次全国课程学术研讨会主题报告中,基于课程改革中的种种不规范、非理性的现象,明确提出应该努力实现本书意义上的课程改革制度化。随后杭州师范大学张华教授认为应走向课程改革的后制度化,两位国内知名课程论专家的观点之间看似存在着不小的分歧。然而,在提问与互动环节却达成了共识:事实上,后制度化并非不要制度,而是要建立什么样的(善的或恶的、民主的抑或专制的等等)制度的问题。归根结底,课程改革的正常运作需要建立一系列的制度来予以保障这一点是无须质疑的。

富兰所说的课程改革制度化与本书意义上的课程改革制度化之间的关系非常密切。本书意义上的课程改革制度化是实现富兰所说的,作为课程改革阶段或内在目

---

① 张华.课程与教学论[M].上海:上海教育出版社,2000:331.

② 路径依赖原是由当代新制度经济学家道格拉斯·C.诺斯于 1900 年提出的,其基本含义是由于受到各种历史经验与初始条件的影响,制度变迁依赖于它所特有的历史路径。制度变迁一旦在自我增强机制下选择了一条路径,就会沿着这条路走下去。在此,象征着一种行为方式或者思维方式的定型化。

的意义上的课程改革制度化的工具,富兰意义上的课程改革制度化是本书意义上的课程改革制度化的价值诉求或内在追求。因为本书意义上的课程改革制度化的提出,正是为了确保课程改革能够按照合理性、规范化的要求进行,避免或规约课程改革中的非理性、随意性行为的出现,其终极目的正是为了能够最终实现富兰意义上的课程改革制度化,即课程改革所倡导的理念转化为师生的日常生存状态。

二、课程改革制度化的层次

从上述对课程改革制度化的定义中,我们可以看出课程改革制度化在本质上是一个建立课程改革规则系统的过程,因而课程改革制度化不是课程改革哪一个阶段、步骤或程序的制度化,而是课程改革全过程的制度化。那么,课程改革制度化就是一个多层次、立体化的制度规则系统建构的过程。各层次的制度化有其不同于其他层次制度化的特征和要求,区分课程改革不同阶段或步骤的制度化就显得很有必要和有针对性。具体说来,课程改革即是课程政策的制定以及实施的过程,包含课程决策、课程管理、教科书编审用、课程实施、课程评价等环节。这些环节都需要建立起合理性的制度以确保各环节的正常运作,如此,方可保障课程改革全过程的合理与有序。因此,课程改革制度化的层次就包括,课程决策制度化、课程管理制度化、教科书编审用的制度化、课程实施制度化以及课程评价制度化等。

课程决策制度的建立与完善是课程改革制度化的核心和重中之重,因为课程决策决定着课程政策的合理性与合法性,很大程度上也决定着课程政策能否顺利转化为教育工作者的自觉行动。而课程政策则是指为了解决特定的课程问题,实现理想的教育目标,以政府和政党为代表的公共权力部门通过一定的程序所制定的关于课程领域的行动方针、准则及其相应的课程行动策略。[①] 如果课程政策的制定过程即课程决策不科学、不合理,那么其他环节的工作在根据课程政策的内容开展时也必然表现出不合理性、不科学的现象。因此,建立课程决策制度以规约课程决策活动是很有必要的。

课程管理涉及课程开发和组织的整个过程,从最初的思想观念到后来的设置和充实更新。[②] 而课程管理制度则是指"由国家司法部门或教育行政部门以法规或文件的形式对课程管理的主要内容所做出的规定"[③]。课程改革往往会涉及课程管理制度的变革[④],良好的课程管理有助于明确课程改革中各层级权利主体的权力与责

---

① 黄忠敬.课程政策[M].上海:上海教育出版社,2010:7.
② [以]A.莱维.教育大百科全书·课程[M].丛立新,等译.重庆:西南师范大学出版社,2011:47.
③ 白月桥.课程变革概论[M].石家庄:河北教育出版社,1999:162.
④ 李定仁,徐继存.课程论研究二十年[M].北京:人民教育出版社,2004:238.

任,使各权利主体共同作用形成合力,有助于课程改革的顺利推进,因此,课程管理制度的建立与完善是保障课程改革正常运行以及课程目标顺利实现的重要一环。新课程改革针对我国长期以来课程管理权主要集中在中央一级,统得过多过死,难以满足不同地区、不同学校、不同学生需要的状况,建立了三级课程管理制度,重新分配课程管理权。然而,三级课程管理制度是否科学、合理,是否有利于解决过去存在的问题却是需要检视的。

教科书是课程理论走向课程实践的中介,优质的教科书是课程改革成功的必要保障,因此,教科书制度的改革也是我国基础教育课程改革的一个重要方面。① 教科书制度大体上包括教科书编制制度、教科书审查制度以及教科书选用制度三个方面,即编、审、用三个方面的制度化。在新课程改革中,教科书实行"一纲多本",开放教科书编制的权力,实行审查制。由于实行"半市场化"的模式,目的是鼓励高质量的教科书能够涌现出来,故对教科书的具体编制细节可不必规制太多,只需要在审查环节把关即可,在审查环节将那些质量不高的教科书淘汰出局,也就是说教科书的编制很大程度上属于市场领域的事情,由市场根据课程计划和课程标准自行决定如何编制。因此,教科书的编制制度不是本书所关心的重点。本书侧重研究教科书的审查与选用环节的制度化。

课程改革既包括课程计划的制定,又包括课程计划的实施,还包括对课程改革过程与效果的评估。课程计划指的是开发课程改革的愿景以及实现这种愿景的具体方案,包括课程政策文本、教科书等。课程实施就是将理想的课程计划付诸实施的过程②,如果没有经过实施,设计再好的课程也只是一些美丽的辞藻或高悬的理想。可见,课程实施是课程理论和实践对话的场域,是课程发展中的重要过程。③ 课程的顺利实施需要教师专业能力的相应提高,这就要求建立教师专业发展制度;需要课程资源的及时、合理配置,这就要求建立课程资源分配制度。教师专业发展制度与课程资源配置制度一起构成了课程实施制度。理论上讲,完整的课程实施制度还应该包含教学制度,其对课程改革顺利推进的影响作用不可小觑,然而教学制度一般都是由各个学校自主制定和实施的,属于微观层面的制度,本书主要关注宏观层面的课程改革制度。而且,教学制度本身也很复杂,不是本书有限篇幅所能探讨清楚的。所以本书不拟对教学制度进行探讨。

课程评价是指人们收集必要的资料以决定是否采纳、修改或删除总体课程或某

---

① 钟启泉,崔永漷.为了中华民族的复兴 为了每位学生的发展——《基础教育课程改革纲要(试行)》解读[M].上海:华东师范大学出版社,2001:360.

② 张华.课程与教学论[M].上海:上海教育出版社,2000:331.

③ 欧用生.课程改革——九年一贯课程的独白与对话[M].台北:师大书苑,2000:159.

一特定教科书的过程或一系列过程。① 作为一项完整的课程改革活动,课程评价必不可缺,评价过程是整个改革活动的反馈环节。课程评价的领域包括对课程设计过程与结果的评价、课程实施过程的评价、课程实施效果的评价以及课程整体系统的评价等方面。② 课程评价对课程改革的作用是显而易见的,有助于课程改革自身方向的明确和方法、思路的调整,以便使课程改革更加有利于学生的自由、全面发展。因此建立合理、健全的课程评价制度是课程改革的内在要求和必要环节。

综上所述,课程决策制度、课程管理制度、教科书制度、课程实施制度以及课程评价制度共同构成了课程改革制度。因此,课程改革制度并不是"单数"意义上的概念,而是多层次、多维度的"复数"意义上的概念。只有当我们建立起健全、完善而又合理的课程改革制度体系,这些制度共同规约改革过程中不同权利主体的行为,使之朝着合理性的方向展开时,才可能保障课程改革的合理性与合法性。

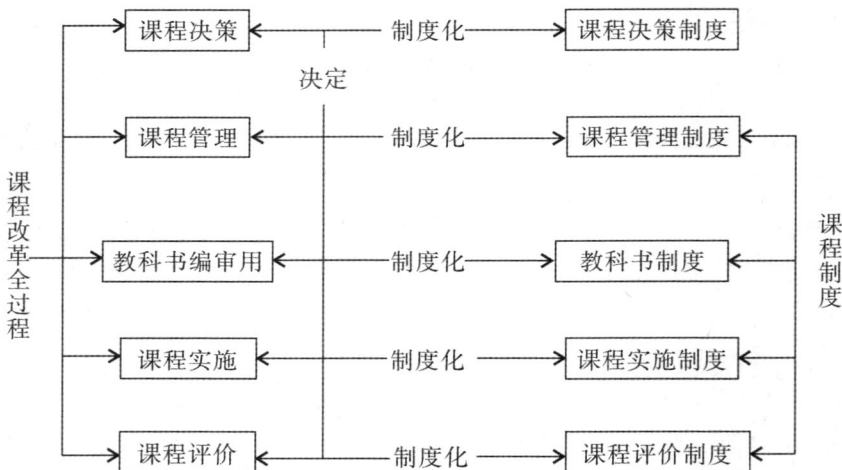

图 2-1　课程改革制度化的层次示意图

三、课程改革制度化的主体

课程改革制度建立的最终目的是为了人类更好地生存和发展,而建立制度的主体也是人类,即课程改革制度化的主体是人类自身。"主体"从哲学意义上说,指的是一个社会中具有自我意识机能和自觉能动性等特质并从事认识活动与实践活动的

---

① ［美］艾伦·C.奥恩斯坦,费朗西斯·P.汉金斯.课程:基础、原理和问题［M］.柯森,等译.南京:江苏教育出版社,2009:339.
② 范蔚.基础教育课程改革［M］.重庆:重庆出版社,2006:129.

人。① 对课程改革制度化的主体做出探讨,可以使各主体更加清醒地认识到自身肩负的责任与使命,更加自觉地做出合理的行动。根据不同的分类标准,我们可将主体分为不同的类型。如根据主体规模的大小,制度化的主体可分为群体主体与个体主体;根据主体权力的大小,制度化的主体可分为官方主体与非官方主体等。在此,我们根据各主体在课程改革制度化中的作用和地位的不同,将课程改革制度化的主体分为四大类,即人民群众、教育行政机构、国家精英以及利益集团。

1.人民群众

人民群众是马克思主义的核心范畴之一,它指向的是"占人口最大多数的、处在社会底层的、以工人阶级为核心的生产者的集合体"②。不管历史的情形如何发展变化,人民群众的主体以及其稳定部分,始终是进行物质资料生产的劳动群众以及从事精神文明生产的知识分子。③ 人民群众是社会历史的主体,是社会物质文明与精神文明的创造者。课程改革是人类自觉开展的社会实践活动,其主体当然也是人民群众,因此,人民群众是课程改革制度化的决定性力量。课程改革制度是否合理、是否有利于广大青少年儿童的健康发展、是否有利于国家综合国力的提升以及是否能够得到顺利执行,都要看这种制度是否能够满足广大人民群众的利益、是否能够满足人民群众日益发展的教育需要。人民群众在课程改革制度化的过程中,其作用可能并不是十分明显的,有可能经过较长时间的历史实践才能表现出来。因为,人民群众这一概念是抽象了的群体概念,其所针对的是不同利益需要的群体的集合,这些不同的群体成员以不同的方式进入不同的组织,这些具体的组织或个人才是对课程改革制度化产生直接影响的主体。

2.教育行政机构

行政是相关行政主体以特定方式对社会的公共事务所进行的管理活动。④ 教育行政机构的任务则是对教育事务进行管理,使之顺利、有效地开展。我国的教育行政机构包括教育部、各省(自治区、直辖市)教育厅(委员会)以及地方教育委员会等。这些教育行政机构根据不同时期我国的教育方针和教育目标,代表国家对教育进行管理和不同程度上的改革。在现代社会,教育作为国家的一项公共事务,由国家出资举办教育是一种主流趋势,也是社会进步的象征,由国家发起的教育改革也属于必然现象。而国家在教育中的"代理人"则是各级教育行政机构。在新课程改革中,教育行

① 张国庆.公共政策分析[M].上海:复旦大学出版社,2004:113.

② 杜鸿林,王其辉.马克思恩格斯人民群众观述论[J].天津社会科学,2013(3):29.

③ 童仁.人民群众是历史的创造者[J].党建研究,2001(6):45.

④ 高兆明.制度伦理研究——一种宪政正义的理解[M].北京:商务印书馆,2011:339.

政机构发挥了主导的作用。由国家教育行政部门进行课程决策,改革课程管理制度、教科书制度、课程实施制度以及课程评价制度,协调课程改革中的各种社会关系,整合课程改革资源,保障课程改革的有效实施,也就成为国家举办教育的逻辑延伸和内在要求。

3.国家精英

国家精英是指在一定社会中具有卓越才能或者身居显著地位并有影响力的杰出人物,他们散布于社会各领域中,在社会上获得了高度评价与合法化地位,并同整个社会的发展脉络紧密相连。[①] 国家精英在制度建立与变革的过程中发挥作用的机理与其他主体有所不同,他们在根本上不是受利益的驱动,而是借助自身的文化素养和专业能力,敏锐地把握与道出时代精神,并将这种时代精神内化于具体制度的建构过程中,因而,国家精英是时代的引领者。"谁道出了他那个时代的意志,把它告诉他那个时代并使之实现,他就是那个时代的伟大人物。他所做的是时代的内心东西和本质,他使时代现实化。"[②]课程改革过程中,直接参与的国家精英主要是部分政府教育行政官员、教育研究人员以及关心教育改革的精英——院士、人大委员等。他们的参与和讨论可以使课程改革制度建设的方向更为明确、思路更为清晰。需要说明的是,我们肯定国家精英的引领与创造作用,但并不否认人民群众的作用。国家精英是人民群众的代表,他们的智慧、权威与力量均源自人民,离开人民群众,精英也将一事无成。

4.利益集团

所谓利益集团,指的是具有大致相同的利益诉求,秉持共同的利益态度与价值观念,具有较强组织性的社会群体。[③] 社会成员本来就具有文化、教育、种族、宗教、经济等背景的差别,这些成员之间以及思维、态度倾向的不同分类,就是利益团体的基本形式。不同的利益集团之间的利益要求具有明显差别,甚至是对立的,因此他们都试图参与并影响制度的建立,以便使制度能够更好地为自身服务,谋取利益。利益集团是一个历史范畴,在不同的历史时期指向不同的历史内容。任何一项制度的制定,都是不同利益集团之间博弈的结果。各种利益集团的有序表达和有效表达,是合理的制度建立的前提和基础,只有这样才能保证制度的合理性与合法性。在课程改革过程中的利益集团主要有国家、教师群体、学生及家长群体、教科书出版商、教育专家等,他们以不同的方式影响着课程改革制度的建立和变迁。

---

① 辛鸣.制度论——关于制度哲学的理论建构[M].北京:人民出版社,2005:173-174.

② [德]黑格尔.法哲学原理[M].范扬,张企泰,译.北京:商务印书馆,2009:334.

③ 王伟光.利益论[M].北京:中国社会科学出版社,2010:117-118.

四、课程改革制度化的衡量标准

课程改革制度化的程度如何衡量,这就是制度化的标准问题。如果不解决这一问题,我们就无法知晓课程改革的制度化水平,无法和其他国家或地区的课程改革制度化相比较,即无法定位自身的发展进程,就不可能很好地推进课程改革制度化的建设,也就不可能实现课程改革的顺利推进。根据亨廷顿对政治制度化标准的分析,政治的制度化水平可根据组织或程序的适应性、复杂性、自主性以及内部协调性这四个方面来衡量。任何一个组织或者程序的制度化水平都可以根据这几个要素来加以衡量。① 因此,课程改革制度化的水平也可以根据这几个要素来加以衡量。

1.适应性

适应性就是组织或程序适应环境变化挑战的能力。环境提出的挑战愈多,组织和程序存在的年代越久远,其适应能力就越强。组织和程序的适应性越强,那么其制度化水平就越高,反之,适应性越差,越刻板,其制度化水平就越低。当组织面临环境的变化时,其若想继续生存,它就必须减弱其对最初职责的承诺,而不必拘泥于自己的老一套。由此可见,衡量组织或程序制度化的适应性有两个方面的因素:第一,组织或程序存在的年代长短,因为一个组织或程序越古老,它在未来某个特定的时期内存在的可能性就越大;第二,组织或程序功能是否具有变革的精神或勇气,因为只有善于变化才能适应环境的要求。就我国课程改革而言,从组织或程序存在的年代长短看,很多组织(如教育部基础教育课程教材研究中心、一些师范院校设立的基础教育课程教材研究中心等)或程序(如教科书审查与选用制度、三级课程管理制度以及校本课程开发制度等)都是本次课程改革启动之后方才(真正)建立起来的,其"年龄"尚且年轻,甚至课程改革所必需的一些组织或程序还尚未建立(如课程评价与监督机制);从组织或程序是否富有变革勇气或精神的角度看,在课程改革过程中,许多决策部门、教育行政机构以及教师个人等,仍旧拘泥于自己原来的那一套思维方法、做事风格,已经不适应于课程改革所提出的新要求,因为他们发现想要改变自己业已掌握和习惯的对付环境变化的手段很困难,于是就形成了所谓的"路径依赖"。因此,从适应性的角度看,我国课程改革制度化的程度不高。

2.复杂性

一个组织或一套程序越复杂,其制度化水平就越高。完全依赖某一个人的政治体制是最为简单的政治体制,但同时这种政治体制也是最不稳定的,因为稳定性来自

① [美]塞缪尔·P.亨廷顿.变化社会中的政治秩序[M].王冠华,等译.上海:上海世纪出版集团,2012:10.

复杂性。复杂性有两个方面的含义:第一,一个组织或程序必须具有数量庞大的下属组织或子程序,由上而下,隶属明确,职责各异;第二,组织或程序的下属组织或子程序各具高度专门化水平。根据亨廷顿的说法,一个组织或程序的下属机构或子程序数量越大,形式越丰富,其确保组织成员效忠的能力就越强,除此之外,一个有着众多目的或功能的组织或程序,在环境发生变化时,能够更好地调整自己的功能。① 这对于课程改革制度化是同样的道理,因为课程改革就是由相关教育部门根据一定的程序开展的实践活动。比如我们的课程决策制度就基本上还是精英决策,决策层出于决策时间和成本的考虑,直接利益相关者很少能够进入决策过程之中,他们的需求基本上得不到关注,复杂性程度不高;另外,教科书选用制度,基本上还是由各省或地区统一选定,真正要使用教科书的教师或学生的意见得不到尊重,许多地区教育行政部门想更换教科书版本就换,而不顾实际教学进程的需要。如 2013 年 7 月 6 日中央电视台《焦点访谈》栏目播出报道 H 省教育厅和 G 省 J 市教育局 2013 年秋季学期违规更换部分中小学教材版本,就是典型的案例。由此可见,课程改革中很多组织或程序的复杂性不高,也即制度的针对性不强,组织或程序不够复杂,课程改革制度化水平不高。

3.自主性

衡量制度化的第三个因素就是组织和程序独立于其他社会团体与行为方式而生存的程度,也即是组织或程序的自主性程度。组织或程序的自主性意味着组织或程序并非代表某一特定的集团利益,不受其他社会团体的干扰而运作。凡是充当某一特定利益集团——家庭、宗教或阶级工具的组织就谈不上具有自主性和制度化。高度发达的组织或程序拥有一套自己的机制,能够将系统内部的暴力成分降至最低限度,并通过明确规定一些富有针对性的途径或手段限制财富的影响。这对课程改革制度化是富有启发意义的。这要求课程改革不能仅仅沦为代表某一利益集团的工具,要求其具有公共性,面向所有学生,而不分阶级、民族、性别;要求负责课程改革的教育行政部门不受外界的干扰,保有一定的自主性,凸显改革的教育属性。从自主性这个角度来审视课程改革,其制度化水平也是相当低的,比如决策过程中的外行领导内行的现象、教科书选用容易受经济因素等非教育因素的干扰,而使教育行政部门或课程改革制度的自主性受损,导致课程改革制度化水平不高,影响课程改革的独立运行。

---

① [美]塞缪尔·P.亨廷顿.变化社会中的政治秩序[M].王冠华,等译.上海:上海世纪出版集团,2012:14.

4.协调性

一个组织内部越团结,一套程序的逻辑越严密,越具有内聚力,其制度化水平也越高;相反,组织内部越不团结,一套程序内部自相矛盾和冲突,其制度化水平也就越低。一个良好的组织对于解决它职能范围内所出现的矛盾与冲突所应遵循的程序,应当有较为一致的看法,而且这种一致性意见必须扩大到能够制约整个系统内的活动成员。从这个角度看我国的课程改革,各部门之间出于利益的考量,对于课程改革的看法不一,贯彻与实施课程改革的行动力度就不一样,其内聚力就差,课程改革的推进也就不顺利。例如,有学者对三级课程管理的权力运作分析指出,从国家、地方到学校三个层面的权力实施都有着自身部门的利益考量,分别表现为受"目标置换"所困扰的国家层面的权力实施、政策规避下的地方层面的权力实施以及"杂草丛生"的学校层面的权力实施①,导致了三级课程管理的混乱、成效不彰。由此可见,课程改革的制度化水平也是不高的。

从以上衡量制度化的四个标准,我们可以看出新课程改革的制度化水平不高,课程改革的制度化水平制约着课程改革顺利、科学的推进,这需要我们不断对课程改革过程中的制度系统进行反思和建设,不断进行制度创新,以便提高课程改革的制度化水平,确保课程改革朝着合理的方向顺利推进。

第三节　课程改革制度与其相关概念的辨析

从课程改革制度化的层次示意图(图2-1)中,我们可以看出课程改革制度并不是"单数"意义上的概念,而是多层次、多维度的"复数"意义上的概念。严格来讲,课程改革制度是一个制度系统或"制度丛",它是由课程决策制度、课程管理制度、教科书制度、课程实施制度以及课程评价制度等共同构成的。然而,在教育研究领域中,我们常常将"课程改革制度"同"课程制度""课程决策制度""课程政策"等几个概念相混淆。其中的一个重要原因是,我们关于课程改革制度的研究很少,这一点国内外的情况都一样,这就造成了我们对课程改革制度了解较少,当说起这几个概念的时候确实不容易搞清楚它们之间的关系。这就要求我们在前人有限研究的基础上,进一步辨析清楚这几个概念之间的联系和区别,这有利于我们研究思路的清晰,避免"失焦"和给人以混乱感。

---

① 李志超.三级课程管理的权力运作研究[D].重庆:西南大学博士学位论文,2013:90-116.

一、课程改革制度与课程制度

在有关课程改革的研究中,有学者常将课程改革制度等同于课程制度,在论述的过程中时不时地用课程制度替代课程改革制度。① 仅从字面意义上看,这两个概念强调的重心也是有所不同的。课程制度的重心在课程,课程制度指的是人们共同遵守的一系列落实课程计划与方案,有效促进课程管理、课程开发、课程实施以及课程评价的规程与行为准则。② 而课程改革制度的重心则在课程改革这一行动本身,这个制度的制度客体是课程改革,包含课程决策、课程管理、课程编制、教科书选用、课程实施以及课程评价等一系列活动。这从上述对课程改革制度化层次的分析中也可得到印证,在图 2—1 中,我们可以看到课程制度包含在课程改革制度中,属于课程改革制度的子范畴。在建立新的课程制度是为了课程改革这一意义上,我们可以说课程制度是课程改革制度,这就好比我们可以说"张三是人"。然而,反过来,我们不能就此便说课程改革制度就是课程制度,这就好比我们不能说"人是张三"一样,因为李四也是人,王五也是人。我们不能将一个外延较大的概念等同于外延较小的概念,否则我们的研究将会忽略掉一部分重要的东西,这是逻辑学的基本常识。在本书中,如果我们仅仅将课程改革制度等同于课程制度,我们便会忽略课程决策制度这一课程改革中重要的范畴,课程改革便成了无灵魂的东西。

二、课程改革制度与课程决策制度

在研究的过程中,人们也很容易将课程改革制度和课程决策制度混淆。如有学者将课程改革制度定义为"一种制约课程资源配置决策活动的规则系统"③(着重号为笔者所加),便是将课程改革制度等同于课程决策制度的典型。课程决策制度确实是课程改革制度的重要元素,甚至可以说是其核心组成部分,因为课程决策的产物是课程政策,而课程政策对课程改革的其他环节,如课程管理、教科书的编审用、课程实施以及课程评价等都起着原则上的指导作用,科学、合理的课程决策过程可以造就好的课程政策,良好的课程政策是课程改革成功的前提条件和必要保障。但是,课程改革除了需要良好的课程政策之外,还需要将课程政策顺利转化为教育工作者的行动,在行动中改善教育问题,只有这样课程改革才是实实在在的。因此,课程改革制度不仅包括课程决策制度,还包括我们上述所说的课程制度。我们不能将课程决策制度

---

① 具体可参见:胡定荣.课程改革的文化研究[M].北京:教育科学出版社,2005:166—168.

② 郭元祥.学校课程制度及其生成[J].教育研究,2007(2):77.

③ 胡定荣.课程改革的文化研究[M].北京:教育科学出版社,2005:166—168.

当成课程改革制度的全部,这个道理我们在分析课程改革制度与课程制度时已经阐述清楚了,在此就不再赘述。

三、课程改革制度与课程政策

课程政策在一定程度上也可以称为课程改革政策,因为课程政策的出台必定针对特定的课程问题,意欲解决这些问题,伴随而来的则是课程改革。那么,要区分课程改革制度与课程改革政策,首先要区分清楚制度与政策的差别。何谓政策? 政策是指以政府和政党为代表的公共权力部门为解决特定的公共问题,实现理想的政治、经济和文化目标,通过一定的程序而制定的一系列行动方针、准则以及相应的行动策略。① 而根据我们的定义,制度是历史性存在的用于调节社会交往关系的具有权威性的行为规则系统。因此,制度与政策之间的联系非常紧密,都具有规范的意义。具体到课程改革中,课程改革制度不是一个单一的制度,而是一个制度系统,其中包括课程决策制度,而课程决策制度又规范着课程政策的制定。因此,课程改革制度决定了课程政策的样态。从调控范围上讲,课程改革制度几乎无处不在,而课程政策的存在和发挥作用的范围则是有限的。从稳定性上看,课程改革制度可以是几十年甚至上百年不变的,而课程政策就可以在相对较短的时间内发生很大的变化,因为它是解决课程问题的,随着问题的出现而不断发生变化,"政策的目标和意图一段时间后会重新确定和定调"②。因此,课程改革制度并不完全等同于课程政策。

---

① 黄忠敬.课程政策[M].上海:上海教育出版社,2010:5.
② [英]斯蒂芬·J.鲍尔.教育改革:批判和后结构主义的视角[M].侯定凯,译.上海:华东师范大学出版社,2002:32.

第三章　理论确证：课程改革
制度化的立论之基

在本书中，提出"课程改革制度化的立论之基"意在追问课程改革制度化是否可能，如果可能，课程改革这种社会实践自身具有哪些性质使其制度化得以可能？也即是追问课程改革制度化何以可能的问题。这是一个值得深入探讨的话题，也是一个严肃的学术问题。如果这一问题得不到解决，那么本书的研究就是建立在空中楼阁之上，即本研究的合法性就值得怀疑。因为，如果课程改革在理论或逻辑上就根本不能被制度化，那么我们的这一项研究就是完全没有必要的。因此，课程改革制度化何以可能的问题关系着本研究的合法性。这是研究课程改革制度化何以可能在理论上的必要性。当然，更重要的是，提出课程改革制度化何以可能这个问题，也是基于现实中人们对课程改革制度化的种种质疑心态。在现实生活或学术讨论中，人们总是基于这样那样的理由对课程改革制度化的可能性提出质疑。笔者希望借助探讨课程改革制度化可能性这个问题，来解开人们心中的疑惑。这也体现了学术研究"从实践中来到实践中去"的旨归。我们将对一系列否定课程改革制度化之可能性的观点进行评析，从外部证明课程改革制度化是可能的；进而深入课程改革的内部，对课程改革的性质进行澄清，说明课程改革自身具备哪些性质使其制度化成为必然。内外之分其实是一种视角的差别，二者之间关系紧密、相互支持、辩证统一于课程改革制度化的过程之中。

第一节　外部可能性：对否定课程改革制度化观点的评析

在笔者与一些学者或同学谈论"课程改革制度化"这个问题时，很多人会首先提出课程改革能否被制度化这样的疑虑，而且也有学者认为课程改革根本不可能被制度化，笔者认为这是我国课程改革制度化水平尚低的观念层面的原因。根据一些学者的质疑和笔者的归纳总结，课程改革不可能制度化的典型观点大致有五种：第一，以自然演进反对制度化；第二，以先入之见诋毁制度化；第三，以人性本善排斥制度化；第四，以国情特殊拒绝制度化；第五，以改革复杂否定制度化。这五种典型的观点在根本上都是站不住脚的，证伪这些观点就从正面证实了课程改革制度化的可能性，因为证伪与证实是相伴而生的。

一、以自然演进反对制度化

制度到底是自然演进的还是人为设计的,这个问题长久地困扰着制度研究者,尤其是制度哲学研究者,因为这关系到人类在社会实践中的地位和作用问题。制度经济学在研究制度变迁过程时,从经济学的视角总结了自近代以来制度演变的两种模式:自觉设计的和自然演进的。① 然而,有很多学者基于不同的理由坚持制度纯粹是人类社会自然演进的产物,并非人类理性设计的成果。如批判理性主义创始人、著名哲学家卡尔·波普尔(Karl Popper)就曾指出,在任何条件下,人类理性规划的产物都不可能成为稳定的结构,因为力量的平衡必然会发生改变。全部的社会工程,无论它如何以其现实主义和科学性质而自豪,然而注定是一种乌托邦梦想。② 英国政治学家艾德蒙·波克(Edmund Burke)更是明确地指出,"制度不是发明或制造出来的;它们是活生生的并且是不断发展的。因此,必须以尊崇的态度对待它们,以谨慎的态度提到它们。对于进行计划和设计的政治家来说,想以冒险而空想的计划搞什么新制度,可能会轻易毁掉他一时心血来潮想要再建的东西。……没有哪个新创造的制度能够通行,无论它多么符合逻辑,除非它累积了类似程度的习惯和感情"③。英国自由主义政治哲学家弗里德利希·冯·哈耶克(Friedrich A. Von Hayek)则通过批判人类理性"致命的自负",主张制度应该是自生自发生长出来的,是人类行动的非意图的后果,而并不是人之设计的结果。④ 以上各位学者基本上都是站在自由主义的立场为制度的自然演进辩护,其目的是要为日常生活中的自由创制活动留下广阔的空间。这给我们以深刻的启示,即人类的理性是有限的,不可能穷尽事物的全部细节,因此,当我们在进行制度设计时,应当在宏观、整体上进行原则性的设计,把微观、细节上的东西留给生活实践中的自由创制。这样,使原则、框架上的自由生长反过来促进原则、框架的不断完善。

然而,犹如经济学中无形之手(自由市场)的有限性,生活中无形之手的创生作用也有着自身的限度。一方面,人总是在自我设计的环境中活动,离开了这种自觉设计,就谈不上是人的活动;另一方面,自由主义立场所坚持的自由创制活动也是在一

---

① 高兆明.制度伦理研究——一种宪政正义的理解[M].北京:商务印书馆,2011:470.

② [英]卡尔·波普尔.历史决定论的贫困[M].杜汝楫,邱仁宗,译.北京:华夏出版社,1987:36—37.

③ [美]乔治·霍兰·萨拜因.政治学说史[M].刘山,等译.北京:商务印书馆,1990:687.

④ [英]弗里德利希·冯·哈耶克.自由秩序原理[M].邓正来,译.北京:生活·读书·新知三联书店,1997:17.

定的环境或背景中开展的,这种背景性安排是人类活动永远无法摆脱的前提。因此,制度的产生与演进又总是需要人类进行选择和设计的。其实,尽管哈耶克竭力反对人类理性对制度的设计,然而,他有时也不得不间接承认制度建构的必要性。他指出,"这些自生自发秩序并不会把它们自己施加于我们的感觉,而必须通过我们的智力去探寻它们。我们无力看到……这个有意义行动的秩序,而只能通过头脑去探寻各种存在于要素间的关系的方式来重构它们"①。波普尔有时也无奈地承认,"制度犹如堡垒,需要人精心设计并操纵"②。其实,人类社会的发展史一次又一次地证明了制度是可以进行设计与创制的。如果人们听从制度的自然演进,社会主义就不会出现在像苏联、中国等经济较为落后的国家;中国就不可能进行改革开放,建立市场经济制度等。具体到教育上来说,中国清末民初时建立的新学制,模仿德国和日本的教育制度等都是制度建构的成功经验。

　　然而,制度的自觉建构和设计也是有条件的,即它必须顺应时代的潮流和符合当时、当地的条件。具体是指,制度作为调节人与人之间社会关系的一种存在,必须与一个国家或地区的生产力和生产关系相适应,而不能脱离生产力与生产关系而随意创设一种制度。否则,这种制度就不能发挥调整和规约社会关系的功能,使制度创设的成本和收益失调。比如,在中华人民共和国成立之初,经济极为落后,物质资源匮乏,加上老百姓对教育的需求并不高,在这种情况下想要推行九年义务制教育是不大可能的事情,即使强行建立了这种制度,也不能很好地得到贯彻、执行。相反,在目前我国经济较为发达,物质生活资料较为充裕,老百姓对教育的质量需求较高的情况下,是可以考虑适当延长义务教育年限,比如逐步普及高中阶段义务教育、将幼儿园纳入义务教育的范围等,建立一种新的义务教育制度,这些都是可以考虑和进行选择的。其实,制度的生成和演变与人的命运有着极为相似之处,"用科学的世界观和历史观来看,命运其实就是人们生活中各种必然因素和偶然因素的结合"③,制度的生成亦是此理。由此可见,制度的产生既非纯粹的自然演变,也非纯粹的人为设计,而是人类在既有的背景、原则和框架之中自由创制的产物。认为制度仅仅是自发生成的观点会陷入宿命论和神秘主义的窠臼,认为制度仅仅是人类自由设计的产物会陷入唯心主义的泥沼,这些都不是科学的观点。因此,以制度是自发生成的观点不能否定课程改革的制度化。

---

① Hayek. Law, Legislation and liberty: Rules and Order (1) [M]. Chicago: The University of Chicago Press, 1973:38.

② [英]卡尔·波普尔.开放社会及其敌人[M].郑一鸣,等译.北京:中国社会科学出版社,1999:237.

③ 李德顺.新价值论[M].昆明:云南人民出版社,2004:167.

二、以先入之见贬抑制度化

教育界对"制度化"这个概念的熟悉和了解大抵是从"制度化教育"的出现开始的,从那时起,学者们就开始对制度化教育展开了激烈的批判,走向极端的则是奥地利基督教神父伊凡·伊里奇(Ivan Illich),他于1971年出版《非学校化社会》(De-schooling Society)一书,在其中他主张彻底废除学校。① 这种情况在我国的表现也相当突出,因为制度化教育和我国备受批判的"应试教育"如出一辙,仿佛制度化教育就是对我国教育现况的生动描述。因而,人们便对制度化心有余悸,不怎么愿意提起制度化,由此推广开来,觉得凡是制度化了的东西都不是什么好东西。其实,这里存在着极大的误解和偏见。

制度化教育作为人类教育发展到一定程度的产物,按照笔者的理解,是指学校作为一种常设机构存在,并按照一定的规则而运行,这原本是为了使更多的人能够有机会、更方便地接受教育,但是在制度化教育运行过程中却出现了学校教育越来越封闭,越来越倾向于选拔式的英才教育,培养的学生不适应社会的要求、与社会的发展相脱节,教育成为压制人的个性、异化人的工具。② 其实,这里的制度化除了具有本书所说的意义之外,更倾向于指一个由高度理性化和等级化的制度所牢牢捆绑而成的"铁笼"。这种情况的出现是由于在近现代社会之中,随着人类理性的日益张扬以及随之而来的功利化与技术化取向的加剧,导致人类社会出现了物化、科层化和集权化等种种异化现象。③ 因此,在制度化教育中,本来是为了协调社会关系、发展人的个性的学校教育制度已经成为异化人的工具。而人们提出克服制度化的手段则是走向终身教育④,这就给我们提出了一个严肃的问题,即终身教育是否也是一种制度化的教育? 事实上,终身教育是一种更高形式的制度化教育,它是对制度化教育的否定之否定。而且,在最基本意义上,它也需要建立一种终身教育体系,需要制度来保障其正常运作。只是在终身教育的过程中,人们不再以升学考试为终极目的,而是可以根据自己的爱好选择自己喜欢的科目学习,从而获得自由全面的发展。而这种教育是建立在社会生产力高度发展基础之上的,从某个侧面来看,制度化教育是一定生产力和相应的生产关系在教育领域的表现,其存在有着历史的必然性。妄图超越这一历史阶段而建立一种没有现实性的教育制度是不可能实现的。这也是制度产生的自

① 石鸥,刘丽群."荒诞"背后的理性[J].河北师范大学学报:教育科学版,2000(4):66—70.
② 具体可参见:陈桂生."制度化教育"评议[J].上海教育科研,2000(2):10—13.
③ 康拾才.论制度化教育的合理性及局限[J].教育研究与实验,2007(2):32.
④ 袁振国.当代教育学[M].北京:教育科学出版社,2012:296—298.

然演进和人为设计辩证统一原理在教育制度产生和演进中的具体体现。

由此可见,制度也可算得上是我们通常所说的"双刃剑"。其实制度不过是一种规约社会关系的工具或中介,具体能否发挥作用、发挥什么性质的作用,是有利于人和社会的发展还是控制人的行为、压制人的个性、阻碍社会的发展,这取决于设计和使用工具的人。善的、合理的制度可以发挥正向功能,恶的、不合理的制度则不能发挥正向功能,甚至会产生负向功能,这就要看人们设计和使用制度的目的。此即是"制度有善恶,是非需明辨"。我们不能因为看到不合理的制度控制人、异化人,就全面否定制度存在的必要性,尤其是合理性制度存在的必要性,也就是说我们不能在倒洗澡水的同时连同孩子一起倒出去,否则,这个社会的正常运转都是不可能的事情,更不用说课程改革的健康、顺利进行了。因此,我们也不能以"制度化教育"的一些弊端来诋毁课程改革的制度化。毕竟现代社会的发展趋势就是走向制度化,但是在走向制度化的同时,应警惕和反思制度化进程中的"异化"现象,及时完善和修正相关制度使其合理化,使制度更好地为个人和社会发展服务。

三、以人性本善排斥制度化

人性问题是人类在认识自身的过程中存在的一个争议颇多的问题,人性也关系到制度的建构,有什么样的人性观就会建构出相应的制度。比如,如果认为人性本善,那么制度的设计将建立在人性善的基础上,使制度发挥扩充善端的作用;如果认为人性本恶,那么制度的设计将建立在人性自私与恶的基础上,制度则表现为抑制恶、惩罚恶的功能。当然,更有甚者,在教育学术界也存在着这样一种观点,即人性本善,人有着高度的自觉性,这种自觉性表现在儿童身上,就是儿童中心主义的教学理论与实践;表现在教师身上,就是提倡教师完全自主,想教给学生什么就教给学生什么,想怎样教学就怎样教学;表现在课程改革上,就是完全否定自上而下的课程改革模式,完全相信教育工作者尤其是教师的自觉能动性和创造性,提倡国家不干涉课程改革,由教育工作者在实践过程中自发的创新与改革,形成这样一种新的课程改革模式。[1]

那么,究竟何为人性? 人性究竟是善的还是恶的? 这需要我们站在马克思主义人学的基础上对这个问题做出回答。马克思主义的人学理论认为,人性实质上是人在社会生产活动过程中表现出来的与其他动物不同的特性,人的需要就是人的本性。[2] 人的需要乃是人的自然性、社会性以及意识性之间互相作用而形成的不同趋

---

① 查有梁.论教育改革的限制性原理[J].教育科学研究,2013(4):5—12.
② 王元明.人性的探索[M].天津:南开大学出版社,1993:385.

向或力的表现。① 马克思主义人学理论提倡在社会关系中考察人性,反对抽象人性论,认为人性的根本是人的社会性。因为人生活在社会之中,其自然性不同于动物的自然性,人的自然性是已经社会化了的自然性,人的意识性也是凝聚了社会内容的意识性。正是因为人性或者人的需要是自然性、社会性与意识性的统一,才使得制度有了存在的必要。人作为存在首先是一个自然性的存在物,需要吃、穿、住、用,只有满足了这些需要,人才能够生存下去。而资源相对于人的需要来说总是匮乏的,人又是生活在社会之中的,为了满足需要必须相互合作,并采取有效的技术或手段,向环境获取资源。② 当某个人采取了不正当的手段(如偷盗、抢劫、强奸等)去谋取资源满足自身需要,威胁到他人的生存时,就必须采取适当的手段予以制止。此时,人们就需要根据具体的情况,发挥自己的意识性建立必要的规则来约束和规范人的行为,调整人与人之间的关系,于是,制度就有了存在的意义。因此,人性或人的需要是制度产生的根本原因。

既然人的需要就是人性,那么人的需要本身并无善恶之分,满足人的需要的手段、方式或途径才存在善与恶的区别,因此,我们不能对人的需要或人性本身做出价值判断。相反,人性或人的需要是价值判断的标准,即符合人性的就是善的,否则就是恶的。正如有学者所说,“善恶并不是‘性’,而是关系中的现象”。③ 因此,从马克思主义人学理论的角度出发,我们可以说长期以来很多思想家们争论的人性善恶问题在本质上是一个伪问题。至于对需要的评价,可以将善恶标准转化为合理性标准。④

在我国,性善论有着悠久的传统。中国封建社会的思想家们就是这样,总是喜欢把人的德行、善性说得神乎其神,其实他们是以这种方法鼓吹封建道德主义,要人们专注于修身养性,“存天理,灭人欲”。⑤ 不可否认,这是一种有效的控制手段,它使布衣百姓安分守己,统治阶级为了满足自己的需要可以为所欲为,实乃愚弄百姓的美丽谎言。它造成了个人自由发展机会的丧失,带来了社会的封闭、停滞与僵化。因此,人性本善是一种不科学的人性观,不能以之作为制度建设的依据。与此相左的是,西方有着悠久的性恶论传统。比如,康德认为人性本恶,人性中的恶就是人的自私本性,是“非社会的社会性”,其实乃是一种阻力。但正是这种阻力,才激发了人类的全

---

① 施惠玲.制度伦理研究论纲[M].北京:北京师范大学出版社,2003:117.
② 费孝通.乡土中国 生育制度[M].北京:北京大学出版社,2005:50.
③ 李德顺.新价值论[M].昆明:云南人民出版社,2004:134.
④ 叶澜.教育概论[M].北京:人民教育出版社,2006:193.
⑤ 李德顺.新价值论[M].昆明:云南人民出版社,2004:134.

部能力,推动着社会不断向前发展。托马斯·霍布斯(Thomas Hobbes)认为在自然状态下,人对人就像狼,极端自私自利、野蛮残忍、相互仇视和富于侵略性,没有秩序,毫无公正可言。这就难免出现争斗和冲突,需要建立契约,以确保人的生命财产安全。而大卫·休谟(David Hume)则在人性本恶的观点之上,提出了著名的"无赖原则",即在设计制度时要将每一个人都想象成无赖,从而对无赖行为进行制约。① 基于人性本恶来建构制度是有积极意义的,即可以使制度能够更好地制约人的行为,尤其是可以实现对权力的规范和制约,有效限制公共权力。② 然而,人性毕竟不同于兽性,而且由于它对人性的认识是有偏颇的,因此,不能指出制度制恶的深层动力源泉。辩证地说,制度建构要考虑人在满足需要的过程中所使用手段、方法的正当性与合理性,制度就是要规范和约束这些手段和方法的使用,而不是约束人的需要。只有在社会生产关系中,用来满足人的需要的手段才表现出善与恶的特征。

综上所述,以人性本善来否定课程改革的制度化是站不住脚的,而且这种观点看似在否定课程改革的制度化(确切地说是在否定国家课程改革的制度化),实则是在性善论的基础上建立一种不同于自上而下的课程改革模式(制度)的新模式(制度)。性善论在根本上是一个不正确、不科学的观点,以之作为制度建构的依据是不妥当的。

四、以国情特殊拒绝制度化

中国传统社会是建立在以落后生产力为基础的乡土社会之上,这个社会的基层结构是费孝通先生所说的"差序格局",即是一个由"一根根私人联系所构成的网络"③。每个人都以自己为中心,向外推广,范围的大小依亲属多少以及自身权势的高低而定。在自己范围之内的成员,就是"自家人",否则就是与自己无关的人,他们的死活与自己不大相关,也不大关心自己的活动会对这些人造成什么影响。费孝通先生称之为"自我主义"④,一切价值都是以"己"作为中心的主义。为了"己"的利益,可以不惜牺牲家,为了家可以不惜牺牲族……这是一个事实的公式。⑤ 私的毛病在中国传统社会与病和愚相伴而生,甚至在某种程度上比病和愚更为普遍,从上到下似

① 施惠玲.制度伦理研究论纲[M].北京:北京师范大学出版社,2003:121—123.
② 辛鸣.制度论——关于制度哲学的理论建构[M].北京:人民出版社,2005:147.
③ 费孝通.乡土中国 生育制度[M].北京:北京大学出版社,2005:31.
④ 自我主义与个人主义并不相同,因为个人相对于团体而言的,个人主义观念事先已经假定了团体的存在,而在中国的传统观念中是不存在这一套的。可参见:费孝通.乡土中国 生育制度[M].北京:北京大学出版社,2005:28.
⑤ 费孝通.乡土中国 生育制度[M].北京:北京大学出版社,2005:30.

乎没有不犯这毛病的。鲁迅笔下的小说《药》中的主人公以及那些围观的看客的表现更是对这种毛病细致入微的刻画。这种毛病流传至今,大多数国人并没有随着时代的变迁而发生多少改变。中央电视台播出的一则公益广告,其中的几个生活场景即是对这种毛病在现代社会的鲜明写照:在公交车上吃包子,自己舒服了,可没有考虑到其他乘客的感受;在图书馆阅览室里肆无忌惮地接打电话,毫不顾忌其他读者的感受等等。另一个方面,在生活中,我们大多数人遇到一些麻烦事,尤其是这些事情牵涉到政府相关部门时,不管这些事情能不能顺利办成,国人想到的不是根据制度、规则去办事,而首先考虑的是我在这个圈子里有没有熟人、有没有关系可以利用。如果根据制度自己不符合规定,那么也要找熟人、托关系,想办法达成目标。因此,在教育领域中就出现了许多"条子生""高价生"等等奇怪的现象,在课程改革过程中就出现了权力寻租而随意更改教科书版本的现象。因此,就有人以国人的这种"民族性格"为由,认为国人历来都是为了自己的私利而不惜破坏规矩,不惜代价地攀关系、讲交情,这已经内化为一种"国民性"了,想要改变是不大可能的,因此,真正的制度化也是不可能实现的。

事实上,虽然我们都渴望依附权力,希望借助权力来逃避制度的规约,将制度作为一种可以为自己所有、为自己所用并且为自己所随意改变的工具[1],从而获得超额利益。然而,当我们在听说或亲眼见到这些不守规则或权力寻租的现象时,尤其是当我们没有可以依附的权力、只能遵守制度时,我们也会痛骂这些现象,此时,我们也希望有制度来规约权力的运行。在中国传统社会里,公权与人情、私利之间的交换乃是一种天然的共识,任何试图通过制度建设来扭转与克服这种文化习惯的努力,都被视为不近人情。因此,每个人都是腐败的受害者,而每个人又都是腐败的参与者[2]。然而,随着我国市场经济制度的建立和完善,传统社会中以人的依赖纽带、血统差别、教育差别等事实上都被打破和粉碎了。我国正处在由传统的"熟人社会"逐步向"生人社会"的转型之中,人与人之间的关系日益复杂,单靠人情、关系已经不能维持相互之间权利—义务的平衡,而日益需要靠各种制度来调节。而且社会现代化的一个标准就是看各项事业的制度化程度的高低,没有各项制度的规约和调节,很难说一个社会已经步入现代化社会。我们不能以传统社会的文化惯习作为制度化的挡板,而为权力寻租和"搭便车"留下人情空间;不能因为我国国情的特殊性而否定社会发展的趋势和时代精神,不能因为我国历史的特殊性而否定我国向更高文明演进的价值取向,

---

① 辛鸣.制度论——关于制度哲学的理论建构[M].北京:人民出版社,2005:288.
② 司汉武.制度理性与社会秩序[M].北京:知识产权出版社,2011:85.

更不能以所谓的"中国特色"为托词而顽固守旧。① 相反,我们应着眼于维护最广大人民群众的利益,在制度建设的过程中自觉维护制度的权威,培育公民的制度意识。课程改革作为国家的一项公共事业,牵涉到广大青少年儿童的健康成长,关系着国家综合国力的提升,尤其应该以健全、合理的制度来保障其健康运行,不能为了私人利益、某些小团体的利益而牺牲广大青少年儿童,甚至是国家的利益。

五、以改革复杂否定制度化

近年来,随着课程改革的深入推进,广大教育研究工作者对课程改革自身的特征逐步有了更加深刻的认识。许多研究者逐步意识到,课程改革是一项极为复杂的社会实践活动,因为其本身具有创新性,所涉及的理论、问题以及技术都很复杂,不容易被把握。② 想要持续地解决复杂性问题是颇为困难的,因为有许多因素在同时起作用。③ 斯泰西(Stacey, R.)认为,既然在不断变化的复杂环境中,变革不是直线式的,那么我们就不大可能以某种精确性去预测或者引导这一过程。④ 复杂性问题的解决绝对不能仅仅依赖于命令。⑤ 可能就会有人据此说,课程改革是复杂的,不容易被我们所把握,因此建立课程改革制度是不可能的,即使建立了课程改革制度,也不会在实践中得到实施。同样,这也是一种误解。

确实,人类的理性从根本上说并非是一种完全理性,可以掌握有关事物的全部信息,并做出最佳的抉择。完全理性的现实表征就是计划体制,这种体制认为存在着这样一个部门或者人,其可以对经济或事物运行中的一切细节都及时充分地掌握并迅速做出回应。⑥ 然而,事实上,经过我国多年的实践经验表明,并不存在如上所说的那样一个部门或者人来对社会生活中的一切都做出详尽的安排,反而,由于不能如此,这种体制会极大阻碍人们生产的热情,造成生产效率的低下。因此,传统的完全理性并不符合人类社会实践活动的真实状态,人类的理性是一种有限理性。真正的理性明白逻辑、决定论以及机械论的极限,它懂得人类的精神不可能是无所不知的。⑦ 由于环境的复杂性和不确定性,信息的不完备性以及人类的有限理性,人类只

① 高兆明.制度伦理研究——一种宪政正义的理解[M].北京:商务印书馆,2011:100.

② 王宗敏,张武升.教育改革论[M].郑州:河南教育出版社,1991:54.

③ [加]迈克尔·富兰.教育变革的新意义[M].武云斐,译.上海:华东师范大学出版社,2010:87.

④ [加]迈克尔·富兰.变革的力量——透视教育改革[M].中央教育科学研究所,加拿大多伦多国际分院,组织翻译.北京:教育科学出版社,2012:28.

⑤ [加]迈克尔·富兰.教育变革的新意义[M].武云斐,译.上海:华东师范大学出版社,2010:89.

⑥ 辛鸣.制度论——关于制度哲学的理论建构[M].北京:人民出版社,2005:158.

⑦ [法]埃德加·莫兰.复杂性理论与教育问题[M].陈一壮,译.北京:北京大学出版社,2004:15.

能在解决问题的过程中求得问题的满意解,而并非最优解。① 这对于课程改革是同样的道理,教育决策者有关课程改革要改些什么、如何改革等都是有限理性的产物;对于课程改革制度的建构也是同样的道理,课程改革过程中需要建立何种制度来规约课程改革过程,也是制度创设者根据其掌握的"有限"改革经验而做出的行动。

但是,我们并不能根据改革的复杂性和人类理性的有限性,就断然否定课程改革制度化的可能性。课程改革制度的建立是对课程改革过程中,人与人关系的调节和规约,人类的理性可以尽可能地认识到课程改革过程中有哪些社会关系是需要制度来规约,以及需要何种理念的制度来规约。制度制定者所建构的制度可能并非尽善尽美,也可能存在着许多问题,但是这些问题都可以经过集体的审议,在实践过程中逐渐被发现并得到及时的解决,只要我们有发现问题并解决问题的勇气和决心。正如英国著名哲学家伯特兰·罗素(Bertrand Russell)所说:"真理在一定程度上是可以获得的,而这必须经过一番困难。"②如果我们在一开始就没有规划科学的制度,那么在课程改革过程中,呈现的将是一片混乱、无秩序的景象,课程改革想要取得预期的效果也将是不可能的。马克思认为,无论蜜蜂修建的蜂房如何精密,它与人还是有着本质上的不同,人在行动之前有一个设计的过程,而包含蜜蜂在内的其他动植物都是没有这个可能的。③ "自由自觉的活动恰恰就是人的类特性。"④这提示我们在课程改革制度化的过程中,人应该积极发挥主观能动性,主动认识课程改革制度建设的规律,并根据这种规律去建设制度,而不是囿于自己的"有限理性"对之束手无策,这同样是制度自然演进思想的延伸。富兰自己也说,认识到计划的局限性并不意味着有效变革不能实现,有大量的例证都能证明,一些学区和学校通过审慎的变革取得了教育质量的提升。⑤ 改革的成功只能根据不断变化的问题而采取相应的行动模式。

第二节　内部必然性：对课程改革社会性质的澄明

对以上几种否定课程改革制度化可能性的观点所做出的评析,表明课程改革的制度化是可能的,但这仅仅从外部证实了课程改革可能被制度化,课程改革自身到底具有什么性质使它必然可以被制度化,这从上面的评论中是不能得到明确答案的,尚

---

① 辛鸣.制度论——关于制度哲学的理论建构[M].北京:人民出版社,2005:159.
② [英]伯特兰·罗素.权力论[M].吴友三,译.北京:商务印书馆,2012:213.
③ 张楚廷.教育哲学[M].北京:教育科学出版社,2006:37.
④ [德]马克思.1844年经济学哲学手稿[M].刘丕坤,译.北京:人民出版社,1979:50.
⑤ [加]迈克尔·富兰.教育变革的新意义[M].武云斐,译.上海:华东师范大学出版社,2010:89.

需要我们对其做出深入的探讨。

教育是一个有机体。一方面，教育自身是一个复杂的有机开放系统；另一方面，教育系统和其他社会系统（即环境，包括政治、经济、文化等）之间发生着信息的交流和能量的交换。当教育系统由于自身原因或者环境变迁而不能输出环境所需的信息和能量时，教育系统和环境的平衡态就会被打破，教育系统的合理性（rationality）和合法性（legitimacy）[①]受到威胁，教育系统就需要做出相应的调整。由于教育系统的多元性与复杂性、模糊性与抽象性，必须借助课程政策来聚焦系统中存在的问题，利用课程政策调整系统内外部各要素之间的关系。课程政策的价值诉求在于完成课程改革的理想，也就是寻求以课程政策的合理性来达成课程改革的合理性，最终实现维持教育系统的合理性与合法性。课程改革是教育系统回应环境变迁，进行自我调适的途径。课程改革不仅仅是教育系统内部各要素的调整与重组，而且也是与外部环境关系的重建。借助课程改革，教育系统可以暂时获得与环境之间的平衡态，继续保持教育系统存在的合理性与合法性。

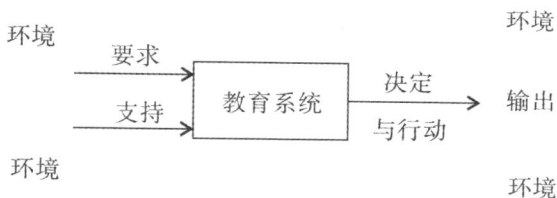

图 3-1　课程改革的发生过程示意图

课程改革在本质上是一个"社会—政治"过程[②]，其中充满权力的博弈、价值观的冲突以及利益的折中。这在根本上是由课程改革的核心对象——课程的属性所决定的。首先，课程是一种有价值的知识。什么知识最有价值？学校课程应该将哪些知识纳入其中？这一直是课程改革最基本的问题，也是课程主导权争夺的主战场。随着教育观的改变，最有价值的知识也在不断变化，因此课程也随之变革。由此也可以看出，"什么知识最有价值"这一问题的确切含义应该是"谁的知识最有价值"。其次，课程是社会控制的手段。一般而言，课程是不同阶级、种族、性别群体之间权力斗争与妥协的产物，最终体现一个社会主流阶级的权力、意志、价值观以及意识形态。[③]

---

① 合法性在此是指是否获得人民群众的认可或同意，某事物获得越多的支持和认可，说明其合法性越高。

② Jin，Y & Li，L. A Postmodern Perspective on Curriculum Reform in China [J]. Chinese Education and Society，2011(4)：28.

③ 黄忠敬.课程政策[M].上海：上海教育出版社，2010：13.

课程就变成了传递主流阶级思想、再生产社会不平等的工具,许多主流阶级的价值观都隐藏在课程中传递给下一代,从而将这些知识合法化。主流阶级的儿童因为生长在这种文化之中,与这种知识具有天然的亲密性,因此,更容易取得成功。导致的结果就真的是"龙生龙,凤生凤"。最后,课程是一种文化资本。课程扮演着合法化知识的代言人,学校在一定程度上就是文化资本的分配者,文化资本多的学生将来的职业及社会地位相对来说会更好。正如阿普尔(Michael W. Apple)曾指出的:"社会中经济资本的分配往往是不平等的,文化资本的分配也是一样的道理……学校课程在文化资本的分配上所扮演的角色十分重要,因其决定着知识的类别和形式。"①

一、政治视角:多元权力通过改革实现

权力一直是政治统治的核心,美国社会学家安东尼·奥罗姆(Anthony M. Orum)认为政治的本质就是权力。② 政治指涉权力关系,是将权力结构化的关系与安排。课程改革作为国家的一项公共事业,有着明显的政治特性,这种特性的表现之一就是多元权力通过改革而得以实现,同时,权力本身也促进课程改革的顺利推进。课程改革的过程充满了权力的斗争、竞逐和妥协。③

1.课程改革中的权力内涵

所有的社会现象都存在着权力关系,而且每一项社会行动就是权力的一种作用;每一项社会关系,就是一种权力的方程式;每一种社会团体,就是权力的组织。正如米歇尔·福柯(Michel Foucault)所说:"权力无所不在,不是因为它包含所有事物,而是因为它来自各处……权力不是制度,不是结构,也不是某些人天生就有的力量。它是人们在既定社会中给予复杂策略情境的一个称号。"④然而,对于究竟什么是权力,人们却众说纷纭。⑤ 马克思从阶级冲突论的观点出发,认为权力是资产阶级与工人阶级对立的产物,统治阶级可以通过权力来控制社会思想、经济生产以及政治运作等,权力的主体拥有绝对的支配力,并借此强迫他人服从,因此,权力就是一种宰制他人的工具。有别于马克思的阶级冲突理论,韦伯将权力视为组织内部成员克服他人抵抗,实现其预定目标的能力。其权力的特征包括:(1)权力的运作必须通过人际的互动;(2)具有合法职位的上司拥有资源的所有权和控制权,以外显或潜在的方式影响下属;(3)权力是一种遂行个人意志的能力,拥有权力者可以强迫他人服从;(4)权

① Apple, M.W. Ideology and Curriculum [M]. New York, London: Routledge, 2002:70.
② 王威海.政治社会学:范畴、理论与基本面向[M].上海:上海人民出版社,2008:98.
③ 欧用生.披着羊皮的狼——校本课程改革的台湾经验[J].全球教育展望,2002(7):28.
④ [法]米歇尔·福柯.性经验史[M].余碧平,译.上海:上海人民出版社,2002:69.
⑤ 黄乃荧.教育政策科学与实务[M].台北:心理出版社,2006:51—52.

力可以影响他人的观点、态度与行为。马克思和韦伯对权力内涵的分析,都将权力视为传统的上下对立与宰制,体现了较为明显的科层行政管理的线性思维。福柯对权力的探讨打破了传统的线性思维模式,认为权力不应是一种传统宏观结构的霸权概念,不应将权力仅仅局限于禁止与压制上面,而相对地主张权力是一种可以影响人们日常生活行为模式的微观力量。这种力量的产生源自日常生活中的各种正向或具有生产力的微观互动。这种微观互动所产生的力量足以和传统的政治与社会宏观力量相提并论。具体来说,福柯的权力观点如下:(1)权力是自下而上的。福柯认为权力并不是上下二元对立的产物,生产机构、家庭、团体和制度下所产生的力量,才是造成社会差异的基础。这些社会差异进一步促成了对立的多方联合起来进行资源的重新分配。(2)以权力的网络取代单一的权力。权力的架构不应是由上而下的线性权力链,而是一种会相互影响的权力关系网络。因而,权力并非某些人的专利,更不是人们占有并遂行其目的的能力。实际上,权力的实施是通过不均等所形成的动力而得到实现的。(3)主张从压抑走向生产性的权力观点。福柯认为以往的权力观点强调权力的压制、否定的一面是片面的,主张权力应该是具有正向的建设性效果。如果权力只是压抑和否定,人们就不会服从于它。权力之所以被人们接受是因为它能够产生事物、引起愉悦、形成知识、产生论述。① (4)权力与知识从对立转变为共生关系。传统的权力观将知识和权力看作相互对立的关系,认为知识的创造和生成不涉及权力和利益,若知识受到权力的影响就不再成为"纯洁""客观""中立"的真理,有可能导致其沦为极权专制主义压迫他人的工具。然而,福柯认为知识和权力应是互相包容的关系,即是权力需要通过知识来实现和运行,而知识则在权力的运作中产生,二者通过话语(discourse)②相互连接。

　　阿普尔认为,我们无法在一种真空的状态下谈论课程、教学或者学校。学校是一个处于各种社会关系共同包围之中的机构,它和各种不同的力量牵绊在一起。当我们在思索决定诸如"什么知识值得传递给下一代的学生,而哪些文化可以被忽略"这样一类的问题时,很清楚地和什么人在社会中握有权力有关。因此,不容否认的是,不管我们喜欢不喜欢,各种不同的力量都会侵入到课程与教学的核心之中。③ 课程

① 周佩仪.从社会批判到后现代——季胡课程理论之研究[M].台北:师大书苑,1999:117.
② 话语是指系统地形成人们所谈论事物的实践活动。话语规定人们可以想什么、说什么,而且还规定说话者的身份、时间、地点以及说话者的权威性。话语使政策得以真正落实和完成既定的任务,并使某些人获得权威。话语所要表达的是相关政策如何通过真理与知识的生产而行使其权力,如此一来,一部分人所说的和所想的就变得无足轻重,而只有特定的声音才能被听到,并被认为是有意义的和具有权威的。具体可参见:[英]斯蒂芬·J.鲍尔.教育改革:批判和后结构主义的视角[M].侯定凯,译.上海:华东师范大学出版社,2002:37—39.
③ 卯静儒.课程改革——研究议题与取径[M].台北:学富文化,2009:252.

改革在课程决策以及政策实施的过程中,处处都是权力的表征,从启动改革、课程决策、课程编制到课程实施与课程评价等,无处不存在各种形态的权力及其运作。课程改革的整个过程始终充斥着各种人物的竞相登场、各种力量的彼此角力以及各种话语的相互交织。课程改革是一个权力生成、转换、消长、竞逐的循环往复的过程,通过课程改革中的符号仪式与场域行动,形成权力结构的建构、解构与再建构。权力的拉扯和竞逐形塑出一个绵密的网,让课程改革在其中发生,也在其中缓慢地来回移动。综上所述,课程改革中的权力内涵可以归结为如下几个方面:(1)权力在关系中生成。权力只有在其处于活动状态中时才能被发现和描述,没有互动关系是无法描述和运用权力概念的。只要存在着社会互动现象,就会有权力的现象存在。因此,权力无所不在。所谓权力就是一套关系网络,在这个网络中,权力主体占有某种资源,从而影响、制约和控制权力客体。① 课程改革中的每一项社会关系都是一种权力的方程式。(2)权力是人类建构的产物。权力是在关系互动中不断生成与建构的,因而权力如何运作这个问题要比何谓权力以及谁拥有权力重要得多。尤其是在课程改革中由权力所传达的真理效应,更加凸显了国家借由课程改革生产权力的问题。(3)权力是一种多元而动态变化的存在。权力存在于一切社会领域,对一切人都发挥作用,因而也就具有多元的表现形态。而且,权力并非一成不变,"权利和能量一样,必须被看作是不断地从一个形态向另一个形态转变"②,课程改革中的权力可能在某个时空背景下发挥着维持统治主权的作用,但在另外一个历史脉络中却又成为流传在平民之间的话语。每一种权力的生成与运作都有自己的历史轨迹,在运作过程中不断地变化。(4)权力以潜在的强制力做保障。权力的运作是以权力对象的服从为标志的,因而所有的权力都具有一种潜在的强制性,当权力客体或对象不能按照权力主体的意愿行事时,权力主体就可以运用强制的手段来迫使权力对象服从自己的意志。(5)权力与知识、利益共生。权力通过界定合法性知识而再生产主流文化价值、维持社会优势阶层的地位和利益,合法性知识又可以通过真理的制造强化和建构权力,形成一个"真理政权"(regime of truth),因此,课程改革就是这种知识、权力与利益共生的过程。

2.课程改革中的权力类型

　　课程改革由权力所推动和实施,改革的结果也引起权力的变更,严格来讲,这句话仅是一句高度抽象了的理论话语,从中我们不能了解到有关课程改革中权力的具体样态,也就不能对各种权力的运作进行合理性与合法性的分析,更不能对课程改革中的不同权力加以管理和规约。因此,要想建立有针对性的课程改革制度,就需要对

---

① 王威海.政治社会学:范畴、理论与基本面向[M].上海:上海人民出版社,2008:108.
② [英]伯特兰·罗素.权力论[M].吴友三,译.北京:商务印书馆,2012:4.

课程改革中的权力类型进行分析。我们根据不同的分类标准可以将权力分为不同的类型,这些不同类型的权力在现实的课程改革过程中相互交织,形成一个课程改革的权力网络。

根据课程改革的要素结构,可将课程改革中的权力划分为课程决策权、课程管理权、教科书审查权、教科书选用权、课程实施权与课程评价权。所有这些权力类型都涉及哪些人有权力进行活动?有权力的人想要在活动中达成什么目的?这些目的是否与课程改革的时代背景、目标指向相一致?有权力的人如何运用权力达成各项要素的目的?(1)课程决策权是所有课程活动的起点,是课程领域中最重要的权力类型。[①] 课程决策权的运作直接决定着课程改革的方向、方法与质量。课程决策权涉及谁有权力进行课程决策?是根据"官大学问大"来决策还是广泛吸纳利益相关者进行决策?使用课程决策权的目的是为了广大人民群众的利益还是为了某个特定阶层的利益?有权进行课程决策的人,是随意使用权力而拍脑袋决策还是认真对待、谨慎使用权力而科学决策?(2)课程管理权是协调课程改革中人、财、物之间的关系,使其达到优化组合,发挥最大功效的一种权力。课程管理权究竟是采用中央集权,还是中央集权和地方适当分权相结合,抑或是完全的地方分权?这不仅与一个国家的政治、经济与民族文化有关,而且与教育的目标、教育工作者的素质以及教育的阶段性有关[②],是多种因素共同决定的。课程管理权的有效运作尤其需要做到权、责、利的统一,如果只赋予权力主体课程管理的权力,然而其承担责任的能力不足或受到人、财、物等方面的限制,那么管理权就不能很好地运作,甚至赋权本身也是一种假象。(3)教科书审查权是确保民间编制的教科书符合课程计划与课程标准的要求,为广大青少年儿童的重要学习材料把关,其运作的好坏关系着课程改革的成败。在我国实行"一纲多本"政策之后,放开教科书的编辑与出版权,民间出版社负责编辑与出版,国家成立教科书审查委员会对各种不同版本的教科书进行审查,这中间就存在着审查权运用合理与否,即审查是否依照教科书的编排规律,也即审查的科学性问题;审查权运用是否合法,即审查是否做到一视同仁、不掺杂私利,也即审查的民主性问题。这两个问题是需要我们认真对待的。(4)教科书选用权是为了保障地方和学校能够根据自己的实际情况选择适合自己的教科书版本,这也是与教科书"一纲多本"政策相配套的一项重要权力。与教科书选用权相关的问题是,教科书选用权到底赋予什

---

① 蒋建华.知识·权力·课程——政策视野中的课程研究[M].北京:教育科学出版社,2010:184.

② 韩敬波,马云鹏.影响基础教育课程管理体制的因素分析[J].课程·教材·教法,2004:24—29.

么层面的主体合适？是省级教育行政部门说了算,还是县级教育行政部门说了算,还是学校说了算？因为教科书选用权的分配不仅关系到教科书的适切性,而且其背后也有着复杂的利益纠葛。防止教科书的选用为利益所绑架是课程改革制度所应该高度关注的。(5)课程实施权是促使课程改革由理想走向实践的重要权力类型,课程实施的权力主体应该是参与实施的单位与个人分享。课程实施需要实施者根据实施的情景灵活变通,行政权力作为一种具有强制性的权力类型,只能作为保障课程实施权顺利运行的力量,而不宜直接干涉课程实施权,应相信课程实施者的专业能力或者在教师教育阶段着力,否则课程实施的效果可能会大打折扣。(6)课程评价权是一种评价课程改革全过程的效果,诊断其中存在的问题的权力,对于课程改革活动起反馈和调节作用。课程评价权究竟应该由谁来运作,关系着课程改革方案的后续调整,我国的课程改革基本是由国家政府发起和推行的,自我评价虽然重要,但是出于政绩考虑和担心担责,不免失之客观,因此,课程评价权应该下放给部分有资质的民间社会力量,由其秉持客观、科学的原则进行运作。

　　根据权力主体的不同,可将课程改革中的权力划分为国家权力、社会权力和个体权力。个体权力是最原始的权力类型,个体对自己的事务负全部责任。其时,社会尚未产生,个体也仅仅是动物意义上的单子式存在。随着社会的产生和发展,人们意识到单凭个人的能力不能很好地生存,需要与他人合作,需要将部分权力让渡给社会,社会对一些公共事务负责,如氏族的部落会议就是人们讨论公共事务的场所。逐渐地产生了国家,社会又将一部分权力让渡给国家,如军事、外交等。由此可见,国家的权力是个体和社会让渡出来的,其产生是为了保障个体和社会更好地发展。然而,国家的权力载体也只能是个体,代表社会和个体行使国家权力的个体,也有着自己的预期利益,当自己的预期利益同国家利益相矛盾时,就很有可能运用国家权力为自己或自己所属阶层谋利益,从而伤害大多数人民的利益。另一方面,随着国家的日益强大,国家权力逐渐掩盖了社会权力和个体权力,尤其是在国家暴力机器的压制下,国家权力更成为压制社会和个人的工具。[①] 这就违背了国家产生的初衷,终将导向人的异化。随着现代社会民主化进程的加速,人们逐渐意识到需要对国家权力进行监督和制约,除了国家内部的权力分散、平衡制约外,社会权力和个人权力对国家权力的外部监督和制约更为重要,它们也决定着国家权力的合法性。我国传统的课程权力往往集中在国家层面,个体和社会层面的课程权力被掩盖,导致课程实践不能适应各地方、学校和个体的实际情况。为了改变这种状况,国家将部分权力归还给社会和

---

① 蒋建华.知识・权力・课程——政策视野中的课程研究[M].北京:教育科学出版社,2010:191.

个体。如将课程管理权下放给地方和学校,形成三级管理体系;将教科书编制权下放给社会,即各大出版社进行教科书编制以供各地方和学校根据自己的情况选择使用等。

根据课程改革中权力来源或基础的不同,可将课程改革中的权力划分为法职权(legitimate power)、强制权(coercive power)、奖赏权(reward power)、专家权(expert power)和参照权(referent power)。[①] (1)法职权是课程政策形成的根本权力,因为政策制定者依据法律或职位取得权力并将其运用到政策制定过程。我国的基础教育课程改革是由教育部发起的,依据教育部组织分工,基础教育二司承担推进课程改革的任务,也就是说基础教育二司具有推进课程改革的法职权,这种权力是政策形成的最根本、最重要的权力类型。(2)强制权是通过惩罚不合要求的行为而影响他人的能力。强制权的影响力主要取决于惩罚的严厉性和惩罚的不可避免性。[②] 课程改革的强制权伴随着法职权而生成,利用强制权进行政策规划和实施,从而维系主从支配关系。(3)奖赏权是一方使用其掌握的资源奖励他们预期的行为而影响另一方的能力。首先,新课程改革政策的制定者高扬"为了中华民族的复兴,为了每位学生的发展",打出共同利益的旗号劝说民众认同;其次,为了使新课程在实验区顺利推进,教育部规定在中考、高考与课程设置等方面对实验区进行政策支持和倾斜。对于参加课程改革的单位、集体与个人所获得的优秀成果,予以奖励。[③] (4)专家权是政策制定过程中借助相关领域中的专家,以知识和技能为基础来建构和宣传"真理",以便形成一套新的课程改革话语系统。课程改革通过教育学、心理学以及课程论等学科所构筑的理论实现的合法化,使以往的政治意识形态力量逐步淡出前台而隐退于后台,政治力量以一种"支持"而非"要求"的姿态出现在前台,在形式上使得课程改革逐渐由"政府主导型"向"专家主导型"转变。[④] 权力不仅起着控制的功能,而且也不断生产着自己所需要的"人物""话语"和"共识"。专家权往往与法职权、强制权结合在一起,对课程改革具有强大的影响力。(5)参照权是以一方对另一方的喜好和认同为基础而具有的影响一方的能力。拥有参照权的人是令人敬佩和尊敬的,是人们仿效的榜样。

[①] [美]韦恩·K.霍伊,塞西尔·G.米斯克尔.教育管理学:理论·研究·实践[M].范国睿,译.北京:教育科学出版社,2011:202—204.

[②] [美]韦恩·K.霍伊,塞西尔·G.米斯克尔.教育管理学:理论·研究·实践[M].范国睿,译.北京:教育科学出版社,2011:203.

[③] 教育部.基础教育课程改革纲要(试行)[A]//钟启泉,等.为了中华民族的复兴 为了每位学生的发展《基础教育课程改革纲要(试行)》解读[M].上海:华东师范大学出版社,2001:13.

[④] 高水红.改革精英——基础教育课程改革案例研究[D].南京:南京师范大学博士学位论文,2006:63.

课程改革中区县教育局阶段性地为教师们安排新课程的示范课,以展示和推广新课程的理念与实践。这些示范课一般由公认的优秀教师执教,教育局要求特定的教师参观学习。① 这就是参照权在课程改革中的运作方式之一。

3.课程改革中的权力运作

当教育系统由于自身原因或者环境变迁而不能输出环境所需的信息和能量时,教育系统和环境之间的平衡就被打破,此时教育系统就会陷入危机,危机的解除需要进行课程改革。对于国家层面的课程改革而言,改革是政治权力的舞台,为了完成改革,政府部门往往会组建一个权力网络,利用各种不同类型的权力来介入改革。这彰显出课程改革中权力的生产性、策略性以及多元性的特征。课程改革中权力的行使作为一种政治策略,其主要功能在于刺激改革动机,积极推动课程改革。罗素曾经说过:权力欲望不甚强烈的人,是不可能对社会的进步产生多大影响的;那些能够引起社会变革的人,一般都是那些极希望引起社会变革的人。因此,爱好权力是对社会的改造起重大作用的那一类人的特性。社会动力学的规律只能用权力来加以说明。② 因此,权力欲是引发课程改革动机的重要因素,是促成改革行动的内在力量。另一方面,课程改革的过程又会引发权力的转移和变迁。课程改革会造成对“什么是最有价值的知识”的另类回答,知识的改变又会引发权力的变更。能够参与国家课程改革的权力主体,借助课程改革的开展,建构、传播和宣扬“合法知识”,形成新的“社会认识论”,并由此生产出另一批权力。因此,权力是课程改革不断启动、实施、终结、再启动……循环往复的重要因素。

二、文化视角：多元教育观的竞相登场

斯图亚特·霍尔(Stuart Hall)指出文化研究的核心是“文化政治”的问题,其分析的焦点在于文化政治如何通过表征、意义指陈以及意识形态而操作。亨利·吉鲁(Henry Giroux)也指出,文化研究的研究焦点是文化和权力的关系,它让我们更深入地理解政治和权力如何经由制度、语言、表征和文化,穿过多样性的时间、空间和欲望而产生作用。③ 传统观点一直认为教育是价值中立的,学校应该教什么知识,学生应该学什么知识都是毋庸置疑的。然而,教育社会学的发展却推翻了这一传统观点,为我们揭示了教育活动本身就隐藏着文化和政治意涵。甚至教育政策的决定或变迁背后,也往往是政治利益冲突或意识形态运作的结果。教育就其本质和核心而言,是教

---

① 肖磊,靳玉乐.中国新课程改革的检视:异域学者的观点[J].课程·教材·教法,2013(6):11.
② [英]伯特兰·罗素.权力论[M].吴友三,译.北京:商务印书馆,2012:5—6.
③ 周佩仪.从社会批判到后现代——季胡课程理论之研究[M].台北:师大书苑,1999:138.

育构筑者教育观的外化或者"主体赋予"，因此，教育发展与改革的动力就是教育观的演变或更新。① 我国的新课程改革就是一次教育观更新的过程，为了扭转中国传统的应试教育观，培养时代所需要的创新型人才，新课程改革以后现代主义、实用主义、建构主义与多元智能理论等诸多西方教育理论为基础，大力倡导自主学习、合作学习以及探究学习等，欲实现教学方式的转变——从传统的预设型（其特征是教师讲授与高度依赖教科书）向强调学习者自身的生成型教学方法转变②，质言之，即是倡导"学生中心"的教学理念。在一个需要进行课程改革的社会背景下，个人的课程观为权力主体所接受、采纳并使用，教育观念物化成为现实的课程，这些观点也就成为构筑现实政策的价值倾向以及话语结构。③ 不同的社会群体之间，无论是迫切想要建立其合法地位者，或者是寻求改变现有权力秩序者，其教育观之间的冲突是课程改革的常态，多元教育观在课程改革中呈现出竞相登场的局面，在课程改革的过程中相互博弈，努力向权力中心靠拢，借助权力使自己的观念转变成现实的课程活动，并最终建立起自己的权威地位。

1.教育观的内涵

教育观是教育工作者所拥有的关于教育的一套观念、价值或信仰体系，并以某种方式来引导或激发教育活动的开展。笔者认为，教育观的内涵至少应该包含四种要素：对社会秩序的观念；对人性本质的看法；对教育"产品"的预期；教育的手段。首先，所有教育观的背后，都存在着对预期社会秩序的假定，而且要对教育如何能够实现这种社会秩序做出解释和说明。如柏拉图的教育观背后的社会秩序就是奴隶主贵族专制秩序，因为他将神的造物——人分为三个等级：哲学家、军人和劳动者。这三个等级的人应各司其职，各尽其才，不可越级行事，否则社会就将陷入极度混乱的境地。不同等级的人应该接受不同的教育。而处于社会最底层的奴隶不属于以上三个等级，他们只是会说话的工具而已。其次，所有的教育观都有自己对人性本质的看法。人性的本质正如所要雕塑的原始材料，可以对教育目标的达成提供基础或产生限制。人性究竟是善还是恶？个体发展的动因究竟是源于内还是源于外？④ 对于这些问题的不同回答决定着教育观的不同，如内发论与外铄论的分歧就产生于对人性的不同看法。再次，每一种教育观都会对教育究竟应该培养什么样的人方能有利于

① 孙振东.教育研究方法论探索[M].重庆：重庆大学出版社，2008：120.

② Brock，A.. Moving Mountains Stone by Stone：Reforming Rural Education in China [J]. International Journal of Educational Development，2009(29)：454.

③ 吕立杰.国家课程设计过程研究——以我国基础教育"新课程"设计为个案[M].北京：教育科学出版社，2008：115.

④ 叶澜.教育概论[M].北京：人民教育出版社，2006：185-201.

社会的发展做出规定和说明，也即对教育"产品"的预期。如孔子对教育"产品"的定位是忠诚于政府的才能之士，这也是官方儒家教育的基本原则[①]；杜威认为教育应该培养具有"民主的生活方式"和"科学的思想方法"的现代公民。最后，教育观会对如何实现社会的秩序和教育的目的做出回答，也即提出教育的手段。如学校制度应如何安排？学校教育的内容应是什么？如何选择教育内容？应采取什么教学方式进行知识的传授？如何进行教育评价？不同的教育观会对这些问题做出不同的回答，并加以适当组合，以实现自己的教育目的。

2.教育观的特性

从教育观的内涵我们可以看出，教育观具有如下几个特性：第一，教育观是一个整合的概念。每一种教育观都是由一系列特殊的原理和观念所组成的完整系统。就其形成过程而言，教育观是个体的主观意识融合历史与社会记忆，而与社会文化环境不断互动形成的客观存在。它不仅包含对人类历史的反思、总结，包含对社会现实的解读，同时也包括了未来的教育愿景，以及如何实现这种愿景的途径。第二，教育观具有多元性。教育观从根本上来说是源于教育构筑者需要基础上的"价值意识"，而主体的需要是多样态的、多种层次的，在这些需要基础上所形成的人生观、价值观以及教育观也必然是丰富多样的。[②] 不同的教育观反映了不同的需要，不同的需要之间必然会发生这样那样的冲突，因此，教育观之间就可能存在着对立的关系。第三，教育观具有可变性。教育观并非是完全封闭、一成不变的思想体系，各种价值观之间会相互交流、影响和碰撞，而且它也会随着社会环境以及知识的更新而有所变化。如教学中的行为主义、认知主义以及建构主义理念的不断演进，进步主义与传统主义教育理念的不断交锋等。第四，教育观反映特定的权力关系。什么是知识，学校应该传授何种知识等等都是由社会中有权定义此类问题的机构来决定的，如政府、公众、科学、教会抑或媒体等。因此，教育观对主体或他人均具有支配与操纵的性质，本质上就代表着一种权力的表现形态。

3.教育观的功能

在课程改革的过程中，教育观所扮演的往往是先行者的角色。因为根据马克思的说法，"思想走在行动之前，就像闪电走在雷鸣之前，观念是实践行为的先导"[③]。

---

① [英]乔伊·帕尔默.教育究竟是什么？100位思想家论教育[M].任钟印，诸惠芳，译.北京：北京大学出版社，2008：6.
② 孙振东.教育研究方法论探索[M].重庆：重庆大学出版社，2008：120.
③ 转引自关锋.实践的理性和理性的实践——马克思实践理性思想探索[M].北京：人民出版社，2009：263.

任何群体所提出的教育观念或主张,都可以被视为合理化的过程,而且是正常的、可接受的政治论述的一部分。尤其是支配性的价值观,即主流价值观更是能够控制政策议题的方向,甚至一通过有效设定参数,使得其偏好的解决方案能够被采纳或者得以实施。作为国家机器的教育部门,也正是因为其掌握着教育观的创造和议题设定的权力,再加上强大的资源支持,就具有了最大的优势,使得教师团体、专家学者、企业部门等都难以与其对抗。因而,教育观具有两项功能:合法化与社会控制。为了取得教育改革的合法性,任何有关教育权力的分配或再形成,必须要在逻辑上看起来具有合法性。教育观的首要功能便在于赋予课程政策新的意义,以便整合分歧的思想和已经失去功能的机构。它一方面要使得新的课程政策在主观上切实可行,另一方面在客观上具体可用。教育观的另一个功能是使社会控制制度化。教育本身就具有社会控制的功能,教育观的论述往往将某些特定类型的不公平予以合理化,被权力冲突影响的人或人群只能将此内化或压抑,社会控制的目的就达到了。然而,并非每种教育观都可以有效发挥上述两种功能的。有的教育观内部逻辑清晰连贯、论证充分合理、理论体系完整,有较强说服力,更容易具备"合法性";有的则在逻辑上充满矛盾之处、论证不充分、理论体系不健全,相对而言不能有效地说服民众接受。只有那些既具有"合法性"又与统治阶层的需要相契合的教育观,才能有效发挥其合法化与社会控制这两项功能。批判理论学者称这种现象为文化霸权。在《南方问题的一些情况》中,安东尼奥·葛兰西(Antonio Gramsci)第一次明确使用了"文化霸权"这一概念。葛兰西的文化霸权有两种意义:其一是指在市民社会中统治阶级经由道德和智力的领导,控制阶级联盟的过程。这种过程并非是将统治阶级的自我意识形态强加于被统治阶级,而是经由教育和政治,以一种文化霸权的原则,运用权力从其他社会阶级的利益中聚集共同元素并结合到自身。文化霸权的第二种意义是指统治阶级和被统治阶级的动态关系,这种文化霸权观点涉及统治阶级对国家和市民社会资源的控制,通过强制力和同意的方式,使用政治的、道德的和知性的领导去塑造与其所属团体"理所当然"的观点、需求和关注,特别是经由大众媒体和教育系统去建立普遍的世界观。如此,统治阶级不仅尝试去影响这些团体的利益和需求,也限制对立和激进的论述产生和实施的机会。因此,文化霸权是政治的,也是教育的过程,文化霸权中的各种关系必然是一种教育关系。①

4.多元教育观存在的必要性

课程改革或者课程决策过程中,不同的群体或个人以不同的教育观相互竞争,这

---

① 周佩仪.从社会批判到后现代——季胡课程理论之研究[M].台北:师大书苑,1999:115.

在现代的民主社会是一种常态。因为,当社会变得越来越复杂,阶层分化越来越明显,阶层之间的利益冲突也就越来越大,支持某些阶层利益的教育观,就会通过或靠近官僚体系来表达其利益诉求。通过将代表特定阶层利益的教育观变为合法的、官方的教育观,并转变为课程政策,引领国家课程改革的方向,最终借助国家课程改革的开展而实现特定阶层的利益。在此,教育观就通过与权力的合谋而获取特定利益,形成了知识、权力、利益的联合体。

国家的公权力是由公民个人和社会权力的让渡,国家的权力从根本上说来源于人民,国家机构及其工作人员只是人民权力的代理者,受人民的委托而行使属于人民的权力,人民始终保持对权力的所有。政府作为公器,支配着社会秩序,掌握着公共资源;作为公民的多数人不管是否心甘情愿,都要服从于这种管理。[1]因此,在日常生活中,各种利益集团都极力要靠近行政权力中心,试图通过影响行政组织来实现本利益集团利益的最大化。随着我国社会阶层的日益分化,阶层之间的矛盾也日益凸显,这种矛盾表现在社会生活的方方面面,从经济、政治到文化、教育等。课程改革作为国家的一项公共事务,其改革权力的行使关系着广大青少年儿童的健康成长,关系着国家综合国力的提升,而且课程改革开展的过程也会带来权力的变迁和利益格局的变化。那些有权、有钱的阶层相比较而言更容易靠近权力中心,影响权力主体的观念和行动,使自己的意志和利益得到实现;相反,那些处于社会底层的多数民众就成了"沉默的大多数",他们的声音很难得到关注,利益难以实现。这在国家课程改革中也有所体现,代表不同群体声音的教育观之间的对峙和争论就是对这种状况的最好诠释,但是这些多元教育观之间却有着"声音"的强弱以及"官方"与非官方的区别,其对课程改革的影响力也是有区别的。对于官方支持的教育观,即便是基层学校和教师有百般意见,然而出于官僚科层制度的规限和利益的考量,他们也不敢公然叫板,纵然行动上可能不一致。[2]如果我们忽视了多元教育观之间的相互制约,至少无法使观念自身成为一个反思的轴心,无法形成一个蕴含内生性的和内在张力的观念秩序,因而也就缺乏了完善观念本身的思想力度,也从根本上妨碍了借助观念的深入思考以便解决由于观念本身的局限所带来的钳制或异化。[3]如果广大底层民众的声音长期得不到关注、利益长期得不到保障,那么这个社会的正常秩序就将毁于一旦,国家政府的合法性也就将丧失殆尽。因此,保持代表不同阶层利益的多元教育观之间

---

① 高兆明.制度伦理研究——一种宪政正义的理解[M].北京:商务印书馆,2011:348-349.
② 柯政.理解困境:课程改革实施行为的新制度主义分析[M].北京:教育科学出版社,2011:25-39.
③ 高水红.改革精英——基础教育课程改革案例研究[D].南京:南京师范大学博士学位论文,2006:64.

的对话、争鸣和妥协,给不同教育观提供一个"发声"的平台,在课程改革过程中尽量缩小社会的不公,尽量保护甚至补偿最弱势群体的利益,是课程改革健康运行的必要保障,更是一个国家长治久安的前提条件。

三、经济视角：文化资本的再分配过程

人的需要就是人的本性,需要的满足过程总是伴随着利益的追求,包括物质利益与精神利益。人类所有的活动,从唯利是图的商业行为到超凡脱俗的文化实践,都内在地包含着利益的追求与冲突,甚至是以利益为其根本动力的,不论其存在的方式是多么的隐蔽、多么的难以识别。[①] 追求利益是人类一切社会实践的动因所在,马克思曾指出:"人们奋斗所争取的一切,都同他们的利益有关。"[②]以往我们不是将教育看作生产力,看成经济生产的附庸,就是将教育看作清高的,丝毫不能与利益沾边,否则就是对教育的玷污。然而,随着教育社会学的发展,我们逐渐地扭转了这种非此即彼的看法。教育对经济的发展的确有着促进作用,具有一定程度的生产性,但教育并不直接参与物质生产活动,而是通过培养人、提高人的素质来作用于生产过程;教育本身也富含经济的要素,其内外部人员均能够从教育活动中谋取特定的利益,以满足自身的需要。课程改革作为教育系统危机的解除策略,当课程改革势头旺盛成为一种主流运动时[③],多元权力主体参与改革的过程就是他们利益实现的过程,尽管每个人所追求的利益各不相同。正如道尔顿(Dalton,T.H)所指出的,课程改革与个人的、专业的和政治的利益密切相关。[④] 由利益的视角观之,课程政策反映的乃是特定历史时期的社会各群体在追求与实现自身教育利益的过程中相互博弈与竞争的权变结果。[⑤] 课程改革中的利益是通过课程这种文化资本的重新配置而实现的。

1.课程即文化资本

根据布迪厄(Pierre Bourdieu)的观点,社会空间的各个场域(field)中均有各种不同形式的竞争资本,人们通过拥有总资本的多少来决定其所处的位置。布迪厄将社会空间或场域比作市场体系,人们在其中是根据自己的特殊利益需求进行着特殊交换活动。而在市场中进行交换与竞争的就是各种资本。布迪厄认为资本是一种铭刻在客体或主体结构中的力量,它也是强调社会世界内在规律性的原则。因而,资本指

---

① 陈燕谷.文化资本[J].读书,1995(6):136.
② 转引自王伟光.利益论[M].北京:中国社会科学出版社,2010:35.
③ 吴康宁.制约中国教育改革的特殊场域[J].教育研究,2008,29(12):19.
④ 欧用生.课程改革——九年一贯课程的独白与对话[M].台北:师大书苑,2000:71.
⑤ 刘世清.教育政策伦理[M].上海:上海教育出版社,2010:214.

的是一种存在于各种场域内可以被累积、被占有的支配权力。这种作为支配权力的资本可以相互转化,以利于在场域内实现以及再生产资本所有者的利益。布迪厄将社会空间中的竞争资本大致分为四类:(1)经济资本(economic capital)。经济资本是由生产要素、经济财产、各种收入与经济利益所构成,经济资本可以直接转化为货币,因而它是以财产权的形式而被制度化的。^①(2)文化资本(cultural capital)。文化资本主要存在于文化和知识生产领域,以教育资格的形式被制度化,是构成社会符号力的基本要件。它有三种存在形式:第一种是一种具体化的状态,以人的精神和身体的持久"性情"的形式而存在,例如一个人受家庭环境的影响所形成的内化于个人身上的学识和修养,我们可以将其称为文化能力;第二种是以一种物化、客体化的状态,如图片、书籍、工具、机器之类的东西,以这种客观化的方式而存在,我们称之为文化产品;第三种是以体制化的形式存在,是指由合法机构所确认的各种头衔、学位或证照等,因这些文聘与证照较为稀少,通常也代表其能获得较高经济报偿。文聘市场成为人人竞相争逐的一个场域,不同的文聘对应不同的经济资本。我们称之为文化制度。(3)社会资本(social capital)。社会资本是借助于个体借以获得资源或财富的社会关系网络,社会资本是由社会关系所组成的,是实际的或潜在的资源的聚合。社会资本的大小取决于个体所能动员的社会网络的幅度以及这个网络中每个成员所持有的各种资本的总容量。(4)象征资本(symbolic capital)。所谓象征资本,就是被人们承认与接受了的经济资本、社会资本以及文化资本,同时,象征资本还是一个"话语暴力系统",因为它总是要将客观存在的权力关系、社会结构和等级制度等再现为合法与合理的社会理想秩序。^②象征资本表征着行动者在社会空间里积累与携带的、被否认与掩饰的各种资本和特权,它产生效果的根源是由经济力量所决定的社会等级秩序。个体的经济资本、社会资本和文化资本等越是不被察觉和意识,其象征资本就越是丰厚。象征资本的合法化效果使社会空间就像被施了魔法一样,形成一致的"信仰",认同身份差异的合理性,并且生产和再生产社会的空间结构。^③

从经济学的视角看,课程是一种文化资本。这是因为:首先,课程作为学校教育的中介,是师生开展教学活动的重要媒介,必须以物化的、客体化的形式而存在,才有可能使特定的知识合法化,才能得以实施。课程编制人员必须根据特定的教育价值观对人类的知识进行筛选,并通过课程计划、课程标准以及教科书等载体呈献给教师和学生,使人类的文化传播得以扩大化。因此,课程以物化的、客体化的形式为中介,

---

① 王岳川.布迪厄的文化理论透视[J].教学与研究,1998(2):42.
② 王岳川.布迪厄的文化理论透视[J].教学与研究,1998(2):43.
③ 张意.关于"看"的象征资本[J].国外理论动态,2010(6):88.

可以称为一种文化产品。其次,学校课程的目的在于为学生素质的全面发展提供一个良好的平台,在课程实施的过程中,教师应根据教学过程中的生境(学生的发展状况)、情境(课堂互动情况)和环境(教育的社会背景)灵活地与学生开展对话、协商,不断扩展知识的意义,使特定课程内容显示出超越文本自身的意义。通过课程实施的过程,使学生的身心得到不断发展,尤其是知识素养、人格修养以及心理素质得到稳定的发展,逐步形成一种持久的"性情",即形成一种文化能力。再次,学生通过学习学校课程,不仅可以实现身心的健康发展,而且也形成了所在社会需要的政治倾向、能力条件等,教育机构通过各种教育评价筛选符合一定标准的人才,将他们输送进更高级的学校,接受更深层次的教育。在每一个阶段符合毕业标准和要求的学生,可以获得相应的文凭和证照等,以作为文化高低的证明。因此,学校课程作为一种体制化的存在,在布迪厄的文化资本的意义上,我们可以将其称为文化制度的一种形式。而毕业的学生则可以持各种层次的文凭去就业市场获得与文凭大致相对应的工作,获得相对应的报酬。在此,文化资本就可以转化为经济资本、社会资本以及象征资本等,从而,实现了不同资本形式之间的相互转化。

综上所述,我们可以说课程是文化资本的一种形式。课程扮演着合法性知识的代言人,因此,学校成为文化资本的分配者,使学生获得各种资本,并最终实现自己的特定需要。在这个过程中,国家、社会和利益集团都在某种程度上参与了利益的分配或者说资本的生成,然而,这种利益的分配却是不均衡的。利益的不均衡达到一定的程度或者临界值时,教育系统的外部势力就要试图通过课程改革进行文化资本的重新分配,借以实现其他资本的累积。

2.课程改革即文化资本的重新分配

课程知识是一种文化资本,对学生未来的职业以及社会地位有着很大的影响,各级、各类学校教育成为升学和就业的资本,而课程则是交换和分配的系统。课程改革就是根据特定教育价值观,进行知识选择与组织、实施与评价、调整与再调整的循环往复的过程,以此达到国家、社会以及个人的持续发展。既然课程改革只能在某一特定教育价值观的指导下进行,那么这种价值观背后所维护的阶层利益就至关重要,利益指导着价值观的选择和实行,而价值观又指导着课程知识内容的选择。课程知识的定义、选择、分类、传授以及评价等均反映了权力分配、社会控制以及利益维持。正是因为学校教育所传授的文化通过课程彰显统治阶层所认可的知识,所以课程知识的内容组织与安排、学生的选择与淘汰、文凭的获得,甚至社会的职业地位,均有利于掌握丰富文化资本的阶层。

迈克尔·扬(Young,M.)和伯恩斯坦(Bernstein,B. B.)利用专门化(specification)、开放性(openness)和阶层化(stratification)来分析知识的社会组织。[①] 专门化是指知识范围的宽窄,开放性则是指知识与知识之间的关系,这两个概念是描述知识分化(specialization)状况的。随着知识的分化,分化了的不同知识就会得到社会的不同评价,进而设立专门的机构来传播给特定的、经过选择的社会成员,换句话说,这些评价就被制度化了。因此,课程改革一旦涉及知识范围的调整,便会影响到知识分化所形成的社会关系。阶层化是指知识的价值或地位的高低,声望较高的知识,往往使得传递该知识的机构也享有较高的声望,如果想要"去阶层化"(de-stratify),让原本声望较低的知识也能具有高声望,则显然要挑战知识背后的制度或社会关系的重新排序;课程改革不可避免地会涉及知识阶层化、专门化以及开放性的调整和变化,而这又关系到相关群体人员的价值观、权力和利益的重新分配。

以新课程改革为例,其对知识的分配在很大程度上较为有利于生活在城市中的人们。[②] 新课程改革的目标在于全面实施素质教育,提升学生的综合素质。而"素质"又常常与创新能力、广阔的知识面以及各种社会技能相联系,这对于农村学生而言十分不利,却更有利于生活在城市的学生,因为他们生活在知识密集的环境之中。城市儿童在家庭经济资本、文化资本以及社会资本等方面一般都比农村儿童更为优越,他们有机会接触和选择更多的学习资源,可更好地发展学校教育所要求的"素质",在现代社会的评价体系中处于优势地位。而农村儿童的强项则在于吃苦耐劳和遵守纪律,这有利于他们在传统纸笔测验[③]中取得比城市儿童更优秀的成绩。[④] 因此,在现存的教育评价制度下,农村学校就只有对学生进行严格管理,要求学生按照老师所规定的方法(大多是讲授与记忆的方法)学习,并尽可能多地进行练习。另一方面,新课程采用的是城乡统一的课程标准与教科书。教科书往往围绕城市儿童的生活进行编制,忽略了农村生活。以英语为例,甘肃省某中学所使用的某版本英语教科书,全书围绕 S 市的两个儿童和他们的加拿大朋友间的故事而展开,故事内容大部分是交网友、参观博物馆,甚至个人出国游等,这对农村教师和学生来说都十分陌生。如此教学的结果是,农村学生可以用英语去描述城市中的生活,甚至于西方国家的生

---

① Young, M.. Knowledge and Control: New Directions for the Sociology of Education [M]. London: Collier Macmlillan, 1971: 33.

② 此部分主要参考:肖磊,靳玉乐.中国新课程改革的检视:异域学者的观点[J].课程·教材·教法,2013(6):13.

③ 传统纸笔测验一般是考察记忆性的内容,而现代评价理念基于创新人才培养的需要,则对传统方式提出了批评,转而强调对知识的灵活运用。

④ Lou, J. Suzhi, Relevance, and the New Curriculum [J].Chinese Education and Society, 2011 (6):80.

活,然而却不能描述他们家乡的生活。① 由此可见,新课程改革中的知识分配是以城市居民的生活为主要考虑对象,所倡导的知识是城市儿童所熟悉的,更接近他们的语言方式和生活背景,因而更有利于城市居民利益的实现,而不利于"乡下人"利益的实现。罗尔斯的公平的正义原则之一——差别原则,也即机会不平等仅仅在向那些由于种种原因而从社会获得利益最少者倾斜时才是合理的。② 按照这个原则来衡量课程改革中文化资本的重新分配,显而易见是不公平、不正义的。这个问题需要引起我们的高度重视。

3.文化资本的重新分配引起利益格局的变动

课程改革过程中牵涉到的利益主体基本上包括国家、地方、专家学者、教师、学生以及商业集团等。随着课程改革的启动与推进,这些利益主体之间的利益必然要相互博弈、相互转化,从而引起利益格局的变动。学生的利益变化在前面已经做了详细的分析,在此不再赘述。

国家公权力作为公民权力的让渡,应该时时处处为公民的利益着想,但随着国家的日益强大,国家权力逐渐掩盖了社会权力和个体权力。国家作为课程改革的发起者,必然要考虑国家整体的利益,在科学技术成为第一生产力的背景下,我国的教育已不能再满足于仅仅培养有知识的劳动力,而应该转向培养具有创新精神、创新能力的新一代劳动者,如此,方能与其他国家竞争,赢得发展的机会。因此,我国的新课程改革强调"要改变课程过于注重知识传授的倾向;改变课程结构过于强调学科本位、科目过多和缺乏整合的现状;改变课程内容'难、繁、偏、旧'和过于注重书本知识的现状;改变课程实施过于强调接受学习、死记硬背、机械训练的现状;改变课程评价过分强调甄别与选拔的功能"③,其目的就是在于培养创新型人才。新课程改革的推行,象征着国家对教育的重视,对课程改革的效果寄予厚望。国家希望从课程改革中获益,即培养出一大批创新型人才。这是国家的利益所在。然而,国家对教育的重视却在现实改革的过程中被消解了,且不说国家财政性教育经费迟迟达不到国民生产总值的 4%④,单从国家对课程改革项目的经费支持来说就少得让人惊诧。2004 年,教育部基础教育司的一位负责人在公开回答记者提问中指出:"课程改革到现在,国家

---

① Lou, J. Suzhi, Relevance, and the New Curriculum [J].Chinese Education and Society, 2011 (6):76.

② 高兆明.制度伦理研究——一种宪政正义的理解[M].北京:商务印书馆,2011:206.

③ 教育部.基础教育课程改革纲要(试行)[A]//钟启泉,等.为了中华民族的复兴 为了每位学生的发展《基础教育课程改革纲要(试行)》解读[M].上海:华东师范大学出版社,2001:4.

④ 截至 2013 年我国财政性教育投入方才达到了国民生产总值的 4%,比课程改革的启动晚了十多年。

财政投入是七千万。"难怪教育部基础教育课程教材发展中心的一位工作人员愤愤不平地说:"北京某高校某系的一个研究项目政府就投了一个亿,可是全国性的课程改革项目国家财政拨款只有七千万。"① 可见国家也是在以最小的投入欲获取最大的收益。

地方政府作为国家课程改革推进的重要主体,在课程改革中发挥着联系国家和学校的中介作用。国家课程政策能否得到良好地贯彻落实,地方政府的中介作用不可忽视。在理论上,地方政府是国家政府在地方的权力代表,应该与国家政府的利益相一致。然而,国家更多的是从总体上规划课程改革,地方则有着自己具体的情况,因此,地方政府也有自身的利益,这种利益不一定都是与国家利益相一致的。在地方利益与国家利益相冲突的时候,地方政府一般会选择"政策敷衍"②,以确保自身利益的顺利实现。由于课程改革的效果显现慢,地方政府官员有着任期的考量,在任期之内必须要有"政绩",而政绩最明显的表征方式就是立竿见影的考试分数和升学率。因此,国家所提倡的素质教育和新课程政策到了政府层面,便借着这样那样的理由和托词被无声无息地消解了。素质教育受人冷落,"应试教育"永葆青春。南京高考之痛便是一例,其展现出教育界时下利己的市侩主义正日益露头。面对国家和教育督导团的监督、家长的压力,地方政府往往祭出两张皮:一是素质教育这张"与时俱进"的"政治皮";二是应试教育这张迎合世俗需求的"政绩皮"。③

专家学者在课程改革中起着智囊团的作用,课程政策需要借助课程论、教学论、教育心理学、学科研究等各领域的专家学者的支持。如此,一方面可使课程政策具有科学性,另一方面借助专家学者的参与,使得政策更加具备合法性,国家政治力量退居幕后。许多专家学者参与了本次课程改革,无论是课程政策的制定、课程标准的创制还是课程编制等环节都有专家学者的身影,这有利于提高课程改革的科学性与合理性,也是本次课程改革的进步之处。以《基础教育课程改革纲要(试行)》的起草为例,能够参与起草的专家学者,基本上都是国内知名高师院校的著名教育学者,他们一般都是教授、博士生导师。因此,有学者认为,这些专家学者对于这种既不计工作量又不算科研成果的工作的承担靠的是理想和友情。④ 其实,专家学者参与课程改

---

① 高水红.改革精英——基础教育课程改革案例研究[D].南京:南京师范大学博士学位论文,2006:121.

② 李志超.三级课程管理的权力运作研究[D].重庆:西南大学博士学位论文,2013:99.

③ 吴非."不是爱风尘,又被红尘误"——反思南京教育界的一场讨论[J].教育发展研究,2004(10):77.

④ 吕立杰.国家课程设计过程研究——以我国基础教育"新课程"设计为个案[M].北京:教育科学出版社,2008:113.

革,不仅仅是为了学者的理想和抱负,更不仅仅是为了友情,当然,这也有可能是主要原因,但是不能不说利益的考量也是专家学者参与课程改革的原因之一。一个方面,专家学者的教育价值观能够被教育行政部门所认可、采纳并转化为教育实践,这本身就是学术利益的一个体现,无论在世界哪一个国家皆是如此;另一方面,专家学者借助课程改革这个国家舞台,也可以积累一定的社会资本和象征资本,这些资本都可以在某些特定的条件下转化为经济资本,譬如申报研究课题、外出讲学以及与课程改革相关的指导工作等。因此,每一位学者都极力使自己的教育价值观成为官方认可的,并最终转化为现实的教育实践。这就是文化资本的重新分配给专家学者所带来的利益变化。

课程改革顺利实施的主体是教师,教师在课程改革中发挥着至关重要的作用,再理想的课程如果教师没有能力实施也终究是一种乌托邦构想。伴随课程改革而来的是对文化资本的重新分配,课程知识的变化也给广大教师的教学带来了很大的挑战。很多教师原有的知识水平与能力结构已经不能适应新课程的教学,他们唯有转变多年习惯的教学方式,尝试着去适应国家倡导的与新课程相适应的教学方式,诸如探究教学、合作教学以及对话教学等。这就给他们带来了额外的负担,使他们的许多利益受损。正如劳伦斯·腾豪斯(Stenhouse,L.)所言,课程改革威胁了教师的身份,也增加了教师的负担。① 因此,许多教师对课程改革表现出抗拒的态度,不愿意转变原有的教学方式。除此之外,受阶段性考试的制约,教师必须在学校规定的课时内,教授完考试的内容。新课程改革所倡导的以学生为中心的各种教学方法,相较于讲授法而言更为耗时,而"满堂灌"的讲授可以使教师容易掌控教学节奏,保证其在规定的课时内完成特定的教学任务。由此看来,在新课程背景下,许多教师继续使用原有的教学方法,并不必然是因为其不认同新课程理念,而是如此可使他们免受因为没有完成教学任务而失职的责备与惩罚。② 这也是教师在现有的制度背景下为自己利益考虑的一个方面,而这种制度在很大程度上还不是"德福一致"的,因为教师如果完全按照新课程的理念开展教学,那么上级领导不答应、学生家长不买账,最后导致自己的利益受损。③ 因此,教师的抗拒行为或者"表里不一"与课程改革制度的性质有着密切的关系。

如果说以上所述的四种利益主体都属于教育界内部的个人或集团,那么,商业集

---

① 欧用生.课程改革——九年一贯课程的独白与对话[M].台北:师大书苑,2000:72.
② 肖磊,靳玉乐.中国新课程改革的检视:异域学者的观点[J].课程·教材·教法,2013(6):12.
③ 具体可参见:柯政.理解困境:课程改革实施行为的新制度主义分析[M].北京:教育科学出版社,2011:101.

团就属于教育界以外的群体了,他们企图利用教育体系或者说借助课程改革来获取利益,这种利益是单纯的经济利益,或者说教育质量的提升不是他们考虑的主要对象,也就是说他们将教育纯粹当作是获取金钱的手段。这类集团包括教科书出版商、教辅资料出版商以及销售人员等。这种现象在课程改革中,教科书实行"一纲多本"政策之后,表现得尤为明显。然而,课程改革在本质上乃是国家的一项公共事业,首先应该考虑的是公共利益,在优先考虑公共利益的同时,尽量协调公共利益和私人利益之间的关系。这就需要一种制度的规约,使个体在满足自己私人利益的同时,能够在最大程度上增进他人与社会公共利益,这就是我们通常所说的"私利公益"。"私利公益"或者"主观为自己,客观为他人",是市场经济体系中人们进行经济利益交换时的最基本法则,"客观为他人"是"主观为自己"的基本途径,也就是说人与人之间是互利互惠的关系①,损人利己的行为迟早是要被市场所淘汰的。

四、课程改革制度化的内部必然性分析

综上所述,课程改革具有政治属性、文化属性和经济属性,分别对应的是权力关系、价值关系以及利益关系,课程改革是知识、权力与利益的统一体。课程改革由具有特定教育价值观的权力主体所推动,围绕文化资本的重新分配,实现权力的再生产、知识的阶层化以及利益的再分配。然而,课程改革作为教育系统危机的解除策略,总体目标是公共利益的实现、教育系统的平衡。如果课程改革缺少制度来规约和调整其中的权力关系、价值关系以及利益关系,那么就会造成权力的压制、文化的霸权以及利益的失衡。这与课程改革的初衷是不一致的,不仅导致课程改革与不改革一个样,还劳民伤财,甚至比原来更糟,引起教育系统内部及其与外部各系统之间更大的不平衡。因此,课程改革应该在健全、完善的制度系统的规约和限制下,合理性地、有条不紊地开展,使秉持多元教育价值观的主体都有机会参与课程改革,使权力的运行大体上为了公共利益的实现。如此,方可使课程改革具备合理性与合法性,才能顺利转化为教育工作者实实在在的教育行动。为了避免课程改革的"无政府主义",制度主体必然要从各个方面建立起课程改革的制度体系。然而,要建立和完善课程改革制度,还要探讨清楚课程改革制度的来源,即课程改革制度化的发生图式;探讨课程改革制度的价值,即课程改革制度化的价值诉求。这是探讨课程改革制度化顶层设计的前提条件。

---

① 高兆明.制度伦理研究——一种宪政正义的理解[M].北京:商务印书馆,2011:226—232.

第四章 实践反思：课程改革制度化的发生图式

制度是自然演进与人为建构的辩证统一,这个命题只是在最抽象的意义上道出了制度化的源头,但却不能给课程改革制度化过程本身以更多的启示与指导。"课程改革制度化是什么""课程改革制度化应如何进行"等问题在逻辑上要等待"课程改革制度化从何处来"的问题廓清之后,才能有效地得到解答。这是因为,课程改革制度化之"是其所是"(特征)、"是其所不是"以及"不是其所是"(演变),本身就是一个过程,是一个制度生成、完善、更新、变迁和演进的过程[①],若不对这一过程进行详尽的考察,课程改革制度化是什么以及如何进行的问题就仍不清楚。因此,我们需要对课程改革制度化本身是如何起源的做出深入的探讨。笔者认为,课程改革制度化这种人类的自觉活动是在课程改革实践过程中,在人与人之间相互交往的过程中,不断互动,不断反思,不断总结课程改革成功的经验和失败的教训,逐步形成的一种有关课程改革的制度意识,然后将这种制度意识自觉地通过各种途径加以表达,并使之反过来作用于课程改革实践,保障课程改革顺利、有序进行。这是辩证唯物主义认识论在课程改革制度化发生论研究中的具体运用。以下我们将按照"从抽象到具体""从一般到特殊"的原则对课程改革制度化的发生进行分析,首先,表明课程改革制度化是反思性实践的产物,是对现存制度的否定性把握与肯定性把握的统一;其次,对我国新课程改革中由于制度缺失或不完善所造成的种种不良现象进行剖析,这是对现存制度否定性把握的方面,批判是为了更好地建设,这也是本研究之所以开展的重要原因,任何研究都要为实践的发展和改进服务;继而分析邻国日本在推进新课程改革过程中制度化的具体做法,这是对"现存制度"肯定性把握的方面,"肯定"是为了更好地借鉴,借鉴是为了更好地进行反思与制度建设。

第一节 课程改革制度化是反思性实践的产物

人类的存在不同于其他动物之处,便在于人类是社会化的存在物,其存在的方式是实践。[②] 有关人类社会文化中的一切,只能到社会实践中去寻找它的根源,而不能

---

① 邹吉忠.自由与秩序:制度价值研究[M].北京:北京师范大学出版社,2003:111.

② 李德顺.新价值论[M].昆明:云南人民出版社,2004:40.

在任何理论、观念或意识之中去寻找,因为这些理论、观念或意识归根结底也是来源于实践。课程改革在本质上是人类的一种社会实践,人们在课程改革实践的过程中相互交往,根据自身存在和发展的实际需要,不断发现和反思制度的存在与缺失时课程改革的状况(良序或失序),逐渐形成的一种有关课程改革的制度意识,然后将这种制度意识自觉地通过各种途径加以表达,并使之反过来作用于课程改革实践。这便是课程改革制度化的发生过程,在此意义上,我们可以说课程改革制度化是反思性实践的产物。

一、课程改革是人类的一种社会实践

人要谋生存、求发展,必须从环境中获得物质、信息与能量,而现实的客观事物和环境又不能完全满足人的生存和发展的需要,因此,必须通过人类自身的实践活动来改造自然、改造社会以及改造人类自身,以便更好地向自然界、社会以及自身获得生存和发展的资源,解决自身在生存和发展中所遇到的种种矛盾与问题,实现自身生存和发展的目标。在实践的过程中,人的本质力量得以实现。正如马克思在《1844 年经济学哲学手稿》中所指出的:"通过实践创造一个对象世界,改造无机的自然界,这是人证明作为有意识的类的存在物的自我确证。"[1]因此,实践首先是存在论的而非认识论的。这就意味着人类的存在不是首先去认识世界,而首先是实践或者说改造世界,人们的认识存在于实践过程中。

马克思实践唯物主义视野中的实践具备五种特征:感性现实性、主体性、社会性、历史性和文化性。[2] 课程改革作为人类的一种特殊活动,同时具备以上五种特征:(1)感性现实性。所谓感性现实性,是指实践是一种现实存在的,可以被感性直接把握到的客观活动。在这个意义上,它本质上是有别于抽象的理论、观念和思维活动等主观活动。实践最重要的外现表征就是感性现实性。课程改革通过调整课程内容、课程管理方式、教学方式以及评价方法等,以实现预定的教育目标。这些调整和转变皆可以被人们所实实在在地直接把握和感受,因此,课程改革具备感性现实性的特征。(2)主体性。自由意志是人的内在规定性[3],实践是人的有意识、有目的的社会活动,人通过实践使"自在之物"变为"为我之物",这种转变或改造的前提就在于主体的需要与意图。实践的过程是一个客体主体化与主体客体化相互交织的过程。课程

---

① [德]马克思.1844 年经济学—哲学手稿[M].刘丕坤,译.北京:人民出版社,1979:50.

② 关锋.实践的理性和理性的实践——马克思实践理性思想探析[M].北京:人民出版社,2009:143－150.

③ 高兆明.黑格尔《法哲学原理》导读[M].北京:商务印书馆,2010:77.

改革就是特定的教育观转变为教育现实的过程，是为了实现特定的社会发展目标、个人发展目标而开展的自觉自主的改革活动。(3)社会性。现实的人想要生存和发展，必须通过与他人进行交换，方能实现自己的劳动，从市场获得自身的生产与生活资料①，才能更好地参与社会实践。正是在这种相互交往的实践过程中，主体之间不可避免地会出现矛盾冲突，正是在处理这些矛盾冲突的过程中，人们的制度意识不断增长。课程改革的过程就是主体之间相互交往、共同合作乃至权力与利益博弈的过程，具备社会性的特征。(4)历史性。任何实践活动都只能是特定历史条件下的现实的人所开展的，主体只能在既有的历史条件下从事社会实践活动，而不能随心所欲地选择自己活动的"社会形式"和"生产力"。随着生产力和生产关系的发展，实践活动的形式和内涵也在不断发展和变革。课程改革也只能在特定的历史条件下开展，超越特定历史条件而开展的课程改革无疑是一种乌托邦构想。很多课程改革实践均可证实这个观点。也正因为课程改革是一种历史性的活动，人类才可以对其进行反思和经验总结。(5)文化性。广义的文化基本上和"人化"相等同，在这个意义上，一切人类的社会实践均是文化现象，均具有文化性。狭义的文化一般指的是精神文化，这种文化是超功利的、超越生存层面的。这里的文化性主要是在狭义的文化层面进行探讨的。课程改革作为教育观的外化，通过调整文化(知识)的标准，涵养青少年儿童的精神心灵。因此，课程改革是为了文化、通过文化以及传播文化的社会实践活动，文化性是其内在品性之一。综上所述，课程改革是人类的一种社会实践。

　　社会存在论意义上的实践表现为各种不同的样态，其最基本的形式是：(1)生产劳动实践。它通过改造自然界，使自然满足人们的物质生活需要。劳动是社会实践的最主要形式，是首要的社会实践。②(2)社会关系实践。它以调整和改变人与人之间的社会关系为目的，这种活动在阶级社会里主要表现为阶级斗争。(3)科学实践。它是以探索客观世界奥秘或寻求有效实践活动方式为直接目的的科学试验活动。除以上三种基本形式外，教育、管理、艺术等一切与客观世界相联系的人的有目的的感性活动，都是实践。综上所述，实践就是人的现实的感性活动的总和，不仅包括物质生产活动，也包括非物质生产的道德活动、政治活动、文化艺术活动等其他社会活动形式。课程改革作为教育系统危机的解除策略，是为了调整课程中与社会需要和人的发展不相符合的内容和实施方式等，从而使人自身能够更加全面、自由地发展。课程改革需要根据社会发展规律、学科发展规律以及儿童心理发展规律来选择课程内容，以便更有效地开展教育活动，更有效地发展人自身。因此，课程改革在本质上是

① 高兆明.制度伦理研究——一种宪政正义的理解[M].北京：商务印书馆，2011：226—232.
② 李德顺.新价值论[M].昆明：云南人民出版社，2004：41.

一种科学实践,同时具备社会关系实践的一些特征。而课程改革的制度化这种活动主要是一种社会关系实践,因为课程改革制度是以调整和改变课程改革过程中人与人之间关系为目的的一种实践活动。

二、课程改革实践催生课程改革制度意识

人类开展社会实践的目的在于改变世界以满足人类自身的需要。然而,想要改变世界首先必须认识世界。同理,想要改造实践首先必须认识实践。"改造实践"本身就是我们通常所说的各种类型的社会改革,也是一种社会实践。社会实践是认识产生的根源和发展的动力。实践提供了人类认识的可能性,只有在实践的过程中才能发现认识所必需的信息。人类需要的无止境决定了实践发展的无止境,实践发展的无止境决定了认识发展的无止境。那么,人类在实践中认识的机制究竟是怎么样的?一言以蔽之,这种机制概括起来就是反思(reflection),即是人对自身实践的反思。反思的对象包括实践所预设的目的是否合宜,实践过程中所运用的方法、工具是否得当,实践的结果如何等等。美国实用主义哲学家杜威(John Dewey)认为反思包含五个具体步骤[1]:(1)困惑、迷乱与怀疑的出现,因为我们处于一个不完全的情境之中,而这种情境的全部性质尚未决定;(2)对已知的会产生某种结果的要素进行试验性的解释;(3)审慎地调查一切可以考虑到的情形,阐释和说明所面临的问题;(4)详细说明试验性的假设,以便使假设更为精确,更为一致;(5)把所做的假设作为行动的计划,应用到当前的情境中,进而检验假设。反思的结果要反过来运用于实践,对实践本身加以改造,使实践的开展能够更好地满足人的需要。这就是马克思所说的人可以"把自己的生命活动本身变成自己意志和意识的对象"[2],也就是说人自己可以反身回过头去看自己。[3]

制度是制度意识自觉表达的社会存在。当作为制约与调整社会关系及其结构的客观存在着的规则系统被人们自觉意识与把握时,制度意识便产生了。[4] 课程改革制度也是人们在课程改革实践过程中,所形成的课程改革制度意识的自觉表达的产物。课程改革制度意识是反思性的意识,这种意识不是简单直观的,它是在某种制度观念的指导之下进行的,并依据这种观念来整体把握规范社会关系的规则系统。这样,对于规范课程改革的规则的把握在形式上就有两种基本图式:第一,对现存课程

① [美]约翰·杜威.民主主义与教育[M].王承绪,译.北京:人民教育出版社,2001:165.
② [德]马克思.1844年经济学—哲学手稿[M].刘丕坤,译.北京:人民出版社,1979:50.
③ 张楚廷.教育哲学[M].北京:教育科学出版社,2006:27.
④ 高兆明.制度伦理研究——一种宪政正义的理解[M].北京:商务印书馆,2011:23.

改革制度的肯定性把握。即现存制度在课程改革实践过程中发挥了良好的规范功能，需要我们对这些制度实践做出经验总结，总结这些制度的本质、特征以及作用机理等，分析它们为何能够对课程改革发挥规范功能，发挥功能的条件是什么等。需要注意的是，现存制度的范围不仅包括本土实践过程中存在的制度，而且包括同时代非本土实践过程中的制度，只不过对于非本土的制度需要分析其产生的特定历史条件，要有选择地借鉴，而不是因为社会条件不同就将其全盘否定，我国的制度建设就曾经由于意识形态方面的原因而走过不少这样的弯路。第二，对现存课程改革制度的否定性或超越性把握。这种超越性把握建立在对现存课程改革制度的反思批判基础之上。也即现存的课程改革制度不足以规范和调整课程改革实践，不能够很好地确保课程改革合理性地运行，需要我们对其做出批判性分析和改进。课程改革制度意识是"制度理想与制度现实之间摩擦的火花"[①]。我们需要根据课程改革过程中出现的种种不合理现象，分析这些制度不能有效发挥规范功能的原因何在，是制度观念不能顺应时代发展的潮流？还是制度的规则系统不健全、不完善？抑或是制度规范的对象不具备普适性？还是呈现制度的载体出了问题？我们应该从哪里着手进行制度创新？在课程改革的实践过程中，人们制度意识的生成是肯定中的否定，否定中的肯定。这就是制度意识产生的辩证否定图式。正是这种肯定中包含否定，否定中包含肯定，才构成了制度文明的演进史[②]，才能不断推进人类的各种社会实践活动的有序、合理开展。

三、课程改革制度是课程改革制度意识的自觉表达

制度意识是人们在相互交往和相互作用的实践过程中经过努力反思的产物，是对规范人们交往和实践关系的规则系统的主观反映。这就是我们通常所说的"客体主体化"的过程。客体主体化是指客体从自在形式转化为主体本质力量的因素。具体来说就是，客体的形态、属性、效用以及规律等经人的实践活动可以开阔人的视野，发展人的智慧，丰富人的情感，磨炼人的意志，从而转化为人的能力和素质。而人类的实践活动，本质上是主体和客体之间的能动而现实的互为转化过程，即双向对象化过程。[③] 实践的过程是客体主体化和主体客体化的辩证统一，缺失了任何一个环节都不是完整意义上的实践。主体客体化是指主体将自己的本质力量投射到实践的对象或客体上，使客体打上主体的烙印，摆脱纯粹自然性，而成为"人化的自然"。摆脱

---

① 尹弘飚.论课程变革的制度化——基于新制度主义的分析[J].高等教育研究,2009(4):78.

② 高兆明.制度伦理研究——一种宪政正义的理解[M].北京:商务印书馆,2011:25.

③ 王永昌.论主体的客体化[J].求索,1991(6):42.

纯粹自然性的客体，能够更好地满足人的各种需要，推动实践活动的永续进行。因此，课程改革制度意识的形成仅仅是课程改革制度化这种人类实践的一个环节，它与课程改革制度意识推动制度变迁的过程共同构成了课程改革制度化实践的全过程。

课程改革制度意识的自觉表达便是课程改革制度的形成、创新或变迁的过程。制度意识的表达有两种方式[①]：其一是这种意识潜藏在社会成员的内心深处，流变为日常生活习惯，固化成为日常生活行为规范，并成为人们日常行为选择的价值依据，这就是伦理道德、风俗习惯与乡规民约等非正式制度；其二是通过特定的程序明确规定的规则，并借助强力使社会成员共同遵守，不遵守规则的人将会受到其事先所规定的惩罚措施的制裁，这便是法律、规章等正式制度。课程改革既需要正式制度的规约，也需要非正式制度的保障，二者都很重要，完美的课程改革制度是正式制度和非正式制度相互配合、相互作用所构成的统一体。然而，由于本书的研究主题和笔者的精力所限，本书将研究重心放在课程改革的正式制度上面，有关课程改革的非正式制度留待日后的深入研究。

第二节　图式Ⅰ：对我国课程改革制度化的否定性把握

任何有价值的理论研究主题都是基于实践过程中存在的这样那样的问题而提出的，或者是为了避免实践过程出现这样那样的问题，质言之，理论总是基于实践、为了实践的。"课程改革制度化"这一命题的提出正是我们依据现有课程改革理论，深入考察和思考课程改革现状，分析国际课程改革趋势的结果。即从我国课程改革的实际情况来看，由于制度化的缺失，而导致许多非理性、随意化的现象出现，这不利于课程改革的顺利推进，不利于青少年儿童身心的健康发展，不利于国家竞争力的提升；从国际课程改革趋势来看，许多发达国家在课程改革的推进过程中，不约而同地通过立法、严格的程序规则来确保课程改革的有序、合理运行，其中的许多经验值得我们仔细分析和借鉴，更好地改进课程改革中的一些具体做法。因此，解答"课程改革制度化"这一命题是当代中国课程改革顺利进行的现实需要。

解决课程改革如何制度化的前提，首先应该准确厘定问题的所在与现象表征，搞清楚我们的困惑到底是什么，这是上文所说的对现存制度否定性把握的一个方面，形成有关我国课程改革的制度意识。以亨廷顿所提出的制度化的四个衡量标准检视我国的新课程改革，可以发现其制度化水平尚低，课程改革顺利、有序、科学进行所需要的很多制度尚不健全或者不合理，这不利于课程改革的顺利、科学推进，需要我们对

---

① 高兆明.制度伦理研究——一种宪政正义的理解[M].北京:商务印书馆,2011:22—23.

此做出反思、批判和讨论。随着时代的发展和国民制度意识的提高,我国新课程改革的开展较之以前更为正规化、民主化以及科学化,也建立起了许多必要的制度,确保课程改革的合理进行。① 然而,由于我国课程改革制度化起步较晚,加上国情特殊,课程改革过程中尚存在着制度的缺失、不完善或者不合理等情况,诸如课程决策制度与课程实施制度尚未真正形成、课程管理制度不健全、教科书制度与课程评价制度缺乏形式化②,导致课程改革出现了官僚主义、经验主义、形式主义以及冒进主义等不合理的现象,这些现象是课程改革失序的表征,同时也是课程改革非制度化的结果表征。课程改革的失序,改革成效不彰,这些现象直接影响了民众对新课程改革评价的好坏。2011 年 10 月 14 日,21 世纪教育研究院、新世纪教育研究院与北京市西部阳光农村发展基金会在北京联合举办的"新课堂、新教育"高峰论坛上,主办方发布了其与中国教育网合作完成的《2011 年教师评价新课改的网络调查报告》。这份网络调查报告显示,十年新课程改革的实施效果并不理想,具体表现在:大部分(75.4%)教师对新课程改革的评价"不满意";学生负担没有减轻反而较课程改革之前有所增加;新课程学科知识体系不系统;城乡学校学生差距拉大等。③ 网络调查的结果值得我们认真反思本次课程改革的相关举措。

一、官僚主义

在课程改革的过程中,由于计划体制的惯性和历史遗留,我国政府部门往往赋予自己过多、过大的权力,基本上不愿意放开自己手中的权力,这是既得利益集团不愿或反对改革的重要原因,而改革的过程往往是政府部门改革自身和自身权力转移的过程。权力的集中和膨胀,使政府部门在课程改革的过程中,集改革的设计者、管理者、指导者、监控者以及评价者于一身,对课程改革实行全方位、全过程以及高强度的"超强控制"。④伴随权力的集中和不受约束而来的就是各种官僚主义现象成风。官僚主义是官僚政治的产物,是在某些不良思想观念指导下的某些工作方法与工作作

① 中国教育科学研究院课程教学研究中心课题组.基础教育课程改革十年:经验、问题与对策[J].教育科学研究,2012(9):5—8.

② 这里的判断依据是相关的政策文件以及网站内容等,比如《基础教育课程改革纲要(试行)》《中小学教材编写审定管理暂行办法》《中小学教材选用管理办法》《教师教育课程标准(试行)》等文件以及教育部网站、地方教育厅、教育局网站等。因为正式制度必定是公开的,以便于人们知晓和遵守。我国课程改革制度的现状在本书第六章中"基于制度理性的课程改革制度化路径"一部分中有更为详细的说明。

③ 查有梁.十年新课程改革的统计诠释[J].教育科学研究.2012(11):7.

④ 吴康宁.政府部门超强控制:制约教育改革深入推进的一个要害性问题[J].南京师大学报:社会科学版,2012(5):7.

风等,这些方法与作风一般是政府部门为了自己权力意志的实现,最终为的是谋得一己私利。邓小平同志曾指出:"官僚主义现象是我们党和国家政治生活中广泛存在的一个大问题。"①目前,由于课程改革制度的缺失或不完善,政府部门或相关领导人的权力不受或很少受到制约和监督,导致了这种问题广泛存在于课程改革的过程之中,给课程改革的顺利推进造成了极大的干扰和影响,这值得我们深入剖析和反思。课程改革中的官僚主义现象主要表现为长官意志、官学共谋以及官商勾结等。

1.长官意志

在我国,教育行政部门开展课程改革并不总是,甚至经常不是根据相关的法律或者规章制度,而常常是根据领导人的意志或意愿。这其中固然有相关法律制度不健全或不合理的因素存在,但更为重要的是我国社会中"人治"传统观念的屹立不倒以及民众法律意识的普遍淡薄。体现在课程改革的实践过程中就是典型的长官意志,一切都是领导说了算,一切要看领导高兴不高兴。因此,依靠领导人的觉醒与意志有着很大的随意性和不确定性,一个人一句话改变教育的情况时有发生。② 近些年来,我们经历和见证了许多改革项目的上马和下马、改革进程的加速和放缓,在很大程度上都与政府部门领导人的更换或者同领导人意图的改变有关。③

课程改革依靠领导人本身的智慧和意愿,这种情况如果在科学决策、民主决策机制的辅助下,对于课程改革本身而言也不算是太坏的事情。如果碰到专业领域的问题,而部门领导人又不是这个领域的专家,那么由领导人单独决定专业的事情,就变成了"外行领导内行",对于课程改革而言就是一件十分糟糕的事情。如新课程改革中倡导初中开设综合科学课程,但与分科科学课程(即物理、化学、生物以及地理)同时并存,由地方和学校根据实际情况任选其一。这就牵涉到课程标准制定的问题,究竟是制定一个共同的科学课程标准,还是分别制定综合科学课程标准、物理课程标准、化学课程标准、生物课程标准以及地理课程标准等。这是一个课程论的专业问题,只有具备专业课程理论的学者,才能对这个问题做出科学、合理的判断。我们知道,课程标准主要是一个目标的问题,而教科书主要是目标实现途径的问题。美国著名课程论专家泰勒(R.W. Tyler)曾提出选择学习经验的五条原则,其中之一便是"有许多特定的经验可以用来实现同样的教育目标"④。课程标准是一个目标,教科书的

---

① 邓小平.党和国家领导制度的改革[A]//邓小平文选(第二卷)[C].北京:人民出版社,2008: 327.

② 叶澜.中国基础教育改革发展研究[M].北京:中国人民大学出版社,2009:33.

③ 吴康宁.政府部门超强控制:制约教育改革深入推进的一个要害性问题[J].南京师大学报:社会科学版,2012(5):8.

④ 张华.课程与教学论[M].上海:上海教育出版社,2000:104.

形式可以多样化,多样化的教科书不必一一对应于相应的课程标准。① 而我国初中阶段的科学课程就有多个课程标准,让人搞不清楚这些标准之间是什么关系,学习综合课程与学习分科课程的学生,学习表现是否大体一致等问题。而这种情况的出现就是上层领导的决定。如科学课程标准研制组的 Y 教授在接受访谈时曾指出:"我当时的主张就是搞一个统一的标准……但是后来,决定做两套标准,我估计是部领导定的,对这个业务问题,Z 是比较了解的,部里领导可能不是很了解。"② 这就为日后许多地方的初中开设一段综合科学课程后遭到各方的强烈反对,又重新回到分科科学课程埋下了隐患,对教育的正常发展产生了不良的影响。另外一位课程专家在回忆课程标准修订的过程时,也谈道:"我们的国家是强势政府,政府的意志占主导……高层领导人的意见起关键作用。"③ 我们的课程改革关系到广大青少年儿童的健康成长,关系到国家竞争力的提升,不能将希望寄托于少数领导人身上,而应该依托于民主、科学的决策,按照课程改革的规律而开展,减少随意性和盲目性,确保课程改革的合理进行。

2.官学共谋

随着我国民主化进程的加快以及大众对课程改革科学性的期待,国家课程改革逐渐改变了过去仅仅由政府(教育)部门设计改革方案的状况,新课程改革决策人员也吸纳了一部分相关领域的专家学者参与决策、论证和推动实施。这在一定程度上可以使课程政策更加科学、合理,改变了过去那种仅靠拍脑袋而做出的课程改革计划④,也增强了政策的合法性和可接受性。参与课程改革的专家学者也从课程改革的过程中获得了一定的社会资本、象征资本甚至是经济资本,这也是学者的文化资本向社会资本、象征资本以及经济资本转化的过程。官员与学者之间形成了一种布迪厄所说的"共谋"关系,"这种合谋既非被动地屈从于一种外在的约束,也非自由地信奉某些价值……符号暴力的特殊性恰恰在于这样一个事实,即它要求那些承受符号暴力支配的人具有一种态度,这种态度使自由和约束之间那种寻常的对立站不住脚"⑤。

---

① 沈伟,曲琳.我国普通高中课程改革的反思与展望——杭州师范大学张华教授访谈[J].全球教育展望,2012(12):9.

② 吕立杰.国家课程设计过程研究——以我国基础教育"新课程"设计为个案[M].北京:教育科学出版社,2008:193.

③ 李志超.三级课程管理的权力运作研究[D].重庆:西南大学博士学位论文,2013:92.

④ 吴康宁.政府部门超强控制:制约教育改革深入推进的一个要害性问题[J].南京师大学报:社会科学版,2012(5):8.

⑤ [法]布迪厄,[美]华康德.实践与反思——反思社会学导引[M].李猛,李康,译.北京:中央编译出版社,1998:320.

　　这种官学共谋现象与仅靠领导人拍脑袋做决策对比来看,在本质上是一种社会的进步,如果处理得当,并无不妥。但是,一方面,如果政府部门过于强势,而且掌握着全部的资源分配权,那么即便是专家学者有着独立的思想和改革愿景,他们也不得不扮演着政府部门改革方案的论证者或修补匠的角色,而不会超越政府部门所能够容忍的批评底线①。正如课程改革专家们所指出的,"政府找你来做的原因就是你所做的事情和政府期待的相一致"②。另一方面,如果政府部门在课程审议的过程中,没有扮演好恰当的调适者角色,或者政府部门(领导)的观点与某些专家学者的契合,也会使课程改革中的某种观点独大而走向激进,不能容忍对立观点的批评或听不进这些批评之声。③ 新课程改革涉及了众多领域的专家学者,但随着改革的整体推进,一批课程论专家逐渐成为主导力量,甚至是唯一的政策主导力量,这是不大合适的。④这只能使课程改革实践走向片面、极端,使课程改革以否定以往的课程实践为起点,以失败告终,之后再被下一次的改革所否定,这就是课程改革中的钟摆现象,容易造成学校课程的机能紊乱和失调。⑤ 合理的课程改革必须走"底线共识"和"顶层设计"有效结合的路线⑥,政府部门应该提供一个良好的对话平台,使秉持不同观点的学者之间在对话和协商之中找到一种大家都能彼此接受的改革方案和实施方法,尤其要善待不同的学术观点,特别是那些反对的意见,以便可以促进对改革行为的深入思考,避免改革的片面性。⑦

3.官商勾结

　　为了增加教科书对各地方、学校以及学生的适应性,新课程改革转变过去的"一纲一本"为"一标多本",使一门学科有多个版本的教科书供地方和学校选择,这象征着国家权力的下移,教科书编者和使用者都拥有了相较于过去而言更多的自由空间。但是教科书的开放形成了一个庞大的市场,我国教科书市场一年的产值多达600亿元人民币,教科书出版商无不想从其中分得一杯羹。通过国家审查的教科书一般来

① 吴康宁.政府部门超强控制:制约教育改革深入推进的一个要害性问题[J].南京师大学报:社会科学版,2012(5):8.
② 李志超.三级课程管理的权力运作研究[D].重庆:西南大学博士学位论文,2013:73.
③ 如在一次新课程改革培训中,华东师范大学吴刚教授曾提出在课程改革中要允许不同声音的存在,得到某教育行政官员的回答却是:"顺课改者昌,逆课改者亡。"参见:吴刚.奔走在迷津中的课程改革[J].北京大学教育评论,2013,11(4):43.
④ 朱成科.基于基础教育改革的课程哲学反思——关于"新课程改革"三个理论问题的探讨[J].当代教育科学,2007(10):5.
⑤ 郝德永.新课程改革应警惕的四种问题与倾向[J].教育科学,2006(4):33.
⑥ 靳玉乐,李志超.我国课程改革决策的特点、问题及其改进[J].教育发展研究,2013(12):5.
⑦ 王策三,等.基础教育改革论[M].北京:知识产权出版社,2005:120.

说都是达到国家要求的，基本与课程标准相一致的，但出于各种复杂的原因，也有少数质量不高版本的教科书通过了教科书审查环节，流入市场。通过审查之后，各教科书出版商就通过各种营销手段推销自己出版的教科书。由于我国目前教科书选用权一般不在学校，而是由各省或地区统一选用，于是一些教科书出版商就通过各种手段接近这些层级的政府（教育行政）部门，包括社会关系的运作、上级部门的"指示"或者提供经费等金钱利益的诱惑等。[①] 这就造成了两种不良的现象：第一，中小学一旦使用了指定版本的教科书，即便在使用的过程中发现了问题，也无权进行更换。[②] 第二，教育行政部门"有权"更换教科书版本，而不经过调查教科书使用者的意见，即便是教科书使用者不同意更换，也拿相关部门没有办法。[③] 这两种现象都没有充分考虑到教科书的教育性以及广大青少年儿童的利益，而仅从教育之外的因素来对待教科书的选用。由于官员与教科书出版商之间的相互作用，加上教科书选用制度的不完善以及监督机制的缺失，教科书的选用充满了随意性和不确定性，给课程改革带来了不良的影响，也使广大人民群众对课程改革的接受与认可程度下降，不利于课程改革的顺利、科学推进。

二、经验主义

经验主义是主观主义的一种表现形式，是一种形而上学的思想方法和工作作风。经验主义者在观察与处理问题时，从狭隘的个人经验出发，夸大自身的感性经验，轻视理论，忽视实际的调查研究，不是以全面、联系和发展的原则分析问题，而是采取片面、孤立和静止的原则。哲学认识论中的经验主义分为唯物的和唯心的两大类。前者认为世界的本原是物质的，经验的内容是物质世界，一切知识都是由经验产生的。但是，这对经验的理解是狭隘的，否认感性认识与理性认识的内在联系，仅相信局部的直接经验，否认理性认识的重要性。后者否认客观物质世界是经验的来源与内容，把经验看作是纯主观的东西。这两种经验主义与马克思主义的辩证唯物主义认识论都有着本质上的区别。经验主义在课程改革中也时有出现，给课程决策与实施带来了很大的困扰。在此，我们着重以我国中小学课程标准的制定为例，分析经验主义给课程改革所造成的不良影响。

在我国新一轮基础教育课程改革中，沿用了几十年的教学大纲悄然隐退，取而代

---

① 李建平.教材多样化遭遇利益冲击[N].中国教育报,2002—04—14.

② 温欣荣,薛国凤.课程改革背景下基础教育问题的反思[J].课程·教材·教法,2005(8):14.

③ 如 2013 年 7 月 6 日中央电视台《焦点访谈》栏目播出报道 H 省教育厅和 G 省 J 市教育局 2013 年秋季学期违规更换部分中小学教材版本,就是典型的案例.

之的是国家课程标准。课程标准和教学大纲的差异是多方面的,这主要是由于教育改革理念转变的结果,其中最大的区别则是教学大纲规定的是学生学习达到的"最高标准",而课程标准则规定的是学生学习的最低标准。课程改革专家认为,教学大纲规定的是最高标准,如此一来,教学和评价就不能超纲。因此,教学大纲对教学统得过死,没有弹性,不利于教师教学创造性的发挥和学生个性的多样化发展,容易造成教育标准化现象。国家兴办教育的目的在于使每一位学生都达到国家课程标准最低标准的要求,成为社会需要的合格人才。因此,课程标准应该适应普及九年义务教育的时代要求,规定教学的最低要求,是所有学生经过努力都可以达到的要求,如此一来,教科书就可以摆脱千篇一律的面孔,教师教学也可以灵活多变,不同发展水平地区的学生可以做到适当发展。这都没有什么问题,可以说语词的转换象征着我们国家的课程政策正在朝向公平、正义的方向迈进,较之以前有所进步,是值得肯定的。

然而,具有讽刺意味的是,我国台湾地区的九年一贯课程改革也基于同样的理由——课程弹性,而将国中国小课程标准改为"国中国小九年一贯课程纲要"①,由课程标准到课程纲要,在名称上的变化恰恰与祖国大陆的由大纲到标准反其道而行之,而中国台湾地区的课程专家也宣称这两个词语的转换是教育的进步。由此,我们可以发现祖国大陆和台湾地区的课程改革都不约而同地在课程术语的变化上花费了不少心思,使之与原有的术语尽量不同,并赋予其新的含义,这也象征着新的课程实践要与原来的课程实践彻底决裂,新的课程实践因而是进步的。

这种象征策略对于说服基层教育工作者,顺利接受课程改革并实施改革是有积极推动作用的。然而,作为课程研究者,我们要深入思考的问题是:如果课程标准所提出的是学生学习的最低标准,那么如何认定什么是最低标准? 最低标准的标准是什么? 也就是说应该以谁的学习能力的上限作为最低标准? 这不但关系到最低标准的实现,而且关系到课程适应不同学校、不同学生的差异。然而,我国各学科课程标准的制定对于这些问题既没有扎实的理论研究作为支撑,也没有充实的实证研究作为依据。虽然在课程标准研制初期进行了若干专题研究和一定的调查研究,但主要的依据还是传统与经验。由于时间紧迫,再加上经费不足,基础性研究比较薄弱,尤其是教学研究的薄弱,不足以支撑高质量的国家课程标准的研制及其实施。② 因此,课程标准中的许多内容不乏主观意见,新课程改革的目标也难以实现。新课程改革的目标之一是降低课程内容的难度和广度,以便减轻学生过重的课业负担,实现学生

---

① 黄政杰.课程改革新论——教育现场虚实探究[M].台北:冠学文化,2005:34.
② 中国教育科学研究院课程教学研究中心课题组.基础教育课程改革十年:经验、问题与对策[J].教育科学研究,2012(9):9.

的身心全面健康发展。然而,目前看来这一目标好似并未实现。以小学第一学段(即小学一年级到二年级)的汉字学习为例,1992 年的语文教学大纲的要求是小学生在二年级学业结束时会书写 1150 个汉字,而 2001 年的语文课程标准规定学生在二年级学业结束时可以阅读 1600～1800 个汉字,并会书写其中的 800～1000 个汉字。我们据此很难断定师生的教学负担已然减轻。[①] 然而,现实的情况却是,在实施新课程的学校中,教师们普遍反映教学任务重、课时紧,按课程计划所规定的课时难以完成教学任务。

当然,除了上面所说课程标准中的问题之外,还有很多其他经验主义的问题,如课程改革启动者在面对诸如"综合科学课程与分科科学课程到底使用一个课程标准,还是分别制定课程标准更加合理""课程标准所倡导的自主学习、合作学习和探究学习是否适合学习所有学段的所有学科内容"[②]"课程标准中的三维目标是否符合心理学常识""三维目标之间究竟是什么关系"等问题时,由于各种复杂的原因,或者是缺乏相关的科学研究,或者是心理学家在课程改革中的缺位[③],只能依据有限的改革经验去处理这些问题,且美其名曰"摸着石头过河"。这就导致了课程改革过程中实践的迷茫和不知所措,甚至对教育的健康发展造成诸多不良影响。当前,我国的课程改革已经步入深水区,需要解决的问题日益凸显,改革过程中的矛盾日益尖锐,所面对的困难也不再是浅层次的。这就要求我们认真审视和深刻反思课程改革过程中的经验主义方法论,坚持实事求是的原则和科学创新的态度,建立和完善课程标准制定制度与课程监测评估制度,及时有效地将课程实施过程中的问题予以反馈,使课程标准的制定建立在科学的理论基础和完善的调查研究之上,摒弃标准制定过程中的随意性,真正发挥课程标准促进课程编制科学化、人才培养高质量的功能。

三、形式主义

任何事物、任何现象都是由形式和内容(实质)共同构成的,我们在开展任何社会实践活动时,都要既做到重视形式,也要注重内容或实质。如果只关注内容,而忽略形式,那么这种内容不大容易为人们所接受。如果只重视或过度注重形式的、表面的功夫,而忽略了内容或实质的东西,就是本末倒置,是形式主义。形式主义在我国有

---

① Wang, D. The Dilemma of Time: Student-Centered Teaching in the Rural Classroom in China [J]. Teaching and Teacher Education, 2011(27):161.

② 屠锦红.我国十年语文课程改革:问题与反思[J].河北师范大学学报:教育科学版,2012(6):51.

③ 吴红耘,皮连生.修订的布鲁姆认知教育目标分类学的理论意义与实践意义——兼论课程改革中的"三维目标"说[J].课程·教材·教法,2009(2):96.

着悠久的历史"传统"和深厚的社会土壤,形式主义对于我们的实践起不到任何的促进和指导作用,只会劳民伤财,甚至对工作的顺利开展产生极大的阻碍作用,形式主义是我们长期以来所竭力反对的。但是,形式主义却一直以各种形态存在于我们的各项社会事业之中,课程改革的过程中也存在着不少的形式主义现象,这值得我们反思和检讨。改革实践需要开展大量艰辛和务实的工作,改革的失败很多时候都是因为偏好形式多于实质。在经历了一些形式重于实质的教育变革之后,人们对下一次改革的态度便不会再那么严肃了。[①]

在新课程改革过程中,为了确保新课程改革能够被广大教育工作者认可、接受进而顺利实施,课程决策采取了如下几项措施:第一,鼓励多元主体参与。即在课程纲要的起草和课程标准的制定过程中,广泛吸纳课程论专家、学科专家、教育行政工作者、中小学教师代表以及社会人员代表等参与其中,积极听取他们对课程改革的意见,寻求全面反映社会的教育需求,确保课程决策的民主性和科学性。第二,积极开展课程实验。课程实验是指在具有典型代表性的地区和学校实施初步编制的课程,检验课程政策的效果,并及时将结果反馈给政策制定者,以便修正课程政策以及调整课程内容等。2001 年 9 月,27 个省、自治区、直辖市的 38 个实验区率先成为国家级实验区。为保障新课程实验工作的科学、顺利进行,教育部专门成立了"国家基础教育课程改革实验工作评估团",分别于 2001 年和 2002 年年底两次组织其深入到实验区,对新课程的启动和实施情况进行评估、指导。[②] 第三,努力获取政治支持。新课程改革从始至终都是一种由上而下的政府行为,或者更准确点说是在尽力成为一种政府行为。之所以这样说是因为中国的特殊政治语境,我们一般称其为"一把手工程"。领导人的态度和意志往往决定了改革活动的启动、实施或终止,因而,领导人的意志也就代表着政府的意志。正是由于这种政府人格化的特质,能够得到国家或部门领导人的支持与认可,也即意味着改革能够获得政府的大力支持,其通常也被作为使改革行为合法化的一种途径而被纳入改革的设计之中。[③] 因此,课程决策者就努力在政策文本中利用国家政治话语进行修辞和阐释自己的教育价值观和课程愿景。如在撰写《基础教育课程改革纲要》时,有官员建议在提出"个性"一词时要引用×××的话,然后再按纲要制定者自己的理解来对个性进行阐释。这个部分应该多引用×××

---

① 彭彩霞.教育改革的困境及其超越——基于国外对大规模教育改革反思的认识[J].教育发展研究,2009(15—16):9.

② 吕立杰.国家课程设计过程研究——以我国基础教育"新课程"设计为个案[M].北京:教育科学出版社,2008:153.

③ 高水红.改革精英——基础教育课程改革案例研究[D].南京:南京师范大学博士学位论文,2006:62.

报告的精神。如此一来,政策制定者们通过这种"无须言明"的方法作为黏合剂,试图将教育话语和政治话语完美地黏合在一起,并小心翼翼地使二者尽量保持在一致的范围内。

上述诸种措施,在形式上象征着课程政策是合法的,可以比较容易地为教育工作者和社会大众所认可与接受。然而,作为课程研究工作者,我们不能止于表面的象征,应该深入到现象背后的本质,揭示政策合法化背后隐藏的决策问题。在课程决策成员的组成上,政策的制定依然是精英决策模式,存在核心相关利益者缺失的弊端。① 虽然也有基层教研员、一线教师的参与,相较于我国以往的教育改革决策已经有了相当大的进步,但只选取九个城镇地区的优秀教研员和教师代表参与②,显然有失偏颇,这使得课程政策难以被大多数教师所接受。而且在决策的过程中,基层教师或教研员由于理论素养不如高校教师,不能熟练运用专业的理论与概念来分析实际问题或者论证自己的观点,也就是他们所提出的建议没有多少"说服力",几乎很少被认真考虑或采纳,这实际上反映了知识与话语权之间的关系问题。③ 如此一来,决策成员的异质化就成为政策合法化的一个砝码。在课程实验的开展方面,没有制定有关实验区划定、实验区扩展步骤的具体方案,导致了在新课程改革的推广中实验区的选择极为随意,实验区的数量以及发展速度缺乏合理的规划,推广失控。而且实验推广的速度过于迅速和冒进,对于先前实验区所暴露出来的问题没有及时加以总结并对政策进行适当的调整,打断了"实验—发现问题—修订—再实验"的渐进式链条④,使课程实验流于一种形式。即使发表了一小部分实验报告,但这些报告中一般谈成绩、说进步的多,摆事实、查问题的少。给人的感觉好像课程改革方案已经完美无缺,没有多少可以改进的地方。然而,课程改革在全面推广之后所遇到的问题在实验区好像几乎从未遇到过,这只能说明课程改革实验中的两个问题:其一,新课程改革有可能很适合所选取的实验区,实验区与其他非实验区的情况有很大的差异,那么所选取的实验区样本本身就是不科学的,不能代表全国其他地方的现实状况,也即样本没有代表性。实验区本身就是一种给人"科学"印象的形式,但实则是非科学的。然而,这种情况出现的概率应该极低,因为参与课程改革方案设计和实验的都是国内的知名教授、博士生导师,具备很高的专业素养来开展教育实验。其二,如果上面一种情

① 靳玉乐.新课程改革的理念与创新[M].北京:人民教育出版社,2006:168.

② 叶澜.中国基础教育改革发展研究[M].北京:中国人民大学出版社,2009:147.

③ 吕立杰.国家课程设计过程研究——以我国基础教育"新课程"设计为个案[M].北京:教育科学出版社,2008:162—163.

④ 李芳.拷问新一轮基础教育课程改革——浅析《基础教育课程改革纲要(试行)》决策中的问题[J].当代教育科学,2007(22):20—22.

况不成立,那么就很有可能是所选取的样本具有代表性,在实验的过程中也出现了很多具有典型代表的问题,只是考虑到课程改革要快速在全国各地铺开,考虑到课程政策的全面在场①,这些问题就被有意无意地忽略了,在仅有的几份公开的实验报告中很少被提及、总结与反思,实验本身就成为一种"看上去很美"的形式,实验的真实内容却几乎不被关注。当遇到反对之声时,政府也搞不准课程改革的实际情况究竟是个什么样子,该如何应对等,只能坚持摸着石头过河,声称大方向是正确的。② 另外,原定于 2003 年就对课程实验情况进行大面积调研,收集反馈意见,由各学科标准研制组对课程标准进行修订的工作,一直到 2011 年才得以修订完成。有学者对新课程标准的修订过程做了回顾,认为新课程标准自颁布以来经历了三次修订。③ 事实上,在笔者看来,这三次修订实质上仅是一次修订而已,因为并非每一次修订都正式出台了课程标准的修订稿,修订的结果并没有向更大范围的人群公布,而是仅向一些社会重要人士做了通报④,到最后才在三次修订的基础上,面向社会出台了课程标准的正式稿。⑤ 因此,可以在某种程度上说,十年课程改革基本上是一场全国性的课程实验。在获取政治支持方面,在中国特定的环境下,紧紧跟随政治话语这种策略固然有其实用性,然而教育政策如果要跟随政治话语的变化而不断变化,教育的自主性何在? 在追随政治话语变化的过程中,课程政策的核心价值与追寻目标需要频繁不断地更换面孔,需要重新进行一系列合法化的论述。其实,这在一定程度上也成为政策合法化的一种形式,到底具有多少实质性的意义还需我们认真思考。而且,"在不断的更换与追随中,在尽可能审慎的服从中,未知的冒险性还有可能在光天化日之下运作吗? 改革组织者们还能否是其所是、想其所想、做其所作?"⑥政治话语的强大从另一方面,也彰显了教育理论话语的贫乏,比如我们对素质教育、个性全面发展、课程标准等的研究经常处于经验层面,而缺少对具有说服力的教育研究与理论话语的思考和支撑。

---

① 屠莉娅.课程改革政策过程:概念化、审议、实施与评价——国际经验与本土案例[D].上海:华东师范大学博士学位论文,2009:288.

② 李志超.三级课程管理的权力运作研究[D].重庆:西南大学博士学位论文,2013:92,94.

③ 具体可参见:杨九俊.中国基础教育课程改革推进研究[M].南京:江苏教育出版社,2012:88-97.

④ 吴华.课程权力:从冲突走向制衡[D].长春:东北师范大学博士学位论文,2008:58.

⑤ 史宁中,等.义务教育数学课程标准修订过程与主要内容[J].课程·教材·教法,2012(3):50-56.

⑥ 高水红.改革精英——基础教育课程改革案例研究[D].南京:南京师范大学博士学位论文,2006:43-44.

四、冒进主义

冒进主义是一种不顾现实条件,急于求成的思维方式和工作作风。之所以会出现冒进主义的现象,有可能是由于上层政府部门基于主观经验而下达的命令,也有可能是政策执行者或实施者为了快出成果,使改革立竿见影,取得政绩等。冒进主义对我们的各项事业只会造成破坏,尤其是关系到国家发展、人才培养的教育事业更要防止冒进主义现象的出现。课程改革是为了使我们的课程和教育能够更加符合青少年儿童发展的需要、符合社会发展和学科发展的需要,课程改革不能只强调过程,更应该重视改革的结果。任何教育改革,都不能把学生当作小白鼠来实验,稍有不慎就会使学生成为教育改革的牺牲品。因此,任何一种教育改革都必须深思熟虑,作整体的考量和完全的准备,才能积极推动,进而收到预期的效果。① 然而,"等不及的心态"是阻碍课程改革迈向成功的重要原因之一。改革的组织者总认为需要把握时间,让改革的美意遍布于所有学校现场,除了免除夜长梦多的担忧,又可好事快快做,早日实现改革的目标。在此心态下,相关准备需要时间,实施者常认为改革太过仓促,教育现场难以在短时间内配合。结果是怨声载道,改革的决策者在进行必要的回应时,常常与现实妥协,改革方案到最后不得不大打折扣,改革的预期目标也就难以真正实现。②

课程改革在本质上是文化建设,不可能一蹴而就,而只能是一边吸取经验,一边逐步完善。套用系统科学的术语来表述,即教育是一个"序参量",是"慢变量",任何的教育改革都不能操之过急。③ 我国的新课程改革是建国以来规模宏大、涉及范围广阔、涉及内容全面的一场改革,应该科学设计、认真实验、谨慎有序的推广,2001 年颁布实施的《基础教育课程改革纲要(试行)》指出:"基础教育课程改革是一项系统工程。应始终贯彻'先立后破,先实验后推广'的工作方针"④,这是一种科学、严谨的态度。但是九年义务教育新课程从 2001 年起开始实验,到 2003 年秋季,仅仅两年时间,实验区的数量就成倍增加,已经比原计划的 35% 多出了 22 个百分点,到 2005 年就在全国全面铺开,仅用了四年时间。人们普遍反映新课程推广的步子迈得太大,没有足够的时间编制优秀的教材,师资水平跟不上课程改革的需要,来不及总结实验经

---

① 吴清山.教育改革的迷思与省思[J].学校行政双月刊,2002(1):7.
② 黄政杰.课程改革新论——教育现场虚实探究[M].台北:冠学文化,2005:8.
③ 查有梁.课程改革的辩与立[M].重庆:重庆大学出版社,2009:62.
④ 教育部.基础教育课程改革纲要(试行)[A]//钟启泉,等.为了中华民族的复兴 为了每位学生的发展《基础教育课程改革纲要(试行)》解读[M].上海:华东师范大学出版社,2001:12.

验、反思问题以及修改完善课程方案,形成可行的改革路径。① 新课程改革的组织者指出,"我们以前考虑的时间是比较长的。这次,中央要求我们更快,甚至在 2005 年全面实施"②。教材编辑说:"本来大纲落实到教材中,还需三到五年的时间,可中央领导的意见是,我们不能等,要尽快拿出一个修订大纲,作为过渡性大纲。"③课程改革的进程不是按照改革本身的规律和现实的客观情况,而是根据领导的意见和要求,追求一种出神的速度。在快速的推进过程中,教科书的编制质量得不到保证,教师在短时间内不能具备新课程所要求的理念、素养和教学方法,广大农村偏远山区不具备开展新课程的教学资源,评价改革滞后于课程改革等现实情况都大大减弱了新课程改革的效果,甚至遭到了一些教师的强烈反对,使新课程改革因拔苗助长而达到虚假的"早熟"状态并陷入尴尬的困境。④ 有效的课程改革究竟应该迈多大的步子? 速度多快才合适? 这需要我们冷静地、实事求是地进行分析和研究,而绝对不能以现行问题严重、需尽快解决就可以不管不顾必要条件的限制。⑤

如果说新课程急于全面推进,其初衷是为了"多出人才、快出人才、出好人才",那么撤点并校过程中急于推进则在很大程度上是地方政府打着"整合优质教育资源、全面提高教育投资效益和教育质量"的旗号,实质上则是出于经济利益的考量,而忽视了政治效用与社会效用,千方百计减少教育经费的投入。其实,地方政府也是有苦说不出,自税费改革后,许多地方政府财政都是入不敷出,有的地方政府年度财政总收入还不够支付本地的年度教育经费投入。⑥ 撤点并校政策出台,为地方政府减少教育投入找到了一个很好的借口,加上监督制度的不完善,地方政府便不顾农村教育的实际情况,只考虑本地经济利益如何实现最大化,而盲目撤掉大量的农村教学点。农村教学点的大幅度撤并,造成了大量的农村儿童上学难、上学贵的问题,据 21 世纪研究院杨东平研究员统计,目前,农村儿童的辍学率一度回到了 21 世纪 90 年代初的状况,教育公平的现况令人担忧。撤点并校的初衷之一"缩小城乡教育差异"便成了泡影,甚至城乡教育差异显现出越减越大的趋势。虽说 2011 年国家叫停撤点并校政策的实施,但是其给许多农村儿童所造成的影响已是不可挽回的事实,许多教学点事实

---

① 杨爱玲.基础教育课程改革存在缺憾的原因反思[J].教育学报,2007(1):30.

② 高水红.改革精英——基础教育课程改革案例研究[D].南京:南京师范大学博士学位论文,2006:105.

③ 高水红.改革精英——基础教育课程改革案例研究[D].南京:南京师范大学博士学位论文,2006:105.

④ 郝德永.新课程改革应警惕的四种问题与倾向[J].教育科学,2006(4):32.

⑤ 王策三,等.基础教育改革论[M].北京:知识产权出版社,2005:127.

⑥ 谢秀英.农村中小学布局调整中的集体非理性分析[J].中国教育学刊,2011(4):10-11.

上也不可能再度恢复，农村的教育生态已然被破坏。政策设计本身存在着的一定缺陷，再加上地方政府的推波助澜和冒进主义，撤点并校政策备受众多学者诟病，这也给我们以深刻的教训，值得我们深刻反思政策的制定与执行过程中制度建设的必要性。

以上所述我国课程改革过程中的四种现象，仅仅代表了在课程改革制度缺失或不完善的情况下，新课程改革非理性的一些方面，还有很多现象是本文有限篇幅所无法全部提及和论述的。正是因为制度的缺失或不完善，我们课程改革的实践过程出现了许多不良现象，对于这种因果关系的自觉认知和反思，就是我们关于课程改革制度化的否定性把握，这种把握有助于我们清醒地认识和分析现存的课程改革制度存在哪些方面的不足，需要秉持何种制度观念，应该从何处着手进行制度创新和制度建设等问题。只有以实事求是的态度，在否定之中准确把握问题，进而深入分析问题，以合适的方法解决问题，而不是只盯着成绩，沉浸于进步的欢呼声中，避谈问题，好像谈到问题就表明我们的课程改革落后于别的国家，谈到问题就表明相关部门无能一样。其实，敢于面对现实、勇于承担、积极反思的政府，才是受广大人民群众拥戴和认可的，其制定的各项政策才能更好地得到落实。唯有如此，再加上我们对现存制度肯定性的把握，善于借鉴别国课程改革制度化实践的经验，对照自身不断加以改进，我们的课程改革实践才会在问题解决的过程中不断积累经验，逐渐使课程改革走向制度化的轨道，确保课程改革沿着合理、科学的方向发展。

第三节　图式Ⅱ：对日本课程改革制度化的肯定性把握

课程改革制度化是课程改革制度意识自觉表达的过程，课程改革制度意识是人们在课程改革的过程中对现存制度的否定性把握和肯定性把握的统一，是肯定中有否定与否定中有肯定的辩证统一。我们对我国新课程改革非制度化的批判分析，这是否定性把握或超越性把握的方面，否定是为了更好地进行制度建设，是为了最终的肯定。现存课程改革制度的缺失或不完善，是我们寻求课程改革制度创新和建设的动力所在。制度创新和建设的源泉始终是人类的课程改革实践，包括历史上课程改革经验的总结，对国外课程改革制度化经验的分析和借鉴等，而不是拍脑袋式的空想。

日本作为"后发赶超型"国家，在二战后迅速从经济萧条不堪发展成为如今的世界发达国家，教育在其发展过程中的作用不可低估。[1] 日本与中国一衣带水，在文化与教育制度上有着很多的相似之处。在唐朝，日本将中国儒家文化与汉字吸收到本

─────────────

① 王玉珊.日本教育及其在经济发展中的作用研究[D].大连：东北财经大学博士学位论文，2012：1.

国的语言文化系统之中。如今,两国的学校制度都实行六·三·三学制,而且两国的课程决策都采用自上而下的中央集权制的方式进行,通过"研究—发展—普及"(RDD)模式开发课程。然而,日本的课程改革相较于我国来说,少了许多随意性和非理性的成分,显得更加科学与规范,即日本的课程改革制度化程度较高,这从日本课程改革推进过程中便可窥见一斑。本书以日本1998年课程改革为例进行分析,之所以没有以最近的一次课程改革(2008年课程改革)为例,是因为2008年,启动的课程改革至今仍在进行当中,尤其是高中课程改革于2013年才开始全面普及,关于此次课程改革我们尚无法窥见其全貌,而1998年课程改革的相关研究资料比较丰富,有利于我们研究的深入开展。更重要的原因是,1998年日本课程改革在改革的理念上与我国有着许多相似之处,如都强调减轻学生学业负担,倡导课程要回归生活,注重培养学生主动学习的能力与解决问题的能力等。通过分析日本1998年课程改革的推进过程,可以使我们更加清楚地认识我国新课程改革过程中的非制度化现象,并深入思考我国课程改革制度化的方法和路径。

一、负责课程改革的相关单位

日本教育改革的面向非常多,但最重要的莫过于大约每十年一次的课程改革(见表4—1)。日本自二战后至今一共进行了七次课程改革,课程改革的理念与内容都集中体现在《学习指导要领》之中,日本的《学习指导要领》相当于我国的课程标准,具有法律效力,是日本全国教育改革与实施的唯一准则。一般而言,日本《学习指导要领》制(修)定的权责单位是文部(科学)省,文部(科学)省是负责课程改革的最高行政单位。文部(科学)省的下属机构中央教育审议会负责提出教育改革相关建言,教育课程审议会具体负责课程改革的开展。在有些情况下,首相会成立个人教育咨询机构,如临时教育审议会、教育改革国民会议以及教育再生会议等,凌驾于文部(科学)省之上,具体提出相关的教育改革建议和计划。

表4—1　日本中小学学习指导要领制定、修订与实施日程[①]

学段	小学		初中		高中
阶段	制(修)定	实施	制(修)定	实施	制(修)定
一	1947 年	1947 年	1947 年	1947 年	1947 年

---

① 此表的绘制参照:叶立群.日本的教育改革(二)[J].课程·教材·教法,1994(8):56;林明煌. 从日本《学习指导要领》的修订探讨其教育变革与发展[J].教育资料集刊,2008(41):62—77.

续表

学段	小学		初中		高中
二	1958 年	1961 年	1958 年	1962 年	1960 年
三	1968 年	1971 年	1969 年	1972 年	1970 年
四	1977 年	1980 年	1977 年	1981 年	1978 年
五	1989 年	1992 年	1989 年	1993 年	1989 年
六	1998 年	2002 年	1998 年	2002 年	1999 年
七	2008 年	2011 年	2008 年	2012 年	2009 年

1.文部(科学)省

文部(科学)省为日本最高的教育行政机关,相当于我国的教育部。日本政府实行内阁制,各部会首长(大臣)原则上由国会议员担任,文部大臣也是如此,但有时也会由学者或行政官员出任。日本的教育政策基本上是由执政党文教议员等政治家团体和初等、中等教育局的文部官员共同拟定的。2001 年初,日本中央部会进行机构重组,文部省和科学技术厅合并,改称"文部科学省"(简称"文科省"),内设大臣一人、副大臣、政务官、事务官和审议官各两人。文科省下设大臣官房、生涯学习政策局、初等中等教育局、高等教育局、科学技术·学术政策局、研究振兴局、研究开发局、运动·青少年局以及国际统括局等九个行政机关,主要任务是负责教育振兴、人才培养、生涯学习的开展、学术研究的补助、运动与文化的振兴以及科学技术的整合等。本书讨论的是 1998 年日本课程改革,因此,还是沿用"文部省"的称号。

2.中央教育审议会

中央教育审议会(简称"中教审"),成立于 1952 年,隶属于文部省,是文部大臣的最高教育咨询机构。其成员由文部大臣提名并经内阁任命,内设 30 名以内的委员[1],包含学术研究者、教育专家、政治家、评论家以及部内退休人员,委员任期为两年。中教审的职责是负责调查与审议同教育、学术和文化相关的重要政策,并为文部大臣提供教育改革的建议。是维护教育中立性法定的、正式的机构,如果没有经过中教审的审议,政府或文部省是无法实施任何教育政策的。[2] 例如 1995 年和 1996 年曾针对课题《展望 21 世纪日本教育的本质》,以"生存力"和"宽松"作为教育改革的主要理念,提出自律学习教育、学校瘦身、上课五天制以及压缩上课时数与内容等改革的重点。1997 年,进一步发表题为《教育是追寻自我旅程中的支援历程》的咨询报告,

---

① 参见:维基百科.中央教育审议会[EB/OL].http://ja.wikipedia.org/wiki/中央教育审议会.
② 欧用生.日本小学课程发展机制之分析——课程与政治的关系[J].教育资料集刊,2010(45):135.

主张教育改革必须从过去齐头式平等转变为"个性化教育"的理念,因此,提出国高中一贯制学校和跳级制的课程改革方针。这些教育改革方针最后都成为1998年《学习指导要领》修订的主要依据。

2001年初,中教审重组,将教育课程审议会、生涯学习审议会、理科教育及产业教育审议会、大学审议会、师资培育审议会、保健体育审议会等纳入其中,新设立五个分科会,即教育制度分科会、生涯学习分科会、初中等教育分科会、大学分科会以及运动·青少年分科会等五个分科会。各分科会下再设相关的专题部会,以初等中等教育分科会为例,内设教师养成部会、教育行财政部会、教育课程部会、幼儿教育部会以及特别支援教育特别委员会等五个部会。初等中等教育分科会承继教育课程审议会的职责,其工作并未停滞。

3.教育课程审议会

教育课程审议会(简称"教课审")成立于1950年,隶属于当时的文部省,是二战后日本课程改革的最高咨询机构,于2001年中央部会调整被纳入中央教育审议会。依《文部省设置法》和《教育课程审议会令》,该会设置有60名以下的成员,成员由文部大臣任命,任期为一年,包括学校教职人员、学识经验丰富人士以及各地方教育行政人员等,因此,其成员兼具代表性与功能性。教课审下设初等教育课程部会、中等教育课程部会以及高等学校课程部会,分别总理小学、初中与高中的课程改革事宜。教课审的主要工作是分析、研究课程发展学校实验研究的结果、文部省学历调查的结果和课程研究中心的研究成果,不断对现行课程实施的情形加以检讨。一般而言,教课审的咨议报告书中会明示下一次课程改革的方针,它是《学习指导要领》修订的主要依据。因此,教课审与《学习指导要领》的修订直接相关。

4.首相个人教育咨询机构

虽然文部省是课程改革的主要负责机构,但有时候,囿于政治因素,真正引导教育改革方针、制定课程改革范畴的却不是文部省,而是直属于内阁总理大臣的临时教育审议会(简称"临教审")、教育改革国民会议或教育再生会议。这些审议会或会议皆是临时性的组织,是首相个人的教育咨询机构,更容易使首相和文部大臣的个人意志反映在教育政策之中。临教审是1984年,中曾根康弘(Nakasone Yasuhiro)首相效仿战前内阁设置"临时教育审议"的机制而设立的,直接隶属于内阁,其行政地位高于当时主管全国教育的中教审,中教审形同被打入冷宫。临教审的成员主要由产业界或政治界人士构成,刻意排除了教育界人士。临教审的任务是就内阁总理大臣的咨询做出回答,对教育和与教育相关领域的各种政策进行广泛和深入的讨论,对于教育改革事项进行调查审议。① 此后,2000年,小渊惠三(Keizo Obuchi)首相成立教育改革国民会议,2007年,安倍晋三(Shinzo Abe)为贯彻其新自由主义理念而成立了教育再生会议,都是以"私"的咨询机构替代"公"的审议会,企图影响教育政策的制定和实施。1998年,日本课程改革没有受首相个人的教育咨询机构的干预,由文部省的中教审和教课审主要负责开展。

二、课程改革理念与内容的确定

课程改革是教育系统危机的解除策略,危机可能来自教育系统内部各因素之间的不协调,也可能来自教育系统外部环境的需要不能被及时响应。日本的每一次教育改革,都与日本所面临的政治、经济和社会形势密切相关,同日本所面临的发展目标紧密地联系在一起。② 1998年,启动的课程改革同样是为了回应当时日本社会中发生的一系列变化,为了培养能够适应经济社会发展所需要的人才。课程改革理念与内容反映的正是教育工作者在实践过程中,为解决所遇到的问题而发挥能动性对客观现象的主观反映与重新建构。

20世纪80年代,每周休息两天早已在日本大多数工商企业界实行。当时学校上课仍然维持五天半,直到1992年五月一日,国家公务人员实施周休两天,学校才渐渐地实施周六不上课。首先,1992年9月开始,学校实施每月第二个周六休息,1995年4月以后,实施第二周六和第四周六休息,即隔周上课五天。1996年,在文部大臣的指示下,教课审开始研议完全实施周休两日制。为因应上课五天制,教课审于1998年7月,向文部大臣提出《幼稚园、小学、中学、高中等学校以及盲校、聋校和养护学校的教育课程标准的改善》的咨议报告。咨议报告提出新课程的目标有四个方面:其一,培养具有丰富人性与社会性,且能立足于国际社会的日本人;其二,培养自我学习、自我思考的能力;其三,在宽松的教育过程中,达成基础、基本学力的养成,并能充分发挥学生的个性;第四,各学校应实施具有创意特色的教学,发展成为具有特色的学校。为了实现这些目标,学校应实施上课五天制,严选教学内容,并新设综合学习时间,改变知识灌输的教育方式,提倡学校发挥创意为学生探究学习创造条件。③ 文部省接受咨议报告后,1998年12月,正式修订国中、小学《学习指导要领》,明确规定新课程与周休两日制,并于2002年全面实施。1999年,修订公布高中和盲、聋、养护学校的《学习指导要领》,规定新课程于2003年正式实施。

① 周建高.日本教育改革如何达成共识[J].日本问题研究,2009(1):3.
② 尹艳秋.培养"生存能力"——21世纪日本教育的基本走向[J].外国教育研究,2000(1):26.
③ 杨思伟.日本推动新课程改革过程之研究[J].教育研究集刊,2006(1):34.

　　其实,仔细分析此次课程改革的理念,彻底实施周休两日不过是《学习指导要领》修订的直接诱因,其根本原因可追溯至 1996 年中教审所提交的咨议报告,甚至可追随至 20 世纪 80 年代临教审的报告书。1984 年,日本首相中曾根康弘设置的临教审,历经三年的审议,发表的改革构想咨议报告是日本第三次教育改革的滥觞。临教审的最后报告书中指出,自明治维新以来,学校教育是整齐划一的、僵硬的、封闭的,为了改变这种状况,应该在"重视个性的原则"下,培养学生具备创造力、思考能力和表达能力。因此,学校教育要"缓和管制",走多元化发展的道路,扩大家长选择学校的机会,并导入自由竞争,恢复学校、家庭和社区的"教育力和活性化"。这是日本教育自由化的开端,也是后来一系列标榜新自由主义改革的源头。更为重要的是,自二战以来,日本社会的各方面都取得了巨大的进步,尤其是经济发展和物质生活水平的提高。但与此同时,人们也失去了生活的"从容"和"宽裕"。表现在学校教育中,就是学习占据了学生的大部分时间,再加上过度考试竞争带来的压力[①]、父母对家庭教育的自觉性不足以及学生之间霸凌问题严重等,就导致了学生的生活体验与自然体验相对减少,自主生活能力令人担忧,社会交往意愿和能力不断下降,身体素质不容乐观等诸多不良后果。在洞察社会发展趋势,并深入分析日本教育的现状与问题的基础上,中教审于 1996 年 7 月,向文部大臣提交了《展望 21 世纪我国教育的发展方向——让孩子拥有"生存能力"和"轻松宽裕"》第一次报告书,确立了 21 世纪日本教育的发展方向,即在轻松宽裕的教育环境中培养学生的生存能力。所谓的生存能力是指,无论社会如何变化,一个人必须具备能够自我学习、自我思考、自主判断并解决问题的能力,能够善于和他人协调,善于为他人着想,并且拥有良好的身体素质和强健的体魄。[②] 为了回应上课五天制,回应学校教育的不良后果,教育目标应该从注重知识的灌输走向生存能力的培育,必须严格筛选教育内容,编制"宽裕"的课程,并确保传授给学生基础和基本的知识。同时,为回应国际理解教育、资讯教育以及环境教育等新议题,开展统整教学,在课程研究发展学校研究、实验和评价的基础上,设置"综合学习时间"课程,注重内容的横向联系性和综合性,并转变原有的知识灌输的教学方式,通过学生的自我探究达到培养其生存能力的目的。

---

① 赵中建.在"轻松宽裕"中培养学生的"生存能力"——日本《面向 21 世纪我国教育的发展方向》咨询报告述评[J].现代教育论丛,1997(5):26.

② 赵中建.在"轻松宽裕"中培养学生的"生存能力"——日本《面向 21 世纪我国教育的发展方向》咨询报告述评[J].现代教育论丛,1997(5):26.

三、学习指导要领的修订与发布

1996 年 7 月,文部大臣的咨询机构——中教审发表《展望 21 世纪我国教育的发展方向——让孩子拥有"生存能力"和"轻松宽裕"》第一次报告书,根据报告书中的课程改革目标与理念,1996 年 8 月,文部大臣对教课审提出有关改善课程基准的要求,直接启动了 1998 年的课程改革。当教课审接受文部大臣的请求后便开始研议,于 1997 年 11 月,发表《有关改善教育课程基准》的期中报告,先提出一些基本的改革想法,广泛听取社会各界的意见,并对这些意见加以认真的整理、归纳与审议。1998 年 6 月,发表审议的初步结论,并于同年 7 月发表《有关幼稚园、小学、初中、高中、盲、聋及养护学校课程基准改善事项》的审议报告,确定了新课程改革的整体架构。① 文部省在接受教课审的审议报告后,便依据相应的工作流程对学习指导要领进行修订。2001 年之前,日本学习指导要领的修订工作都由教课审负责研议,由初等、中等教育局下属机构——"教育课程课"根据教课审的审议报告书,具体负责学习指导要领的修订。由于日本依法行政的观念,自明治维新以来,已经深入人心。因此,在公布学习指导要领之前,文部省于 1998 年 12 月,修订公布《学校教育法施行规则》,以便使课程中变化的部分取得法源依据,这是日本行政工作开展的基本原则。在此基础上,1998 年 12 月,发布小学、初中新学习指导要领,1999 年 3 月,发布高中及盲、聋、养护学校新学习指导要领。

完整的课程改革不仅仅是课程内容的改革,要想实现课程改革的目标,教学与评价的改革也必不可少。课程内容变革之后,其评价理念和方式亦应做出同步的变化,以了解学生的学习是否达到课程目标的要求。日本文部省在公布新学习指导要领之后,都会紧跟着发布一份"指导要录",规定评价理念与方法。指导要录的制(修)订,也是教课审的职责。本次课程改革中,教课审于 2000 年 12 月,发表了《学生学习与课程实施的评价办法》审议报告,作为学习指导要录修订的依据。2001 年 4 月,文部省公布《有关小学、初中、高中及特殊学校等的指导要录改善事项》,其中正式确定了新课程的评价方法。

日本的学习指导要领是纲要式的,官方宣称其只具有参考性质,但实际上仍然具备较强的规范性或控制性。这是因为,在撰写学习指导要领的同时,初等、中等教育局长会邀请审议会委员或其他学者共同撰写"解说书",各种有关课程改革的书籍也纷纷出版,阐释新学习指导要领的精神、意义、课程设计、教学方式以及评价方法等,

---

① 杨思伟.日本推动新课程改革过程之研究[J].教育研究集刊,2006(1):42.

协助教师或家长理解新课程。这是日本课程改革过程中一种特殊的教育政策文化。在新课程修订基本完成时,新课程的研习与过渡措施的讲习,在文部省、都道府县教育委员会(主管高中)、市町村教育委员会(主管初中和小学)分别开展,可确保教师及社会人士对新课程的正确认知,有利于新课程的顺利推进。

四、教科书的编辑、审查与选用

各国教科书的编辑与审查普遍遭遇到的一个问题是时间不足,容易造成教科书质量的低下。日本教科书实行审定制,其流程与我国相似,即出版社先编辑教科书,编辑完成后送文部省审查;将通过审查的教科书送往各地展示,然后以教科书选用区为单位,各教科书选用区根据不同教科书版本的特色和自身的需要,决定选用何种版本的教科书。但日本通常有长达3年左右的时间,来进行教科书的编辑和审查,本次课程改革中的1999年至2001年是教科书的编辑、审查与选用期。时间较为充裕,可保障教科书的编制质量。反观我国新课程改革中教科书的编辑、审查与选用的整个流程,速度不可谓不快。从2000年1月,教育部基础教育司通过课题申报、评审及签订合同等程序,确立了11个基础教育课程改革的重大项目,2001年4月,发布课程标准,到2001年7月,审定通过了各科实验教材。① 从课程标准的发布到教科书的审查通过,仅用了3个月左右的时间,可想而知,教科书的编制时间之短,质量也就难以保证。

五、发布过渡时期的配套措施

日本学习指导要领颁布以后,立即进行"移行期"(准备期或实验期),颁订各项"移行措施"(配套措施)②,以避免学校不知所措,能确实由旧课程转移到新课程,这是一项很重要的政策推动做法。具体流程是,先制定新学习指导要领移转做法,接着文部省次长发表《有关各级学校学习指导要领等移转做法及过渡时期学习指导相关事项》。1999年6月,日本文部省公布这份移转措施的文件,详细规定学校移转至新课程的具体办法。此外,移行措施的各种解说书也纷纷出版,大多数解说书都会提供各种范例说明如何移转。移行措施是按照教育阶段、按照学科分别制定的,清楚地规定了各级学校在以后的三年时间里,应如何从旧课程移转到新课程,能够给学校提供

① 叶澜.中国基础教育改革发展研究[M].北京:中国人民大学出版社,2009:181-182,185-186.
② 欧用生.日本小学课程发展机制之分析——课程与政治的关系[J].教育资料集刊,2010(45):131.

非常明确的引导。在此期间，通过实际的教学活动来检视新课程，借此查找新课程的问题与实施的困难，若有必要会再修正学习指导要领的内容，之后才会进入全国性的课程实施。[①]

六、定期开展大规模的课程评价

日本在实施新课程之后，都会进行有关课程实施结果的调查。调查针对教师的教学和学生的学习，以测验或问卷的方式，调查教师对新课程的看法和实施过程中的问题，了解学生学习新课程的成效和问题。如日本国立教育政策研究院于2001年成立课程研究中心，最主要的任务是有系统地进行课程实施状况的调查，了解课程目标、内容实施的情况，于2001年和2002年，分别举行中小学和高中学力调查，从2007年起，这项调查被制度化，规定每年四月第四个星期三举行小学六年级和中学三年级学生的全国学力和学习状况调查。每年进行的其他调查还有全国体力和运动能力调查，学生问题行为与辅导问题调查，义务教育意识调查等。[②] 这些实证性的资料和调查结果都会成为下一轮课程改革的重要参考和依据。相比较而言，我国以往的历次课程改革都没有开展较为系统和持续的课程评价，只是针对面临的急需课题进行一时性的研究，导致了下一轮的课程改革只能依据传统和经验开展。

七、高度制度化是日本课改的特色

根据日本课程改革的推进过程，我们绘制了日本课程改革流程图（见图4—1）。日本的每次课程改革大体上都会遵照此推进流程，有条不紊地进行。结合课程改革制度化水平的衡量标准，我们可以发现日本的课程改革已经高度制度化，这可以给我国的课程改革提供深刻的启示。具体表现在以下几个方面：

（1）课程改革每十年进行一次，具有阶段性和连续性。二战后的日本在美国教育使节团的指导和引领下，以当时的美国教育为范本，实施六·三·三学制。战后至今，日本教育已经历了七次课程改革，而早期的课程改革可以说是"做中学、错中学"，但随着1958年版《学习指导要领》被赋予法定的约束力，改革周期便迈入十年一次的模式。这种模式的课程改革并不是将原来的课程、教学等全部推倒重来，而是对原来的课程方案、学习指导要领逐步进行修订。它使课程决策者能够对社会的发展、儿童的发展以及学科发展状况保持敏锐的洞察力，使教育能够更好地满足社会发展、个人

---

① 林明煌.日本中等教育课程改革的现况与特色[J].教育资料集刊,2009(42):97.
② 欧用生.日本小学课程发展机制之分析——课程与政治的关系[J].教育资料集刊,2010(45)：130.

发展的需要,保持教育系统同外部环境的大致平衡。

(2)常设教育机构负责课程改革的相关事宜,课程修订具有连贯性和一致性。日本课程改革的启动一般是文部大臣向中教审做出指示,要求其结合当时的社会发展概况,审议当时的课程实施状况和问题。中教审提出审议报告,确定课程改革的理念和重要内容。教课审便根据中教审的审议报告,研议有关改善课程基准要求的报告。"教育课程课"再根据基准要求修订各学科的学习指导要领。各机构之间分工明确、职责清晰,可保证各项工作有序进行。而且常设机构可确保课程的修订具有连贯性和一致性,不至过于激进。即便是首相设立的私人咨询机构,也必须通过文部省及其常设机构履行上述程序,才可对课程改革产生实质性的影响。反观我国课程改革的负责机构,虽然是教育部基础教育司,但真正的决策机构是基础教育司临时组织的课程改革工作小组,而并非常设机构,难以保证课程改革的连贯性。

(3)课程改革是集思广益、深思熟虑的产物,力求滴水不漏、完美无缺。日本课程改革的各负责机构,不仅在人员的构成上力求代表性和功能性,课程的审议也都抱持研究的态度,利用各种实证资料(如 PISA、TIMSS、年度测验等)进行认真、审慎的审议。除此之外,在进行审议报告的研议或学习指导要领的修订时,会广泛征求社会各界的意见,尽量使社会意见充分反映在每次的课程改革之中。如日本文部省于 1996 年聘请教职员工会成员为中教审委员,接受了日本教职员工会倡导的"宽松教育"理念,1998 年,将教职员工会长期实施的"综合学习"纳入学校课程,于是新增"综合学习时间"一科。[①] 这些都已经内化为日本课程改革过程中的自觉行为,即这些做法已经制度化。反观我国课程决策过程,决策成员的代表性值得质疑,决策过程中实质性地征集和听取社会意见的行为更是少之又少。

(4)课程改革力求慎重,过程缓慢。日本的课程改革从启动到正式实施,至少会经历长达五六年的时间,因此,课程改革理念的建构,课程架构的确定,新学习指导要领的修订,相关法律的修订,评价办法的修订以及教科书的编辑、审查与选用等都有较为充裕的时间。对照我国新课程改革启动到全面铺开,无疑是缓慢了许多。另外,日本课程改革对于新设科目较为慎重,每次改革仅增设一种新科目,如 1989 年课程改革新设"生活"科,1998 年新设"综合学习时间"科,2008 年新设"外国语活动"科,而且设置的历程也经过了较长时间的准备。其中,最显著的例子就是英语课程的增设。[②] 早在 1992 年,文部省就指定两所小学为英语教育研究发展学校,作为国际理

---

① 林明煌.日本小学新《学习指导要领》的修订与其内容之探讨[J].教育资料集刊,2009(41):90.
② 欧用生.日本小学课程发展机制之分析——课程与政治的关系[J].教育资料集刊,2010(45):133.

解教育的一环,到 1996 年,又在每一个都道府县都设立一所课程研究发展学校,对小学英语教育进行广泛的实验和研究。1998 年的学习指导要领没有增设小学英语。但此时,文部省已着手各方面的准备工作,开始培养和储备小学英语教师。2007 年,中教审见时机成熟,遂接受小学英语必修化的提议,科目名称暂定为"外国语活动",规定于 2011 年正式实施,小学英语终于实现必修化。从 1992 年到 2011 年,经历了 20 年努力的小学英语教育才全面正式开设。反观我国的新课程改革,仅以小学为例,就新设英语、综合实践活动、校本课程等新科目,许多学校尤其是农村偏远地区的学校无条件顺利实施这些课程,导致了课程实施中的形式主义现象泛滥。

（5）除了上述日本课程改革的特色,日本文部省还设置课程研究发展学校,开展课程实验,并对实验的结果和问题进行整理和讨论,相关实验结果公开发表在文部省《初等教育资料》杂志上,供相关人士参考和研究,这与我国课程实验结果很少公布形成鲜明对比;详细规定学校实施新课程的移行措施,引导学校科学、准确地实施新课程;定期开展课程评价,诊断实施中的问题,为下一次课程改革提供参考和依据。这些都是日本每次课程改革必不可缺的环节,已经固定化下来成为一种制度,规约课程改革合理、科学地推进。

当然,我们对日本课程改革经验的分析并不意味着日本的教育是成功的,也不意味着日本在推进课程改革的过程中不受政治、经济等外界压力的影响,也不意味着日本的课程理念不存在争议,更不意味着日本的课程改革已经取得了可观的成果。我们目前所急切需要的是认真分析、借鉴和吸收其课程改革程序或形式方面的合理性,探讨日本这个同样是中央集权制的国家在推动课程改革时,是什么样的制度性因素使得一个经过细致诊断、获致普遍共识、秉持全局观点细心规划,然后积极着手实施的改革成为可能[1],以消除我国课程改革过程中,由于制度的缺失或不完善所导致的官僚主义、经验主义、形式主义以及冒进主义等不良现象。正如学者所说,对社会行动中的得失成败和经验教训的回顾和反思,才能使人类逐渐地懂得将那些能够导致自己最多成功的经验用于其后来的行动之中,而避免继续采用那些经常造成自己失败的方式去行事[2],将那些成功行事的方式固定并推广开来,成为人们共同认可并遵守的一般规则,这便形成了制度。

[1] 王震武,林文瑛.教育的困境与改革的困境[M].台北:桂冠图书股份有限公司,1994:153.
[2] 司汉武.制度理性与社会秩序[M].北京:知识产权出版社,2011:139.

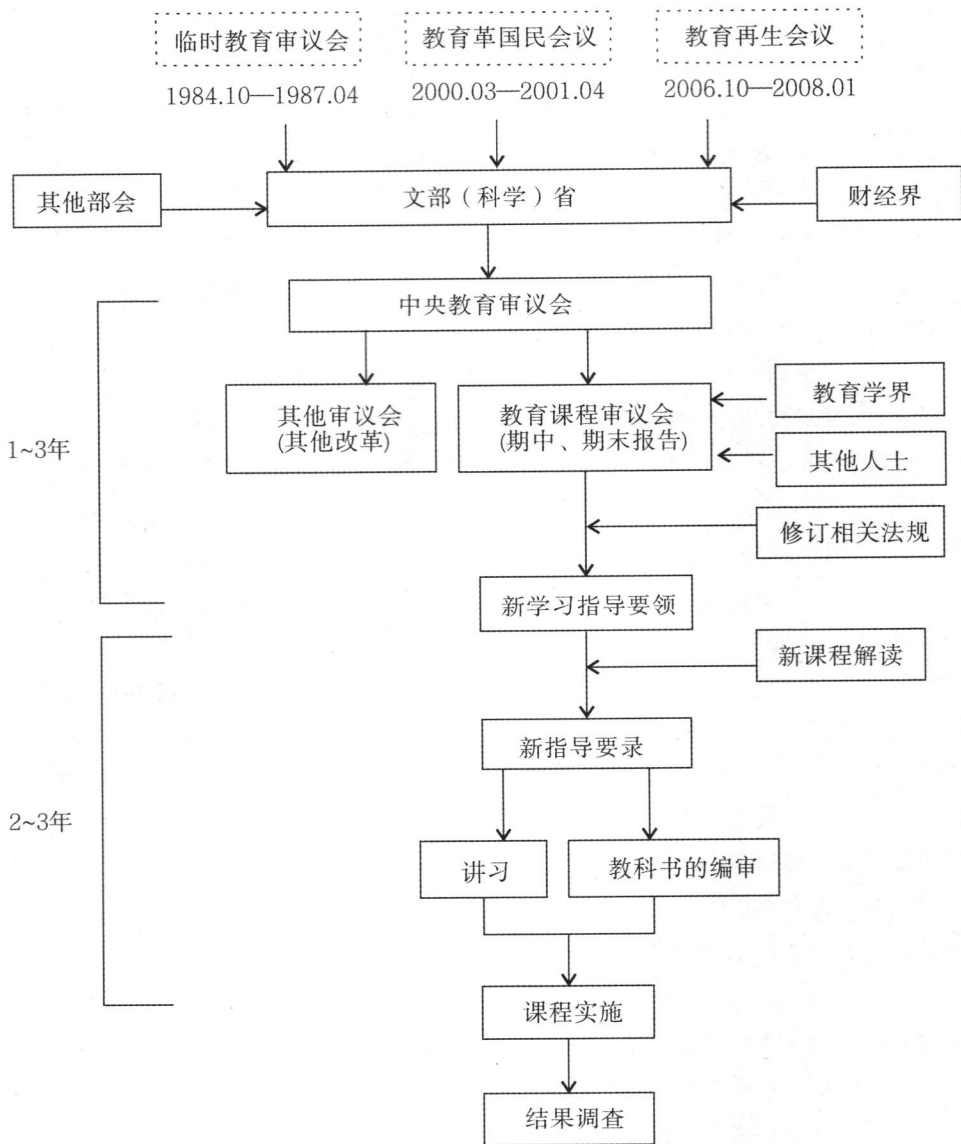

图 4-1　日本课程改革流程图①

① 此图的绘制参照：林明煌.从日本《学习指导要领》的修订探讨其教育变革与发展[J].教育资料集刊,2008(41):59;杨思伟.日本推动新课程改革过程之研究[J].教育研究集刊,2006(1):54.

第五章 自由秩序：课程改革制度化的价值诉求

价值在本质上是客体满足主体需要的一种属性，它是主、客体相互结合的形态与产物，是主、客体关系的状态、内容及效果的表征。在价值的产生过程中，客体是基础和前提，主体是归宿和标准，二者的相互作用才形成了"价值"。① 由此，课程改革制度化这一活动过程本身，作为客体能够满足主体（广大人民群众）需要的属性即构成了课程改革制度化的价值。课程改革制度化的价值诉求研究，即是对课程改革制度化这一活动本身，能够给主体带来哪些方面需要的满足进行论述和分析。课程改革制度化的价值诉求研究对于我们全面、深入地认识课程改革制度化具有重要的意义，因为它既是课程改革制度化之所以发生的前提条件，又是课程改革制度化顶层设计的内在依据。对于前者而言，课程改革制度化对于课程改革、对于人类社会的发展是否是有用的，值得我们去努力建构；对于后者而言，人与社会的和谐发展要求制度应该发挥什么作用，以便我们据此去建构制度。因此，我们可以说课程改革制度化的价值诉求研究是沟通课程改革制度化的发生论和方法论的中介与桥梁。

马克思根据人的发展和社会关系的类型，将人类社会的历史划分为三个阶段，即以人对人的直接依赖关系为特征的古代社会，在这种社会形态下，人们的生产能力仅仅是在狭窄的范围与孤立的地点上发展着；以人对物的依赖性为基础的人的独立性为特征的现代社会，在这种社会形态下，人们之间形成了普遍的社会物质交换，全面的生产关系以及多方面的需求与全面的能力体系；以人对物的共同支配为前提的自由人的联合体为特征的共产主义社会，在这种社会形态下，个人实现了全面发展，人们共同的社会生产能力成为他们的社会财富。② 我国目前正处于向现代社会转型的过程中，一方面，人们在普遍交换的基础上，摆脱了人身依附和支配关系，逐步形成了人与人之间相互独立、自由的关系，社会生产的活力被极大地激发；另一方面，由于旧的维持生产关系的机制（如习俗、道德等）失灵，新的机制又尚未形成，人们竞相争取自己的利益，难免会发生各种冲突，社会秩序的稳定受到威胁。这就要求我们思考如何建立一种新的机制，既能保障个人的自由，又能维持社会的良序。社会现代化转型

---

① 李德顺.新价值论[M].昆明：云南人民出版社，2004：66—67.
② [德]马克思.经济学手稿(1857—1858 年)[A]//马克思恩格斯全集(第 46 卷)[C].人民出版社，1998：104.

的过程必然导致制度问题的凸显,制度研究所要解决的一个重要问题就是自由和秩序间的张力问题,是自由的行动者在何种社会秩序状态下才能和谐共存、共同发展的问题。[1] 因此,制度化的价值就表现在两个方面,即维护个体的自由和建立社会的秩序,这两个方面相互依存、辩证统一于社会发展的过程中,并最终为了人和社会的共同发展。

课程改革制度化的价值同样表现为两个方面,即保证课程改革主体的自由和建立课程改革的秩序。由于以往我们的课程改革制度的缺失或者不尽合理,我们的课程改革往往陷入"一统就死、一放就乱、一乱就收"[2]的怪圈之中,其实质就是自由与秩序的冲突和矛盾在课程改革中的突出表现。具体到此次新课程改革中,一部分课程改革主体的行为过于自由和没有约束,表现为权力的不受制约、话语的霸权以及利益的独占;而另外一些主体的自主行为却得不到保障,表现在权力的受压制、话语的弱势以及利益的受损。单纯强调自由,课程改革容易陷入非理性、随意化的泥沼;单纯强调秩序,课程改革容易走进机械化、一元化的境地。这两种情况都是不利于课程改革的科学发展的,课程改革制度化应该科学地调和自由与秩序二者间的矛盾,使课程改革不仅有秩序,而且能够照顾到不同地区的差异,充分调动地方和学校的积极性,在既定政策范围内,自主地推动课程改革,即形成一种有秩序的自由,我们称之为"自由秩序"(order of liberty)[3],以期使课程改革既有利于教育的科学发展,又有利于青少年儿童的健康发展,并最终实现社会的和谐发展。

第一节 自由:课程改革制度化的着眼点

自由是人类社会的一个永恒话题:无论是哪一个时代的哪一个民族、哪一种哲学、哪一种科学、哪一个宗教,无不涉及这个话题。"向往自由,追求自由是人的本性与类特征。"[4]马克思和恩格斯曾指出,没有人不希望拥有自由,反对自由的那些人至多也只是反对别人的自由。而自由的反对者,在反对自由实现的同时,也实现着自己

---

① 邹吉忠.自由与秩序:制度价值研究[M].北京:北京师范大学出版社,2003:27.

② 蒋建华.知识·权力·课程——政策视野中的课程研究[M].北京:教育科学出版社,2010:159—163.

③ 邓正来先生在翻译哈耶克的重要著作《The Constitution of Liberty》时,综合哈耶克在书中的原意,将其译作《自由秩序原理》而非《自由的宪章》。在此,我们沿用邓正来先生对这一术语的界定。参见:郑莱.《自由秩序原理》抑或《自由宪章》? [J].读书,1997(8):90—98.

④ 李德顺.新价值论[M].昆明:云南人民出版社,2004:210.

的自由。① 追求自由与反对自由这二者间的斗争，构成了人类社会历史的一条主线。只是到了现代社会，由于普遍的物质交换和社会交往，人的主体意识空前觉醒，不断取得独立性和自主性，获得了前所未有的自由，自由是现代人的首要价值。然而，怎样理解自由，进而在自由的前提下进行社会实践，却是我们首先要搞清楚的问题。

自由是与约束、束缚、压制、限制相对的一个概念，这是"自由"一词的最基本的内涵。② 自由意味着摆脱束缚和限制，自主控制和支配自己的活动。英国著名思想家以赛亚·伯林(Isaiah Berlin)根据主体对待强制态度的差异，将自由区分为"消极自由"和"积极自由"。那些免于受别人干涉、支配和限制的自由是消极自由；在此基础上，主体按照自己的意愿自由行动，达成自己的目的，这种自由是积极自由。相对于消极自由是免于强制、从……解脱出来，积极自由则非摆脱于……而是加入于……积极自由是向着……开放，自身决定成为……③消极自由和积极自由的概念一经提出便引起了持久而又激烈的争论，原因是这两种自由都有着深层次的人性论依据。消极自由与人的防御性本能相关，而积极自由则与人的支配性本能相关。④ 消极自由和积极自由都是个体所需要的自由，消极自由是实现积极自由的条件，因为人不仅仅要求摆脱限制，人还要积极实现自我价值。消极自由和积极自由辩证统一存在于人的生存论意义上的自由之中。要实现自我价值，就必须具备相应的能力，否则积极自由只能停留于口头和理念层面。也正因如此，印度著名经济学家阿马蒂亚·森(Am-artya Sen)将自由界定为"一个人做自己认为有价值的事情的可行能力"⑤。这就给予我们以深刻的启示，即社会制度不仅应该保障个人正当的消极自由，而且应该为个体能力的发展提供平等的、良好的条件，尽最大可能实现个体的积极自由。以此反观我国的新课程改革便可发现，课程改革主体不仅缺乏消极自由，而且有时也无法实现积极自由，这就需要我们对课程改革制度做出反思。

"自由作为一种'文明的造物'，它把人从具有反复无常要求的小群体的羁绊中'解放出来'。"⑥扩展那些我们有理由珍视的自由，不仅能够使我们的生活变得更加丰富与不受局限，而且能够使我们成为社会化程度更高的人、实施我们自己所作出的

---

① 施惠玲.制度伦理研究论纲[M].北京：北京师范大学出版社，2003：159.

② 邹吉忠.自由与秩序：制度价值研究[M].北京：北京师范大学出版社，2003：148.

③ 孙云平.存有与自由问题——海德格对康德自由观的探讨与批判[J].东吴哲学学报，2004(10)：151.

④ 陈福胜.法治的实质：自由与秩序的动态平衡[J].求是学刊，2004(5)：75.

⑤ [印]阿马蒂亚·森.以自由看待发展[M].任赜，于真，译.北京：中国人民大学出版社，2012：48.

⑥ 张旅平，赵立玮.自由与秩序：西方社会管理思想的演进[J].社会学研究，2012(3)：24.

选择、同我们生活于其中的世界交往并影响它。① 然而,自由并不意味着主体不受任何的限制和约束,不是为所欲为。几乎没有人会否认这一点。以赛亚·伯林的确反对限制,他认为自由不存的重要原因就是限制,但他并不是简单地、非理性地反对限制,在面对英国古典政治哲学家的自由论时,他曾做出这样的评论:"根据常理,这个领域不可能是没有限度的,否则那将是一个所有人可以没有限制地干涉所有人的状态"②。自由乃至高无上的"法律",它仅受更大的自由的限制。③ 哈耶克也曾指出,自由之所以成为一种可能,乃是经由那种同时也是自由之规训的文明规训的进化所造就的。也即是说,我们之所以能够享有自由,实质上是因为我们对自由的约束所致。这就促使人类设计出各种制度,包括正式制度与非正式制度,现代国家越来越倾向于通过法律等正式制度来规定各种活动中,人们可以做什么、不可以做什么、应该怎样做、不应该怎样做等,即划定自由的无形"围城",在围城之内活动则是自由的,越界则要受到相应的惩处,会导致其活动的不自由。一个社会的制度安排对于确保并扩展个人的自由具有决定性的意义。一方面,制度对于自由权利、宽容、交易和交换的可能性的社会保障,影响着个人的自由;另一方面,制度对于在人类可行能力的形成与使用上极其重要的那些影响因素(如基本的医疗卫生保健或基础教育)的实质性公共资助,也会影响个人的自由。④

　　课程改革作为人类的一项重要的社会实践活动,在本质上是一个"社会——政治"过程,其中充满了权力的博弈、价值观的冲突以及利益的折中。课程改革需要权力主体对自身合法权力的自由行使,以推动课程改革的不断前进,需要社会成员自由表达自己的教育观念,以便保障课程改革的科学健康发展,需要对利益的自由竞取,以便激发社会成员参与课程改革的热情和积极性。如果上述,这些自由得不到保障,甚至经常被压制、限制和束缚,那么课程改革的顺利、科学推进实际上是不可能的。在一个日渐发展的社会中,对于自由的任何限制,都将会减少人们可尝试事务之范围,从而会大大降低进步的速率。⑤ 合理的课程改革制度通过界定权力的边界、表达的限度以及利益竞取的方式,保障并扩展改革参与者的自由,使他们在宏观课程改革制度的背景下,在不受过度限制和束缚的基础上,充分发挥主观能动性,创造性地开

---

① [印]阿马蒂亚·森.以自由看待发展[M].任赜,于真,译.北京:中国人民大学出版社,2012:10—11.

② 罗祖兵.消极自由及其积极价值[J].中国教育学刊,2012(10):49.

③ [英]阿克顿.自由与权力[M].侯健,范亚峰,译.南京:译林出版社,2011:271.

④ [印]阿马蒂亚·森.以自由看待发展[M].任赜,于真,译.北京:中国人民大学出版社,2012:34.

⑤ [英]弗里德里希·冯·哈耶克.自由秩序原理[M].邓正来,译.北京:生活·读书·新知三联书店,1997:1.

展并推动课程改革。因此,自由是课程改革制度化的着眼点。

一、权力的自由行使推动课程改革的不断前进

权力无处不在,现代权力观提倡我们将权力更多地看作是生产性的[①],是人们开展各种活动的必要条件,剥夺了某个人的某种权力就是取消了其开展相应活动的资格和自由。课程改革是一种系统性的活动,包含复杂的要素和程序,各种程序的运行都是由相应的主体发挥自身主观能动性的结果。课程改革制度赋予课程改革主体特定的权力,课程改革主体在制度规定的范围内自由、自主地开展活动,推动课程改革的顺利前进。只有当课程改革的参与者被赋予相应权力的时候,自由的行动才会产生。[②] 根据伯林对自由的两种分类——消极自由和积极自由,我们也可以将课程改革中权力的自由划分为消极自由和积极自由。课程改革中权力的消极自由是指,课程改革主体在行使合法权力时,免于受外来势力的干扰与限制的自由,也即权力下放的程度;课程改革中权力的积极自由是指,课程改革主体在免受外来干扰的基础上,能够尽最大可能发挥自身主观能动性开展各种活动的自由,也即权力使用的程度。总之,课程改革中权力的自由表现为"放权"和"用权"两个方面。课程改革制度只有在能够确保课程改革主体对权力的自由行使时,课程改革才能科学、合理且富有活力地向前推进,否则课程改革只能陷入官僚主义、经验主义、形式主义和冒进主义的泥沼而不能自拔,课程改革的预期效果也会大打折扣。结合新课程改革来看,由于制度的不完善或不合理,课程改革主体在某些方面的消极自由和积极自由都是不能保障的,出现各种问题也是不可避免的,关键是我们要对其进行深刻的反思,找出问题所在,并在此基础上分析课程改革制度,保障权力自由行使的机制。

课程改革中权力行使的不自由首先表现在某些权力的使用受到外在压力的干扰,改革主体尚不能完全自主地行使其合法权力。这样的情况在课程改革的过程中比比皆是。如课程政策或课程标准不是决策主体独立自主地根据专业判断而制定的,而是不得不按照上级领导的指示,做出违背课程改革规律的决定,这有损课程政策的科学性和决策机制的民主性。在一些地方,教科书的选用更多地不是根据地方和学校的实际情况来选择质量高的版本,而是按照上级的指示或者利益的多寡来选择,甚至出现违背教育规律而中途更换教科书版本的事情,这都是教科书的选用权受到干扰,而不能独立自主行使的表现。这两种现象我们在上述课程改革非制度化的

---

① 涂志贤.权力、知识、主体性:Thomas S. Popkewitz 思想的分析与应用[D].台北:台北教育大学博士学位论文,2008:50.

② Dan E. Inbar,等.教育政策基础[M].史明洁,等译.北京:教育科学出版社,2003:58.

表征中已经详细分析过了，在此，我们着重对教师专业自主权的"悬置"进行重点分析。教学本来是一件专业性强、自主性强的工作，一位教师学习了大量的教育专业知能，必须灵活自主地根据教学的生境（学生的发展状况）、情境（课堂互动情况）和环境（教育的社会背景）运用这些知能，否则便不可能开展正常的教学活动。然而，我们的一些教育行政部门却规定教师在每堂课都要贯彻实施"三维目标"，评价优秀课的标准是少用讲授法，多用自主学习、合作学习、探究学习。教育行政部门的初衷是希望借此改变过于注重知识传授的倾向，以便于全面培养学生的技能、情感以及创新精神等。但是这种做法却不利于教师专业自主权的发挥，因为教学方法的选用要根据学科的特征、学科内容的特征以及学生的身心发展状况来确定①，而不能简单地以行政命令的方式规定所有的课堂都必须使用自主学习、合作学习以及探究学习，不能简单地规定每一节课都要贯彻"三维目标"，这是违背教学规律的。正如斯蒂芬·J.鲍尔所说："在一定意义上，教师们越是成功地应付了这些变革，他们就必须越多地失去其专业性和实践经验。"②

从积极自由的角度看，课程改革主体即便可以不受干扰地自主行使某些权力，但是却不具备相应的"可行能力"，这也造成了权力行使的不自由。如新课程改革为了增加课程对地方和学校的适应性，赋予了地方和学校根据自己的实际情况，开发地方课程和校本课程的权力。然而，由于我国的课程体系长期实行的是国家课程，以往地方和学校扮演的都是执行者的角色，很少有机会参与课程开发，而教师也长期忽略有关课程开发的研究和教学，这就造成了地方和学校不具备相应的能力来开发地方课程和校本课程。再加上课程政策的模糊性，导致了部分省份在高中阶段并没有开发和使用地方课程。③校本课程的开发也陷入"千校一面"的尴尬境地，课程政策被无形地消解了。这就要求我们在启动课程改革时，不仅要赋权，更重要的是增能。如果没有让教师认为国家是真正想要让教师享有教学与课程的专业权能，则教师对课程改革将不会投入全部的心力去进行。④ 因此，对参与课程改革的各级主体进行相关方面的培训，提升相应的专业素质，以便能够把可以行使的权力用好，这也是制度安排所需要考虑的问题。

课程改革制度是课程改革中权力自由的实现机制。首先，课程改革制度通过清

---

① 查有梁.课程改革的辩与立[M].重庆：重庆大学出版社,2009:32.

② [英]斯蒂芬·J.鲍尔.教育改革：批判和后结构主义的视角[M].侯定凯,译.上海：华东师范大学出版社,2002:21.

③ 王敏勤.课程改革中的放权与用权[J].人民教育,2007(11):14.

④ 林奕莹.九年一贯课程政策决定之评析[D].台中：台中师范学院硕士学位论文,2002:126.

晰明确地规定课程改革主体可以做什么、不可以做什么、应当如何做，来给课程改革主体提供一个稳定的预期。通过这个稳定的预期，各权力主体都能各尽其责，从而获得相互的信任，为他们的合作奠定良好的基础。如规定教育行政部门在课程改革启动之前做好相关人员的培训工作，以提升他们开展课程改革的素质。其次，作为清晰明确的公共规则，课程改革制度对参与课程改革的主体的自由行动空间做出明确的界定，为他们的自由选择、创新与发展规划了一个确定的与安全的行动空间，从而使他们不必担心他人的肆意干涉，而能专注于自身合法权力的有效行使与才能的充分发挥。① 如规定课程决策主体的构成、课程决策的具体程序等，保证课程决策的民主化和科学化。正是课程改革制度的这一特性才使抽象的、逻辑上可能的自由，转变为现实的、具体的、可得的自由。

二、观念的自由表达保障课程改革的健康发展

课程改革本质上就是教育者教育观念转型的过程，是教育观从不明晰走向逐步明晰、从不科学走向逐步科学、从不合理走向逐步合理的过程。因此，教育观的表达是课程改革的直接推动力量，也是启蒙广大人民群众觉醒的强大力量，更是课程改革合法化的强大动力。教育观的形成是教育研究者进行深入思考与研究的结果，这些研究既包括对历史上曾经存在过的教育事实和教育主张的研究，也包含对现存的教育形态、教育活动和教育主张的研究。② 教育观的形成除了有客观的事实根据之外，也包含着教育研究者的主观体验和感受，即教育研究者的创新性成分，教育观是主观与客观的统一。因此，教育观没有绝对的正确与错误之分，只存在是否适合一个国家的特定政治、经济与文化背景，是否符合一个时代的时代精神之分。各种教育观之间需要理性对话，达成一定的共识。那么，其前提就是教育观的自由表达，以接受广大人民群众的检视和批判。没有教育观的自由表达，课程改革是无法进行的。教育观的自由表达也是我国《宪法》所赋予人民基本的言论自由权利的体现。事实上，参与重要的价值标准形成的自由，是社会存在的最重要的自由。社会价值标准的形成与选择，不能仅仅靠那些掌控政府权力杠杆的当权者通过宣布命令而做出。③ 制度的安排与设计必须把人们看作是愿意主动参与——在其有机会时——他们自身命运的

① 邹吉忠.自由与秩序：制度价值研究[M].北京：北京师范大学出版社，2003：193.

② 孙振东.教育研究方法论探索[M].重庆：重庆大学出版社，2008：60；也可参见：靳玉乐，肖磊.美国科学课程改革百年回眸[J].西南大学学报：社会科学版，2013(6)：65.

③ [印]阿马蒂亚·森.以自由看待发展[M].任赜，于真，译.北京：中国人民大学出版社，2012：288.

塑造,而不仅仅是被动地接受一些精心设计的发展规划的成果。① 正是教育观的自由表达才保证了课程改革的健康发展,推动着教育的不断进步,需要我们认真对待,需要课程改革制度予以保障观念表达的自由不受干扰,并为观念的表达提供相应的平台。

然而,在现实的课程改革过程中,教育观的自由表达或者因为外在压力的干预或者因为没有良好的表达平台而受到阻碍。就观念表达的消极自由而言,教育者教育观的自由表达在很多情况下,还是受到很多外在因素干扰的。如为了使教科书适应不同地区、不同学校学生的发展,新课程改革在教科书政策上深化了"一纲多本"政策,即不同的出版社组织编写人员,根据同一套课程标准编制多样化的教科书,经过全国中小学教材审查委员会审查通过,列出审查通过的教科书版本,让各地区或中小学根据自己的实际情形选择合适的教科书。这种政策确保了教科书编制的自由,可以根据课程标准安排不同的内容,按照不同的顺序编制课程,只要能够达到课程标准所规定的要求即可,有利于形成丰富的、多元化的教科书体系。教科书的"一纲多本"政策象征着国家权力的下移,教科书编者在教育观念的表达上拥有了相较于过去而言更多的自由空间。然而,在教科书编制和审查方面,2007年上海版历史教科书喊停事件②和2004年深圳育才中学语文教师严凌君编写的《青春读书课》遭中央否定事件③,都是教科书编审制度"自由"限度的确证,而这两起事件的背后则都是对"自由"的敏感。虽然这两起事件都与全国教科书审查委员会的审查没有多大关系,但是值得我们思考的是,教科书编者的自由度到底有多大?经审查通过的教科书因为外部(国)舆论原因被喊停,有多大的合理性?对此类事件,我们的教育行政部门也做了一定的回应,但是回应并不足以说服大众。正如有学者所指出的,教育行政部门的"回应究竟反映的是一般的常态规则,还是顾左右而言他的'转移批评',是切合了改革者'一放就乱''既想放又想管'的担心与矛盾还是上述多种因素、多个问题、多种关系叠加在一起的综合考虑?"④。就观念表达的积极自由方面而言,由于缺乏及时、有效的公开审议的工作方式与渠道,我国的课程改革相关利益主体的观念,尚无法通过适当的渠道或平台自由表达,政策制定者听取他们对课程改革的意见和建议的机会

---

① [印]阿马蒂亚·森.以自由看待发展[M].任赜,于真,译.北京:中国人民大学出版社,2012:43.

② 参见:周育民.关于上海历史教科书问题[J].开放时代,2009(1):144—157.

③ 参见:高水红.改革精英——基础教育课程改革案例研究[D].南京:南京师范大学博士学位论文,2006:100—104.

④ 高水红.改革精英——基础教育课程改革案例研究[D].南京:南京师范大学博士学位论文,2006:104.

不多,尤其是缺乏听取意见不同者的观点①,这就造成了舆论的一边倒倾向,极易导致课程改革决策的盲目性②,也容易导致课程政策在实施的过程中遭到不同程度的消解,课程改革的预期效果也难以顺利达成。长此以往,我们的课程改革给广大人民群众造成了一种印象,即他们的意见无足轻重,即便有意见也无法被倾听和采纳,这使我们的大多数国民成了宗白华先生笔下的"懒于思想,正合于一个社会要他们保守'正确思想'的目的",因此,"我们中国自从先秦诸子争吵以后,思想懒到连错误也没有了"③。

现代社会是一个日益走向多元化的社会,人们拥有不同的观念、思想与"完备性"学说,正因如此,才使社会具有发展的活力。而平等的思想和良心自由,可避免一个社会由于思想、良心或信仰的差异而出现具有征服性的不宽容,可避免社会的动荡不安,减少甚至消除社会成员的不安全感。任何有关善的冲突,如果不能及时转化为政治正义,不能及时转化为平等的思想和良心自由,那么任何一种理想、价值观或"完备性"思想学说的持有者,即便是暂时处在独断主宰的地位,也会深深担忧自身学说的安全,这种担忧会反过来强化它的独断性,最终使这个社会的发展陷入一种恶性循环而无法自拔。④ 这对于课程改革是同样的道理,课程改革制度应保障教育观的自由表达并积极为观念的表达提供平台或渠道。这是由现代课程改革制度的宽容的特性所决定的,根本上则是由现代社会人类生活的需要所决定的。因为现代社会摒弃了古代社会那种建立在人身依附关系基础上的宗法等级制度,是一个实现了人与人之间相互平等的社会,不能容忍独断、专制和压迫的存在。另外,现代社会不同于古代的"熟人"社会,是一个建立在陌生人基础上的社会,社会成员之间需要展开广泛的合作和交往,只有相互容忍对方的思想、观念和行为方式,合作和交往才能得以顺利完成。

三、利益的自由竞取激发参与课程改革的积极性

利益是能满足主体需要的特定客观存在,在需要主体之间进行分配时,所形成的一定性质的社会关系形式。利益在本质上是一种社会关系的范畴。⑤ 人们为了生存

① 梁英豪.梁英豪研究员给查有梁的信[A]//查有梁.课程改革的辩与立[M].重庆:重庆大学出版社,2009:206.
② 马健生.中美教育改革行为之比较[J].比较教育研究,1997(增刊).转引自宋兵波.学校改革的逻辑——现代教育改革的社会认识机制问题研究[M].北京:中央编译出版社,2013:117—118.
③ 宗白华.中国哲学史提纲[M].江苏:江苏教育出版社,2005:封底.
④ 高兆明.制度伦理研究——一种宪政正义的理解[M].北京:商务印书馆,2011:116.
⑤ 王伟光.利益论[M].北京:中国社会科学出版社,2010:80—81.

和发展,为了满足自己的需要,就必须从事获取利益的社会活动。因而,利益的竞取是推动人类生产活动的最根本的动力,无论是课程改革中权力的行使,还是教育观的竞逐,在根本上都是为了利益的实现,不承认这一点就会陷入唯心主义的泥沼。一种社会制度如果使绝大多数的利益都集中在某一小部分人的手中,广大人民群众享受不到自己的劳动成果,得不到应有的基本利益,那么这个社会将得不到可持续的发展,甚至连稳定性也谈不上;一种社会制度如果使每一个人的利益所得都一样,干与不干一个样,干多干少一个样,那么这个社会将是一个没有效率的社会,社会的发展也将陷于停滞状态,因为绝大多数人都是机会主义者,在有机会时都会选择搭便车。一种合理的社会制度应该是为人们能够自由参与利益的竞取提供平等的机会和条件,使主体通过发挥自己的主观能动性获得与付出大致成比例的收益,同时能够对那些身处弱势的人群做出合理的补偿。前者属于初次分配正义,后者属于二次分配正义。之所以要对那些身处社会不利地位的人群做出补偿,是因为社会中的每个人都有可能成为这个人群中的一员,这样一种机制可确保他们能够享有平等的基本自由权利,摆脱其偶在性,因此,它实质上是一种社会"保险"形式,对于每个人都是机会平等的。自由的试金石就是那些身处弱势的少数人所享有的地位与安全状态。[①] 只有兼顾到公平和效率的社会制度才是合理的,才能确保社会的持续发展与长治久安。

课程改革是以文化资本的重新分配为核心的利益竞取过程。其中涉及国家利益的竞取、地方政府利益的竞取、教师利益的竞取、学生及其家长利益的竞取、专家学者利益的竞取以及社会利益集团利益的竞取等。利益的自由竞取可以激发主体参与课程改革的热情,促使主体充分发挥自身的创造力和能动性,以开拓的精神投入课程改革的过程之中。然而,目前囿于制度设计上的原因,我们的课程改革现实情况是,利益的竞取尚不自由。表现在积极投身新课程改革的主体,在按照新课程的既定规则实践后,却不一定能够得到自己应得的利益,甚至会使自己的利益受损。如面对新课程改革,教师如果严格按照新课程的要求进行教学,很可能会出现学生学业成绩下降的情况,这是地方政府、学校领导、社会和家长所不能容忍的,相较于那些表面实施新课程而实际上还是原来教学方式的教师,其利益将是受损的,最后承担责任的将会是教师本人,这就导致了教师对待新课程改革的消极态度;面对"城市中心"的课程改革,由于自身家庭的经济资本、文化资本以及社会资本的不利地位,再加上农村学校教育资源的落后,农村学生在学校生活和高利害考试竞争中,都无法和城市学生公平竞争,这就导致了社会上"读书无用论"观念的回潮,很多农村家庭不愿意让自己的孩子接受过多的教育;面对巨大的教科书市场,各个地方政府和教科书出版商无不想从其中分得一杯羹,这就使得地方政府和教科书出版商之间的"合作"成为可能,一旦二

---

① [英]阿克顿.自由与权力[M].侯健,范亚峰,译.南京:译林出版社,2011:272.

者之间达成了某种共识,那么其他版本的教科书是很难进入这个地区的,本意是多套教科书的自由选用却又以迂回的途径回到了原来的一套教科书独霸一方,很多教科书出版商继续修订和出版高质量教科书的动机因此而受到相当程度的影响。前面所述教师和学生的利益,在很大程度上是由于新课程制度与原有的评价制度不匹配或内耗所造成的,而教科书市场竞争的不自由很大程度上是由于监督制度缺位和责任追究机制的不健全所造成的。利益竞取的不自由,使参与课程改革的各主体的能动性和积极性不高,课程改革的推进过程步履艰难。

　　课程改革制度通过建立稳定而有效的激励机制,使课程改革的利益相关者通过公平竞争的方式来实现自身的利益,同时又不对他人利益的实现造成重大的威胁。具体说来,课程改革的激励机制有如下几种类型[①]:其一,有效配置权威资源的民主机制。即是在课程决策中要实行民主决策,不仅使决策主体具有高度的代表性,在决策过程中能够展开民主协商,而且要使课程改革利益相关者的意见和建议能够有通畅的渠道得以发表,并被认真考虑。这可以促使社会成员积极思考课程改革的相关问题,思考课程改革究竟应该怎么改才有利于自身利益的最大化,并积极参与课程改革之中。其二,有效配置合法性资源的文化机制。所谓合法性资源,在课程改革中指的是课程改革的参与者对课程政策的承认、赞同与支持,这就需要说明谁的知识最有价值、什么知识是合法性知识、什么样的教育方式是正当的等。文化机制确保人们教育观念表达的自由,在表达的过程中展开合法性资源的竞争,这确保课程改革的文化合理性,使课程改革不至于脱离一部分人的文化和生活背景,而成为阻止这部分人向上层社会流动的障碍。可以这么说,课程改革对多元文化实现的程度,就是对多元文化背后的人群利益的实现程度。其三,有效配置教科书资源的市场机制。新课程改革在一定程度上放开了对教科书的管制,使其进入市场,成为"半商品"化的存在。现代市场机制通过建立适当的竞争规则,以便能够确保人们之间竞争的自由和平等,而不能容忍一切不平等的身份、地位和权力的制约,只承认消费者对商品的认可度和满意度,以"优胜劣汰"作为竞争的原则。这样可以有效激发教科书编制者和出版商不断"生产"适合社会需要、适合学生身心发展状况的高质量的教科书,保证课程改革预期目标的实现。由此也可以看出,权力、观念(知识)与利益是紧密相连的,只有配置权威资源的民主机制、配置合法性资源的文化机制以及配置教科书资源的市场机制形成合力,共同保障课程改革中利益竞取的自由,课程改革主体才能发挥出其最大的主观能动性,创造性地推动课程改革的进行。

---

① 此部分的分析借鉴邹吉忠对现代制度的激励功能的分析框架。参见:邹吉忠.自由与秩序:制度价值研究[M].北京:北京师范大学出版社,2003:230—231.

第二节 秩序：课程改革制度化的出发点

无论是自然界，还是人类社会，均存在着秩序。太阳东升西落，月有阴晴圆缺，一年四季往复，农作物春耕夏种秋收，花开花落，电闪雷鸣……这一切都激发着早期人类的好奇心，在漫长的生活实践中，人们逐渐发现了其中的奥秘，悟出了其中的道理，对这些道理的表达我们称之为自然规律，明白按照这些规律安排自己的生产活动便可获得好的收成，违反这些规律便会一无所得，因此，人们便根据这些道理来安排自己的生产生活，使生产生活合于自然规律，形成稳定的生产秩序。这即是人类社会秩序的起源，也是人类秩序意识的起源。从中我们也可以发现，自然秩序是自生自发的，而人类的社会秩序则是人类有意识建构的，是生成的，而不是既成的，但又不是随意和唯心地建构的，是有根据的，是按照人类对自然现象的认识结果——自然规律安排生产生活。在生产力低下的古代社会，人类长期苦苦挣扎在求温饱与求生存的劳碌之中，生存能力的低下和自然环境的恶劣，迫使他们以血缘、地缘或姻缘的形式结成一个一个规模不等的团体，共同抵御自然界的威胁。在这种共同体（藤尼斯语，包括家族、氏族、公社以及国家等）中，个人没有多少独立性，也不需要拥有独立性，个人只有依附于共同体才能生存下去。共同体内部成员之间以血缘关系、道德与宗教等界定身份和地位，身处各种地位的人都安于"天命"，尊卑有别，内部秩序由此而生。共同体与共同体之间很少发生交往和交换活动，只是在为了争夺生活资料时，才以战争和暴力的形式进行冲突性的交往。随着生产力的日益发展，个体与个体之间的交换和交往日益频繁，人类社会逐步过渡到"以对物的依赖性为基础的人的独立性"阶段，个体获得了前所未有的自由，生产的活力被极大地激发。同时，人与人之间也呈现出人格的平等关系，因为交换和交往是以物为中介，在物的面前人人平等。虽然这只是形式上的平等，而非实质上的平等，但与以往相比也意味着人类社会的进步。平等与自由可以说是近代社会人类孜孜以求的梦想，但是在人人自由的社会中，如何保持社会的正常有序就成为人类社会一个永恒的难题。法国大革命给我们的启示，就是自由需要引导；爆发于西方发达资本主义社会的经济危机，让我们意识到自由资本主义的缺陷和国家干预的必要性。总之，自由应当是有限度的，是需要干涉的，以便能够引导社会的秩序。

那么究竟何为秩序？秩序对人类生活有哪些作用？这是需要我们认真思考的问题。从广义上说，秩序与混乱、无序是相对的概念。美国法理学家 E.博登海默（Edgar Bodenheimer）曾指出，秩序一词指的是在自然进程与社会进程之中，都存在着的某种程度的一致性、连续性与确定性。另一方面，无序概念则表明存在着断裂、非连续性和无规则的现象,也即缺乏理智所能及的模式——其表现为从一个事态发展到另一个事态的不可预测的突变状况。① 在此,博登海默就指出了社会秩序的几个基本特征,即秩序意味着社会运行的稳定性,整个社会呈现出一种持续的、连贯的和平稳的运行态势,而且每个人都能从中获得人身和财产的安全与保障,它与社会的动荡不安、混乱冲突相对立;秩序意味着社会主体之间通过遵守共同制定的规则而形成一种既相互竞争又相互合作的动态平衡关系,而非各行其是所导致的不是你死就是我活的对立状态;秩序意味着社会主体之间可以通过规则的运行预测他人的行为,以便对未来做出合理的安排,建立起码的相互信任关系,保证社会的安定团结。因此,我们可以看出社会规则对于形成社会秩序的重要作用,而社会规则的建立是制度化的根本所在,因此,制度首要的、直接的功能便在于形成秩序,这也是由人类生活的客观需要所决定的。一个没有秩序的社会,必然是混乱而破败不堪的,其中的个体成员往往缺乏基本的安全与生存保障。这样的社会是不能长久存在的,更不用说其成员的自由发展了。

每个社会都有一定的秩序,只不过各种社会秩序的性质和构序方式不同罢了。古代社会的构序方式更多的是通过战争、暴力或道德、宗教等形式来征服和统治社会,以保障统治者的自由;而现代社会是一个建立在自由与平等基础上的社会,若没有合适的制度来规约自由人的活动,人与人之间各行其是,也将会导致大多数人的不自由,这就需要建立一种不同于古代社会的全新的构序方式,来保障个体的适度自由,这就是现代社会制度。现代社会制度通过构建规则,界定活动的边界,来保障个体的自由,实际上就是通过限制自由来保障自由,或是限制某些人的自由来保障另一些人的自由,或是限制人的某一方面的自由来保障其另一方面的自由。正像天体的有规则运动产生了运动的节奏感那般,自由也是人类在社会行动中遵循各种适当的原则而产生的结果。只有当人类学会遵守与服从某些法则之后,自由方才开始真正出现。在此以前,自由表现为肆无忌惮的放纵与无政府状态。② 由此可见,自由的实现过程也就是秩序的形成过程,秩序的形成源于自由的不受限制的“放任”给人们所带来的不良后果,二者之间是既相互对立又相互统一的关系。事实上,正如菲利普·佩迪特(Philip Noel Pettit)所指出的,人们总是生活在各种干涉之中,然而问题的关键是这是何种干涉以及干涉的程度如何。③ 只有糟糕的社会秩序才是和自由相对立

---

① ［美］E.博登海默.法理学:法律哲学与法律方法［M］.邓正来,译.北京:中国政法大学出版社, 2004:227－228.
② ［英］阿克顿.自由与权力［M］.侯健,范亚峰,译.南京:译林出版社,2011:274.
③ 高兆明.制度伦理研究——一种宪政正义的理解［M］.北京:商务印书馆,2011:151.

的。自由只有通过社会秩序或者在社会秩序中方能存在,而且只有当社会秩序得到健康的发展时,自由才可能不断扩展。①

课程改革其实就是一个浓缩的社会系统,其中牵涉到权力的运作、价值观的表达以及利益的竞取,可以说是一个复杂的系统工程。课程改革要想取得预期的效果,必须处理好各方面的自由与秩序的关系问题。如果在课程改革的开展过程中,改革主体取得自由的同时没有形成良好的秩序,那么课程改革将陷入无政府主义的糟糕状态,人们各行其是,教育的基本质量都难以保障;如果课程改革形成了稳定的秩序,但是给予改革主体的自由裁量权不足,那么将会压制主体参与改革的动机和改革的创新意识,改革将毫无生机可言。目前看来,我们的课程改革在赋予自由和形成秩序这两个方面都是存在问题的。通过上述的分析,这些问题的关键都在于没有形成稳定的课程改革制度进而保障自由和形成秩序。有关课程改革中主体自由的问题以及课程改革制度化的自由价值已在上文详细阐述过了,在此不再赘述。课程改革制度不仅有利于形成和保障课程改革主体的自由,而且还能通过各种机制促进良好课程改革秩序的形成,使人们在良序的环境下自由发挥主观能动性,确保课程改革既有活力又有秩序,制度是个人自由与社会秩序的中介。课程改革制度化的秩序价值表现在三个方面:第一,规限权力的行使,使权力行使规范化;第二,促进不同观念之间的协商,形成底线共识;第三,调整利益的分配格局,使利益分配趋于正义。

一、权力的行使需规限

课程改革本身是一个教育秩序重建的过程。教育秩序的重建是一项异常艰难和复杂的任务。因为在重建的过程中,无论是面对传统秩序的惯性对课程改革所带来的消极影响,还是面对一系列复杂的课程改革问题的挑战,都是不能离开权力行使的。② 权力在合理的规制下,是可以发挥生产性效用的,没有各种权力的自由行使,课程改革是不可能顺利推进,不可能适应不同地区、不同学校的实际情况的,甚至只会导致课程改革的机械性和划一性。各种权力的共同作用可以推动课程改革顺利、科学地进行。然而,权力天然的具有无限的扩张性,只要条件许可,每一个人都喜欢获得更多的权力。③ 这种扩张性或者是为了满足权力主体利益的需要,或者是为了

①[美]查尔斯·霍顿·库利.人类本性与社会秩序[M].包凡一,王源,译.北京:华夏出版社,1989:278.

②苏君阳,傅添.权力视域中教育改革应注意的问题[J].北京师范大学学报:社会科学版,2011(2):28.

③[英]阿克顿.自由与权力[M].侯健,范亚峰,译.南京:译林出版社,2011:294.

满足权力欲望本身。关于权力，启蒙思想家孟德斯鸠(Charles de Secondat，Baron de Montesquieu)曾一针见血地指出它的本性，即"一切有权力的人都容易滥用其权力，这是万古不变的一条经验。有权力的人直到遇到有界限的地方才休止"①。事实确实如此，在课程改革的开展过程中，权力的不受规限或者制衡手段缺失和不完善的时候，权力的自由行使就容易产生错位和失衡，或者造成权力的寻租和异化，总归来讲，即是权力行使的正常秩序被打破，这就走向了自由的对立面，导致课程改革中权力行使的不自由。

合法的权力绝不应该超出权力的合理边界，越界了的权力就好似潘多拉盒子中释放出的魔鬼，由于场域之间逻辑的冲突，它带给其他场域的绝对不仅只是不祥的预兆，而且很有可能是一场巨大的灾难。② 在我国新课程改革过程中，由于权力主体的权力行使时常超出其合理的边界，而产生错位和失衡，或者造成权力的寻租和异化。以下两个方面具有典型代表性：(1)根据组织内部权力的分工规律，某个人在组织内部所处的层级越高，其决策权就越大，而执行权就越小；相反，在组织内部所处层级越低，其执行权就越大，决策权越小。权力的错位是指宏观权力常干涉微观权力的自主运作，常常出现决策主体直接干涉执行主体的情况，而决策主体又不是对政策的执行环境和条件最熟悉的人，所以就经常会出现政策执行偏差和不科学的问题。权力的错位直接导致了权力的失衡，宏观权力管得过多、统得过死，微观权力的自主行使就会受到不适当的限制，造成微观权力的弱化。权力错位和失衡的直接原因就是权力边界的界定不明，不同层次的权力主体之间难免发生权力的博弈，博弈的结果就是强势者绝对主导课程改革的秩序，这是不利于课程改革的民主化和科学化的。(2)教育是一项国家的公共事业，关系到广大人民群众的切身利益，这决定了教育权力以及课程改革的权力在本质上是一种公共权力。权力的公共性乃是现代法治社会的一个基本特征。③ 课程改革中权力的公共性品格意味着，课程改革中权力的行使目的只能是为了公共利益，而不能只是为了满足权力主体或其他主体的私人利益。如果课程改革中权力的运作变成了一种谋取私利的工具，那么这就意味着权力的寻租和异化。这突出地表现在新课程政策的城市中心倾向，越来越不利于中下层尤其是农村的广大青少年儿童通过教育向上层社会流动，不管其是有意为之还是无心之过，这终究是决策权公共性品格缺失的表征。另外，教科书选用过程中地方教育行政部门与教科书出版商之间的"共谋"，这种"共谋"关系使双方都获取了巨额利益，造成以行政命令

① ［法］孟德斯鸠.论法的精神(上册)[M].张雁深,译.北京:商务印书馆,1961:154.
② 王建华.论权力转移与教育转型[J].复旦教育论坛,2011(1):30.
③ 高兆明.制度伦理研究——一种宪政正义的理解[M].北京:商务印书馆,2011:313.

替代教科书选用单位选用教科书的情况时有发生,而不顾教科书究竟是否适用于本地区学校的实际情况,这种现象屡遭诟病,无疑不是课程管理权公共性品格缺失的表征。

良好的课程改革制度能够规约权力的运作,使课程改革朝着合理的方向发展。首先,课程改革制度通过合理的分权,细化权力的类别①,明确界定各级课程改革主体的权力范围和职责。这种分权的思路不仅应包括过去的仅由中央向地方的分权,而且要使国家的部分权力向社会转移,因为国家的权力本就源自于社会,随着社会的发展,国家权力最终还是要回归到社会中去的,这是国家与社会之间关系发展的总趋势和一般规律。② 其次,权力意味着责任,课程改革制度可以合理划分权力主体的权力和责任,使权力和责任保持一个大致对等的状态。我国课程改革中往往过度强调权力的分配,而忽略了责任的分担,这样就造成了权力的张扬与责任的萎缩,即权力的行使者经常是无所拘束、为所欲为,从而形成了"泛权力状态"。因而,对权力的规范与制约必须以明确责任为前提和重点。③ 在重大的课程决策失误的情况下,应依法追究决策者的责任并给予适度的惩戒。再次,课程改革制度可以通过建立权力监督和制衡机制,使权力的运行接受各方面的监督和制约,增加权力运作的透明度。从事物的性质来说,要防止权力的滥用,必须以权力约束权力。④ 权力合理配置的目的之一便是使权力之间相互制衡,避免权力的过度集中,只有形成权力的内部制约机制和外部制衡机制,才能有效保障课程改革中权力的合理运作。这正如习近平同志所说:"要加强对权力运行的制约和监督,把权力关进制度的笼子里。"保持权力的公共性品格,不能寄希望于某一个人,只能依靠完善的制度体制约束。只有在合理的课程改革制度规约下,形成权力运作的合理秩序,权力主体才能自由行使其权力,并承担相应的责任,共同推动课程改革的顺利开展。

二、观念的表达要共识

观念表达的自由为课程改革的利益相关者表达自己的教育观提供了可能性,使课程决策者有机会聆听不同的声音,这保证了课程决策的民主化和科学化,是有利于课程改革的顺利推进的。但这里面有一个转化的过程,也就是各种不同的声音之间的对话和协商,最后达成一定共识的过程,没有这一转化过程,各种声音的出现充其

---

① 靳玉乐,罗生全.课程决定的权力关系及其运作[J].教育发展研究,2009(8):77.
② 蒋建华.权力多极化的课程权力定位——超越中央与地方的思维框架[J].教育学报,2005(2):29—30.
③ 许丽英.教育资源配置中的权力失范及其规制[J].教育发展研究,2005(6):16—17.
④ [法]孟德斯鸠.论法的精神(上册)[M].张雁深,译.北京:商务印书馆,1961:154.

量只是"众声喧哗"，是形式上的多元，是"杂多"；没有这一过程，课程决策者也只能将倾听各种意见当作是一种决策民主化的"皇帝的新衣"，出现形式化现象也就不足为奇了。任何的课程改革都以一定的结构方式存在，因而也一定要以特定的秩序状态存在。纯粹的杂多由于缺少内在的凝聚力、统一性和秩序，而最终只能将课程改革导向失败的厄运。合理的课程改革必定有其内在的规定性，必定有其基本的价值共识、对基本的正义原则取得某种共识。在多元教育观的基础上，达成基本的或底线的共识，这是课程改革朝着预定方向前进的必要前提，也是课程改革有序进行的内在条件；在基本共识的基础上容忍多元的存在，这是课程改革适应不同地区、不同学校情况的必要保障，也是激发课程改革内在活力的必然要求。合理的多元以自由为其内在规定，在各主体非排他性的自主活动中，课程改革的全过程表现出一种生动的有序性。课程改革应保障最广大青少年儿童的自由、健康发展，应有利于社会的和谐发展，有利于国家综合国力的增强，这是对课程改革最起码的要求，也应该是多元教育观共同努力的一个方向。那些有损学生利益，不利于社会正义实现的教育观，是我们所不能容忍的，也是要在各种教育观的对话过程中逐渐摒弃的，否则只会给课程改革带来秩序的混乱，给社会造成无法挽回的不良影响。

客观地讲，此次新课程改革相对于新中国成立以来的以往历次课程改革来说，在教育观的自由表达方面，已经有了很大的进步，具体表现在社会上各种身份的人（包括专家学者、行政官员、一线教师、学生及其家长以及其他社会人士等）都通过不同的途径对课程改革提出了不同的感受和意见，尤其是在专家学者之间展开的学术争鸣，让我们更加清楚地认识到本次课程改革的许多本质性的东西，有利于课程改革大方向的明确和具体措施的调整。但是这些意见和观点的表达更多的是在课程改革启动甚至在全国完全推广开来之后，而且各种观点之间出于很多原因没有达成一个基本的共识，呈现出杂多而非合理多元的态势，这在一定程度上导致了教育实践界的迷茫，很多一线教师根本不知道应该听谁的，不知道究竟应该怎样教学，对于新课程改革大多数教师持观望的态度。[1] 学术界展开的几次有影响力的学术争鸣分别是以王策三教授和钟启泉教授为代表对新课程改革是否轻视知识所展开的论辩[2]、中科院院士和部分全国人大代表、政协委员对《义务教育数学课程标准》所提出的质疑以及相应的回应[3]、围绕新课程改革的理论基础展开的一系列论辩[4]、围绕教学回归生活

---

[1] 李小伟.一线教师与课程改革:新课改 你让我无所适从[N].中国教育报,2005-08-17.
[2] 孙传远.新课程改革三次"学术争论"的回顾与反思[J].中小学教师培训,2008(4):34.
[3] 蒋建华.理解课程改革的知识政治学观点[J].课程·教材·教法,2011(10):12.
[4] 孙传远.新课程改革三次"学术争论"的回顾与反思[J].中小学教师培训,2008(4):34-35.

所展开的"两郭之争"①、围绕教师在新课程改革中"穿新鞋走老路"展开的讨论②等。这些学术争鸣基本上都是在课程改革全面推广之后开展的,这从一个侧面说明了新课程改革在启动之前并没有做好应有的宣传工作,以便让大众了解其基本理念和措施,并有针对性地提出自己的观点。这与日本的教育改革在基本共识的达成上形成了鲜明的对比。③ 更重要的是,这些争鸣和讨论,尤其是对新课程改革的批评意见,由于没有良好的沟通平台,对立的双方只是各自反驳,没有真正对课程改革的相关议题进行理性的论辩,没有形成基本的共识。学者之间有时甚至秉持非理性的态度参与学术争鸣,对其他学者进行言语讽刺,他们不是为了改进课程改革,更多的是意气用事,争鸣缺乏理性的氛围。而我国的教育行政部门对课程改革的批评意见基本上持冷处理的态度,一般谈成就、说进步的多,而不会直接公开否认自己制定的各种政策,即便是新课程改革推广不顺利,那也是外部因素造成的,如高考的压力、教师教学观念的落后等。教育实践界的迷茫也就在所难免。

课程改革在启动之前,观念对立的各方如果没有就其达成基本的共识,那么就难以在课程改革的过程中积极配合、相互合作,教育领域中的诸多问题也就无法得到圆满的解决,最终危害的是公共利益。因此,在多元教育观的基础上,就课程改革的基本理念和措施形成基本的或底线的共识,对于课程改革的顺利推进是十分有必要的,这就要求我们秉持理性的精神展开对话和协商,尤其是那些持对立观点的学者之间要展开深入的讨论,并在课程实验中接受实践和人民群众的检验。对此,罗尔斯的"重叠共识"观念或许可以为我们提供深刻的启发。"重叠共识"是罗尔斯为了处理现代多元社会如何在多样性的基础上达成一致意见、协调彼此的行动以及稳定社会秩

① 张荣伟.我们需要怎样的教育——中国基础教育改革概论[M].北京:教育科学出版社,2012:12—18.

② 在新课程改革走过八个年头之后,北京师范大学郭华教授在《课程·教材·教法》杂志 2010年第 1 期发表《新课改与"穿新鞋走老路"》一文,她认为新课程改革的推进之所以举步维艰,是教师群体对某些片面的、偏激的新课程理念的自发纠偏。这引起了人们的关注,如纪德奎、余小茅各自发表文章探讨如何使新课程改革穿新鞋走出老路;安富海从教师的视角探讨教师之所以穿新鞋走老路的原因及教师的意愿;王策三先生从穿新鞋走老路出发探讨了新课程理念的问题;王艳霞从社会学的角度探讨了"穿新鞋走老路"的原因等。分别参见:郭华.新课改与"穿新鞋走老路"[J].课程·教材·教法,2010(1);纪德奎.新课改十年:争鸣与反思[J].课程·教材·教法,2011(3);余小茅.究竟是什么导致了新课改中的"穿新鞋走老路"[J].课程·教材·教法,2011(3);安富海.新课程改革与"穿新鞋走老路"[J].中国教育学刊,2011(12);王策三.对"新课程理念"介入课程改革的基本认识[J].教育科学研究,2012(2);王艳霞.新课程改革与"穿新鞋走老路"的社会学分析[J].教学与管理,2013(4).

③ 周建高.日本教育改革如何达成共识[J].日本问题研究,2009(1):1—7.

序而提出的一个重要概念。"重叠共识"要求意见对立的人们秉持平等、宽容与合作的态度从彼此的角度出发理解问题，努力寻求彼此之间的相互理解乃至视域融合（a fusion of horizons）。① 这就要求我们的课程改革制度能够提供良好的意见沟通平台，使课程改革中观点的对话和协商逐步常规化、理性化，如此方能有利于达成基本的共识，方能有利于课程改革的顺利推进。

三、利益的分配应正义

课程改革是一项对课程知识的重新安排和调整的复杂活动，其目的是为了使课程更加符合时代发展的需要、更加符合青少年儿童的身心发展规律，也即是为了更好地满足人民对优质教育的需求和国家对高素质人才的需要。然而，伴随课程改革而来的，还有其他各方面利益的满足或减损，实现了利益的主体自然高兴，而那些利益减损的相关主体则是心怀不满，尤其当利益受损的群体是广大人民群众时，很有可能不利于课程改革的推进。因此，利益如何分配才能最有利于课程改革的顺利开展，就成为课程改革制度设计者需要慎重考虑的一个问题，因为这有可能关系到课程改革秩序的稳定甚至社会秩序的维持与稳定。一般来说，就分配的对象而言，分配正义实际上包括两个紧密相关的方面，即权利和义务。权利是指那些支持个人自由存在的所有社会资源，而义务则是指社会成员所需要担负的责任。分配正义就是社会如何在其社会成员之间处理权利和义务的关系问题。② 在保证基本自由权利的前提下，坚持权利和义务的统一，是分配正义的关键所在。如果一个社会仅会对其社会成员提出这样、那样的要求，而对其需要和利益漠不关心，甚至做出有损于社会成员的事情，那么这是制度不公；反之，如果社会成员整天要求社会满足其利益需求，而不认真从事本职工作，甚至不惜损害他人与社会的利益来换取自身的利益，那么这是个体失德。这两种现象都是不利于社会的长治久安和持续发展的，黑格尔曾指出："如果一切权利都在一边，一切义务都在另一边，那么整体就要瓦解，因为只有同一才是我们这里所应坚持的基础。"③教育是国家的一项公共事业，课程改革制度应该秉持公共性品格，一切从最广大人民群众的利益出发，妥善处理好权利和义务在社会各群体中的分配，而不应该仅仅着眼于少数人或个别利益集团的狭隘利益，这也是长期以来困扰我国教育行政部门的一大难题，即教育的公平与效率之间的关系究竟应该如何处理，如果处理不当，将会激化社会矛盾，造成社会秩序的混乱，这需要谨慎对待。

---

① 童世骏.关于"重叠共识"的"重叠共识"[J].中国社会科学,2008(6):55—65.
② 高兆明.制度伦理研究——一种宪政正义的理解[M].北京:商务印书馆,2011:156.
③ [德]黑格尔.法哲学原理[M].范扬,张企泰,译.北京:商务印书馆,2009:173.

在我国新课程改革开展的过程中,由于制度的缺失或者不完善,造成了许多权利和义务分配失衡的问题,出现了要求社会成员履行义务的情况多,实现权利的机会少。无怪乎有人说,对于奉行道德立国的中国来说,民众的义务是硬东西,而权利则只是软东西,只是说在口号中的东西。① 这在课程改革中具体表现在四个方面:第一,在课程改革的推进过程中,存在着很多有政策而无配套制度的漏洞,在支持课程改革的责任划分上,中央和地方之间的权责混乱,没有明晰的、切实的工作制度来将课程政策落到实处,而是存在着大量无人负责、无人监管的地带②,各级政府只有将层层压力施加给处于最基层的学校。也就是说各级政府都想以最少的投入换取课程改革的顺利实施,都想只行使管理权力,而最少限度地履行相关的义务,各级政府之间存在着利益的博弈。这就使得课程改革的外部保障处于随意化的状态。第二,从课程改革最根本的利益群体——学生的角度看,课程改革造成了很大一部分学生的利益受损,尤其是不利于那些处于社会底层家庭的学生。出现这种情况的原因是多方面的,有义务教育财政体制方面的原因,也有减轻学生课业负担的原因,更有农村"撤点并校"的原因,教科书编制方面的原因以及评价制度方面的原因等。这些因素的综合作用,使得那些拥有较多经济资本、社会资本家庭的学生更容易取得成功,却越来越不利于社会底层家庭的学生,这些社会底层的家庭恰恰构成了我国人口的很大一部分。③ 也就是说国家和社会仅仅要求这些学生履行上学的义务,而没有很好地为这些学生提供公平的机会去实现其向上流动的权利,这就造成了文化资本竞争的无序,使得社会资源逐渐聚集到一部分人群的手中,不利于社会的长治久安。第三,从课程改革的直接执行群体——教师的角度看,他们一方面要贯彻执行新课程政策,另一方面要面对学生家长和上级领导对升学率的要求,可以说是处在夹缝中生存,前者是国家要求履行的义务,后者是地方政府与社会要求其履行的义务。一些老老实实执行新课程政策的教师由于自己所教班级的升学率下降,自身直接利益不但没有增进反而受损,而不得不向社会现实妥协,违背国家政策导向,重新选择那些有利于提高升学率的教学方式,如南京的"高考之痛"。而那些表面上执行新课程政策,而实际上按照原来的那一套方式进行教学的教师,利益并不会受损,久而久之大家都按照这一套方式行事,各个学校表现出高度的"家族相似性"④。这导致新秩序的形

---

① 司汉武.制度理性与社会秩序[M].北京:知识产权出版社,2011:415.

② 屠莉娅.课程改革政策过程:概念化、审议、实施与评价——国际经验与本土案例[D].上海:华东师范大学博士学位论文,2009:282.

③ 参见:杨继绳.中国当代社会阶层分析[M].南昌:江西高校出版社,2013:70.

④ 柯政.理解困境:课程改革实施行为的新制度主义分析[M].北京:教育科学出版社,2011:21.

成受阻，原有秩序的继续稳定。第四，从课程改革的社会参与力量——教科书出版商看，本来靠优胜劣汰原则自由竞争的市场领域，却出现了一些地方教育行政部门和某些出版商"共谋"的情形，导致某一版本的教科书人为地垄断某一地区，扰乱了教科书市场的正常秩序，损害了其他教科书出版商的利益。久而久之，教科书出版商便形成了一种心理暗示，即教科书的选用在根本上不是靠质量取胜的，而是需要教育行政部门主管领导点头，这就需要搞好"公关"工作，使这个领域成为课程改革中的重灾区。当然，这种情况最终的利益受损者是学生，更是国家。

"制度的核心是分配，分配是对稀缺资源及其得失的调配。"①面对社会成员之间各种不同的利益要求，课程改革制度应当体现最广大人民群众的共同利益需要和社会秩序的总体要求，而不能仅仅局限于满足部门利益或者某些个人与集团的个别利益要求。良好的课程改革制度通过构建公平、正义的利益分配机制，确保课程改革相关利益主体的权利和义务分配的相对均衡，为各权力主体实现自身的权利提供相对公平的竞争机会，使个体在实现自身利益的同时，能够最大限度地增加社会整体的利益，而不是将利益都集中在少数人或集团手中。只有如此，课程改革才能获得自身的合法性，获得人民群众的认可，也才能确保课程改革秩序的稳定，保证课程改革朝着预期的轨道运行。

第三节　发展：课程改革制度化的落脚点

课程改革制度化意味着要在课程改革的开展过程中制定一系列的具体规则，这些规则规定了人们在课程改革中应该做什么、不应该做什么，为达到课程改革的目标应该怎么做和不应该怎么做等，并要求人们按照这些规则去自主地开展课程改革，遵守规则的主体会获得社会的赞誉和各方面的激励，违反规则的人则会受到社会的贬损甚至必要的惩罚。人在本质上是一种追求自由的存在，只有在自由的不受他人强制和干涉的状态下，人类的主观能动性才能尽情地发挥，社会的发展才不至于僵化和停滞。课程改革制度通过界定课程改革主体自由活动的边界，课程改革主体在制度划定的边界内，自由行使权力以便共同协作推动课程改革，自由表达教育观念以便使课程改革更加民主化和科学化，以及自由竞取利益以便更有动力参与课程改革。然而，自由并不意味着可以为所欲为，不受限制的自由是"任性"，会导致一些人的自由和另一些人的不自由，最终导致社会秩序的混乱和强权主义，在一个现代的民主社会中，这是不能够被容忍的。自由和混乱、无序是相伴而生的，人类社会的正常发展需

① 邹吉忠.自由与秩序：制度价值研究[M].北京：北京师范大学出版社，2003：95.

要制度对其进行限制和规约。课程改革制度化的直接目的便在于使参与课程改革的主体的权力能够受到规限,教育观念的表达形成底线共识,利益的分配公平正义,以确保课程改革开展的正常秩序,保障课程改革能够合理性地进行,避免非理性和随意化的行为扰乱课程改革的秩序,给课程改革和教育事业带来不可挽回的损失。我国的课程改革无论在保障自由还是在确保秩序上面都存在这样或那样的问题,需要我们完善和创新课程改革制度。人类的正常发展需要秩序,更需要自由,秩序和自由都是人类发展所不可缺少的前提条件,课程改革制度化的价值便在于形成自由秩序,促进教育的科学发展,最终实现个体的自由、全面发展。因此,发展是课程改革制度化的落脚点,也是课程改革制度化的终极价值。

随着时代的发展,原有的教育已不能适应发展了的政治、经济和文化,此时教育系统便出现了危机。课程改革是教育系统危机的解除策略,其直接目的便在于促进教育的科学发展,使教育的发展更加适应于社会、学生和学科发展的需要。合理的、健全的课程改革制度能够确保课程决策的民主化和科学化,课程管理的权、责、利相匹配,教科书编、审、用的合理化,课程实施的自主化和科学化,课程评价的常规化等,使课程改革的各环节相互配合、相互协作,形成最大合力,即形成课程改革的自由秩序,使影响教育系统的内外部因素渐趋平衡,维持教育系统存在的合理性与合法性。从总的历史趋势来看,课程改革是有利于教育的科学发展的,教育的科学、合理发展需要课程改革的不断推进。完善的、合理的课程改革制度是课程改革顺利推进的保障,更是促进教育科学发展的重要手段。教育的科学发展意味着教育机会对每一位学生的平等,课程内容更加适应学生的心理发展需求,学生有更大的自由权以选择适合自己的课程内容和学习方式,课程评价更加趋向于发挥诊断和促进学生发展的功能,总之,教育的科学发展意味着学生自由发展空间的增大,意味着学生发展可能性的增加。教育是人为的,更是为人的,教育的为人性就表现在为学生的自由、全面发展提供可能性的条件。

良好的课程改革制度不仅能够实现学生的自由、全面发展,还能促进参与课程改革的其他社会成员的全面发展。人的发展状况从根本上说是由一个社会的生产力所决定的,而直接的则是由这个社会的交往关系结构的定在——制度所决定的。我国是一个伦理思想十分发达、道德情操异常高尚的国家,然而这种伦理和道德往往针对的只是个人,只是社会对个人的要求,而对于国家和社会层面的规范则一直没有受到人们的关注。自国家出现以来,人类社会的一切不平等现象、一切的非道德行为,都与制度的非道德倾向密切相关,且始终根源于制度的非道德倾向。① 马克思也通过

---

① 唐代兴.公正伦理与制度道德[M].北京:人民出版社,2003:1—4.

对人类社会发展阶段的分析，深刻地指出人的异化的深层次原因是社会制度的状况，只不过在共产主义之前的不同社会阶段异化的原因不同罢了。在古代封建社会主要是人身依附和等级关系，而在现代资本主义社会则是物（资本）对人的支配，只有到了共产主义社会人类才能真正实现自由、全面发展。课程改革制度主要是为了保障课程改革顺利、科学地推进，但是良好的课程改革制度也能够促进课程改革主体的全面发展。具体说来，即是课程改革制度建构的规则是公平正义的，依靠其具有的强制性和权威性，使人们通过权衡利弊意识到只有遵守制度的要求而行事才是明智的。那么，在初始阶段，人们的这种遵守制度的行为是他律的，而非自律的。但是，随着时间的推移和制度的稳定，这种行为被无数次地重复，逐渐形成人们在开展课程改革过程中的一种习惯或行为的"范式"，久而久之，参与课程改革的主体的心理结构便会产生重大的飞跃。此时，人们不再局限于仅仅孤立地考虑自身利益的实现，而是会在遵守社会制度、增进社会公共利益的前提下来考虑自身利益的实现，在自身利益实现的同时，增进社会的共同利益。这就是课程改革制度促进课程改革参与者发展的机制所在。陶行知先生曾深刻地指出，生活即教育，我想道理就在于此吧。教育无处不在，课程改革制度也是一种（社会）教育的方式。当学校教育的美好理想遭遇到残酷的制度现实，即学校教育追求自由、正义和民主的理想，如果遇到现实制度带给人们的不自由、不正义和不民主时，我想任何学校教育都是低效的，甚至是无效的。当课程改革遭遇到抵制或者推进不顺利的时候，科学的态度不应该是首先责怪个体的不负责任和能力的不足，而是要首先检视我们的课程改革制度是否为人们提供了公平、正义的改革环境，只有课程改革制度本身是公正、合理的，课程改革才能顺利推进，才有可能实现人的全面发展和社会的和谐发展。

第六章 制度理性：课程改革制度化的顶层设计

"顶层设计"原本是系统工程学中的一个概念，其强调的是一项工程"整体理念"的具体化。具体来说即是，要完成一项工程，就要以理念一致、结构统一、功能协调、资源共享等系统论的方法，着眼全局，对项目的各个层次与各种要素进行统筹考虑，对工程的实施进行整体规划。近年来，"顶层设计"被广泛应用于我国的改革规划中，意指对制约我国未来改革发展的全局性、关键性问题进行顶层判断，高屋建瓴地提出解决的整体思路与框架，以此作为规范各类具体改革的标杆，作为制定具体改革政策的依据，从而最大限度地化解改革的阻力，确保改革能够顺利推进。① 因此，顶层设计对于改革的深化具有重要的方法论意义。课程改革制度要发挥保障课程改革主体的自由和建立课程改革的秩序这两方面的功能，必须建立在制度的健全与合理性的基础之上，这就要求我们深入思考应该秉持何种理念、通过哪些路径才能够建立起健全、合理的课程改革制度，也即涉及课程改革制度化的顶层设计问题。本书所说的课程改革制度化的顶层设计，包含系统工程学中的原意，但在此基础上更加强调其方法论层面的意蕴，即在知识基础、理论前提和一般原则层面来观照课程改革的制度化，而不直接涉及制度化的具体方法、程序和技术，并非具体到创设课程改革制度的细枝末节。之所以如此，是因为具体的制度设计工作，应该在实践的过程中根据宏观的制度背景和制度观念自发生成，我们不可能对这些具体的环节做出十分详细的规定，若如此，就成为哈耶克所批判的"致命的自负"。

在课程改革制度化的发生论部分，我们只是从历史的大背景中，结合人类社会对合理性的课程改革的需要，笼而统之地说明了课程改革制度化来源于课程改革实践，既包含对成功的经验总结，也包含对失败的教训反思，并没有触及课程改革究竟应该如何制度化这一核心问题。虽然如此，这样的分析也是极其有价值的，至少让我们明白课程改革制度化是人类自觉反思的产物，应该在课程改革的过程中自觉进行反思。除此之外，对于课程改革制度化来源的分析也是与课程改革的顶层设计密切相关的。课程改革主体在开展课程改革过程中，萌生了课程改革制度意识，才使得课程改革制

---

① 汪玉凯.准确理解"顶层设计"[N].北京日报，2012－3－26(17).

度化成为可能并走向现实。这里的课程改革制度意识中,其实已经包含了顶层设计的意蕴——制度观念,只是这种观念不一定被课程改革制度化的主体意识到罢了,有可能只是一种"潜意识",但这种潜意识却无处不在,时时刻刻都对课程改革制度化这一人类的实践活动产生着指导和引领的作用。进行制度创新,加强制度建设,不能仅凭主观意志,随意而为,必须确立科学的、正确的理论基础和指导思想。在一定程度上可以这样说,即有什么样的制度观念就会产生什么样的课程改革制度,是健全的还是不健全的?是合理的还是不合理的?是激发课程改革主体的参与热情还是压制其热情?是制度被架空还是实实在在地去落实?因此,深入探讨课程改革制度化的顶层设计,对于课程改革制度化的理论和实践而言,都具有重要和深远的意义。本部分首先基于课程改革过程中的制度不健全或不合理所导致的诸多非理性现象,提出课程改革主体应秉持制度理性,创设健全、合理的课程改革制度,确保课程改革的合理、有序开展。制度理性是课程改革制度化的整体理念。其次探讨制度理性如何具体到每一种制度的创设过程中,也即讨论制度理性如何深化到课程改革制度化的具体路径。因此,本部分侧重于从宏观和中观的层面探讨课程改革制度化,至于微观层面的制度创设的具体方法与程序,则留待改革实践过程中各主体的自由创生,这样既可确保课程改革制度建构的大方向不至于偏颇,又可激发课程改革主体参与制度建设的热情和创造力,有利于课程改革制度化的合理开展。

第一节　课程改革制度理性的内涵

课程改革制度是课程改革主体在课程改革的过程中,通过总结正反两方面的经验所形成的制度意识的外化,根据马克思主义辩证唯物论关于认识发展的理论,制度意识是改革主体经过感觉而达至于思维,达至于了解客观事物的内部矛盾,了解其规律性,明了这一过程与另一过程之间的内部联系,也即达至于论理的认识。[①] 课程改革的制度意识是课程改革主体在改革过程中运用理性思维的结果,其直接目的就是建立一系列的规则来规约课程改革行为的合理、有序开展。因此,课程改革制度的完善与否、合理与否,在很大程度上直接表征着课程改革主体的理性程度,正如哲学家康德所说:"无规则即是无理性。"[②]我国课程改革过程中所出现的许多非理性的、随意化的现象,最终都可以追溯到课程改革制度的缺失或者不合理。我们可以说我国的课程改革(主体)尚缺乏制度理性,理性的缺失必然会导致主体仅凭感觉经验、情绪

---

① 毛泽东.实践论[A]//毛泽东选集(第一卷)[C].北京:人民出版社,2006:286.
② [德]康德.逻辑学讲义[M].许景行,译.北京:商务印书馆,1991:129.

欲望完全"自由"地行事,在功利主义的驱使下,大多数选择了盲从、顺从和沉默,[1]而不会或者也不愿意去思考如何创设相应的制度去规约自身的课程改革行为,这就导致了课程改革开展的举步维艰,最终使广大人民群众的利益受损,使社会的不安定因素增加。课程改革制度理性这一课题已经现实地呈现在我们面前,使我们不得不认真思考和深入研究。

一、理性与合理性

人类社会的发展史就是一个从非理性逐步走向理性的过程,是一个理性逐步战胜非理性的历程,理性推动着人类社会的不断进步。原始社会的人们认为万物有灵,将"天"视作一个实体,是万物存有的依据。人所能认识的"理"皆由此实体而来,人的行动必须符合或遵循这个天道或天理,天道即宇宙秩序。受宗教世界观的支配,人类采取神话的思考方式,以观察、占卜或直接祈求神灵指引的方式来认识自我与外部世界。有学者称这种认识的结果为神话型知识,这种知识的内容在本质上是以往生活的经验,然而,其源泉却被视为出自某种神秘的力量,正是依赖某种神秘的力量,普通的经验才被提升为"启示"。在这种认识的过程中,人并不是认识的主体,而仅仅是神秘启示得以显现与表达的工具而已,人自始至终处于一种被动与从属的地位。[2] 虽然如此,神话型知识却为原始社会的人类提供了对自我与自然的解释,提供了生产与生活的依据。古希腊思想家们克服了神性意识,开启了人的理性意识。他们不是由上帝开始,而是从人本身以及人自己的智慧出发去理解人。[3] 古希腊思想家试图通过观察和抽象思考来发现宇宙秩序、第一法则或者说深深植根于宇宙以及人类内在天性中的道或逻各斯(logos)。如亚里士多德(Aristotle)将逻各斯界定为一切事理的终极原因,而探寻宇宙的终极原因即是亚里士多德形而上学的首要目标。亚里士多德曾通过对质料因、形式因、动力因和目的因等"四因"的分析,探求出宇宙存有的"第一原理"。同时他深知原因和理由在理论上不可区分,因此,"理性"这一概念最初兼有"理由"和"原理"两义,尤以"终极原因"和"第一原理"为其要旨。突破神话形而上学世界观表征着对人文精神与人的主体性的重视,尤其是理性思维的展开。然而,古希腊思想家运用自身的理性对形而上学知识所做出的探索与发展在那个时代还只是少数学者的个人观点与信念,没有成为一种被整个社会所接纳、认可与传播的知识

① 徐继存.教学制度建设的理性与伦理规约[J].西北师范大学报:社会科学版,2006(2):83.
② 石中英.知识转型与教育改革[M].北京:教育科学出版社,2005:47.
③ [德]兰德曼.哲学人类学[M].阎嘉,译.贵阳:贵州人民出版社,2006:97.

"政体"①。而且随着基督教被定为希腊的国教,古希腊思想家所提倡的理性不能完全解释基督教徒对上帝的信仰,于是一大批神学家应运而生,他们竭力从理论上为基督教的正当性寻找依据和"论证"。在中世纪,哲学失去了其固有的独立自主性,而沦为神学的奴婢。经院哲学大师圣托马斯·阿奎那(St. Thomas Aquinas)区别了理性与信仰这两大领域,其认为哲学属于理性领域,神学属于信仰领域,理性真理和信仰真理殊途同归,理性与信仰安然融合,构成完美的经院哲学理论。②耶稣基督成为整个世界存在的原因和基础,理性来自虔诚的信仰,凡是违背神的旨意行事皆是非理性的。然而,随着十字军东征的失败,一方面,兴起了一股商人与平民阶级的新势力,即所谓的"中产阶级";另一方面,十字军东征使得回教徒的学术著作通过翻译传到了欧洲,大大提高了欧洲的学术水平,加上印刷术、造纸术经由回教徒传入欧洲,使欧洲的文化与教育得到了长足的发展。这些因素综合起来推动了欧洲在14、15世纪间的文艺复兴运动,使整个文化取向发生了大的转变,即对希腊罗马文化的兴趣抬头,宗教文化转变为世俗文化。尤其是科学研究的不断发展,推翻了宗教上的许多错误观念。文艺复兴时期,人类的理性受到启发,摆脱了宗教的控制,逐渐恢复了以"人"为主体的思考。这股势力影响至18世纪形成了启蒙运动,启蒙思想家对人类理性和人类的未来充满信心,人类的理性更加高扬。"启蒙"的含义是指通过理性或笛卡尔所说的"自然之光",使那些处在封建陋习和宗教传统中的一般民众摆脱无知、蒙昧或教义的支配,同时普及自由思想、科学知识以及怀疑批判精神,从而使人们自觉意识到人存在的尊严和独立。

　　从人类社会的发展史中我们可以知晓,理性(reason)是人类所特有的、体现出人之为人而同动物相区别的一种能力,它表现为人类超越自身的生物性本能、超越其有限存在而追求有关世界与人生的真理和永恒无限的能力,即理解、思考的智慧与能力③。在一般意义上,理性与激情、冲动、欲望、想象、经验和信仰等非理性因素相对立,但又和这些因素存在着密切的联系。理性蕴含着巨大的能动性,能够使主体在追求理想目标的过程中不断调整行事方式以提高适应能力。正如张汝伦先生所说,"理性之所以重要,首先不在于它是哲学的对象或理想,而在于它是人生的需要"④。理性精神不仅是形成个体生活目的、承担责任与形成道德自律的关键所在,而且也是社

① 石中英.知识转型与教育改革[M].北京:教育科学出版社,2005:56.
② 参见:[英]罗素.西方哲学史(上卷)[M].北京:商务印书馆,2011:549—562.
③ 杨耀坤.理性、非理性与合理性——科学合理性的概念基础:科学全理性问题系列论文之三[J].科学技术与辩证法,1999(5):34.
④ 张汝伦.历史与实践[M].上海:上海人民出版社,1995:319.

会走向自由、公正与繁荣的重要条件。① 然而，人虽具有理性，但由于常常受到宗教神秘权威或者政治权威的束缚，并不是每个人都能勇于运用理性或恰当地运用理性。如启蒙思想家推崇理性是现代性的重要内涵，而这种西方理性主要表现在科学技术方面，目的在于有系统、有方法地理解、预测与控制自然。正是这种理性精神使得西方在科学技术方面取得了长足的进步，不断发现自然和人类自身的奥秘，使得人类满足自身需要的能力不断增长，最终推动了人类社会的快速发展。理性逐渐等同于自然科学理性或技术理性，不再是形而上学终极的权威。在此以后，理性更是从真实而清晰的先验原理，逐渐窄化为冷静计算的能力，也就是以概念推理来认识事物，且能对目的与手段之间的关系做出合理计算的能力。现代社会没有恰当地运用理性，正是源于只开展了理性内涵中的工具性和技术性面向，而忽略了价值性面向，引发了现代人生命意义的失根与自由丧失的问题。于是，在现代西方哲学中出现了诸如唯意志主义、生命哲学、存在主义哲学、弗洛伊德主义和后现代主义等关注和提倡人的非理性方面的哲学流派，这些哲学流派在形成与发展的过程中，确实提出了许多值得注意与进一步研究的问题，对于人们自觉关注自身存在的意义具有重要的意义。② 然而，这些哲学家或思想家的共同之处在于，他们大都提倡人们尽情发挥固有的非理性因素，有些甚至提出非理性才是人的本质，是人之为人的根本所在。正如我们前面分析所指出的，从总体上看，是理性而不是非理性推动着人类社会的前进，人类必须将自己的本能限制在一个合理的范围之内，用社会的理性限制、规范个人的行为，这样社会才能够正常发展。过分贬低理性的功能，过度渲染和张扬人自身的非理性因素，不仅在理论上是错误的，而且在社会实践中也是有害的。③ 其实，后现代主义对于理性自我消解的论证在理论上也是不堪一击的，因为这个论证的过程也即承认了理性的功能，这就陷入了一个悖论。最终的结果只能是，要么承认理性的重要作用，要么放弃让理性自我消解的企图。

我国作为一个发展中国家，从传统社会转变过来的时间尚短，很多封建保守思想还没有完全祛除，再加上我国没有经历过类似于西方的启蒙运动，因此，人们的思想观念与思维方式蒙昧色彩较浓，社会行为的非理性倾向较大。④ 另外，在向现代社会转型的过程中，原有的制约社会行为的规范逐渐失效，新的规范尚未建立，导致了人们行为的随意与失范，非理性因素急剧膨胀。这在我国新课程改革开展的过程中表

---

① 金生鈜.保卫教育的公共性[M].福州：福建教育出版社，2008：214－215.
② 参见：刘放桐，等.新编现代西方哲学[M].北京：人民出版社，2009.
③ 韩震.非理性主义批判[J].北京师范大学学报：社会科学版，1996(5)：21.
④ 丰子义.论现代化进程中的理性与非理性[J].北京大学学报：哲学社会科学版，1998，35(5)：35.

现得也较为明显,笔者在前面课程改革制度化的发生论部分已经做了详细的阐述,在此不再赘述。由此可见,我国目前所面临的问题不再是理性的过度膨胀,而是理性的相对匮乏,这不仅是个体层面的问题,而且是整个社会层面的问题。这种状况再遇到对非理性主义的论证和宣扬①,那么我们与现代化的距离只会越来越远。人是有理性的动物,然而在社会学家看来,个人不是孤立的原子式存在,需要依靠社会的力量才能满足自身的需要,理性并不仅仅局限于个体层面,也不仅仅局限于认识论层面,而应当被扩展至社会或人类共同体的层面,只有如此,才能满足和实现社会性的公共需要。如此一来,理性就是一种植根于个人,却又不局限于个人的类意识与类能力,正是这种类意识和类能力推动了人类社会的文明发展。② 一个社会的现代化程度是与其理性化程度成正比的,理性化程度愈高,社会的现代化程度才愈高,这即是与个人理性或私人理性相对应的社会理性或公共理性。因此,我们应该高扬理性的旗帜,恰当发挥非理性的正面功能,避免非理性的负面效应,并将理性精神贯穿到社会生活的方方面面,当然也包括作为人类重要社会实践的课程改革及其制度建设。

合理性(rationality)是我们在日常生活中运用颇多的一个概念,其意指人类通过对自身的思想、信念以及行为进行认识和反思而做出的评价判断。合理性从字面上看,就是合乎理性,但是我们一般是从更为广泛的层面上使用这个概念,即如果我们所评价的对象的存在是有理由的,其存在符合社会成员所普遍认同的原则与标准③,那么其便是合理性的。由此可见,合理性乃是一个相对的概念,而理性则是一个绝对的概念。比如封建社会相对于奴隶社会而言就是一个合理的社会,相对于资本主义社会则是不合理的,而对于这种现象的认识则是理性的产物。理性是人类的一种能力,合理性是对人的活动及其结果的评价。合理性的不一定就是符合理性的,而理性的结果则必然是合理性的。人类运用理性的目的就在于使自己的活动不断趋向于合理。人类对自身所处的生活世界可能采取依循某种价值理念的行动态度,或以某种实质性的伦理考量为优先,如以公平、正义为行动的准则,或以某个宗教教义,或以形而上学权威为行动的依据。也可能以工具性和效率性为首要考量,一切行动依循既

---

① 有学者对非理性因素在中国转型时期的公共政策中功能的分析,明显是夸大了政策制定过程中的非理性行为的功能,将这种倾向的特征归纳为非逻辑性、非程序化以及非模式化,并极力赞扬其灵活性。对此,笔者是不赞同的。因为在制度化的过程中,我们既不能以原则性损害其灵活性,也不能以灵活性损害原则性。参见:张晓峰.非理性因素与中国转型时期的公共政策[J].中国行政管理,2003(10):42—46.

② 司汉武.制度理性与社会秩序[M].北京:知识产权出版社,2011:173.

③ 杨耀坤.理性、非理性与合理性——科学合理性的概念基础:科学全理性问题系列论文之三[J].科学技术与辩证法,1999(5):37.

定的形式与程序，在可计算性、可控制性的条件下实施。前者在社会层面称为实质合理性（substantive rationality），在个人层面称为价值合理性（value rationality）；后者在社会层面称为形式合理性（formal rationality），在个人层面称为目的合理性（purposive rationality）。这是就理性的侧重点而言的。合理性在不同的领域中有不同的标准，在哲学领域，逻辑一致性是检验合理性的标准，也即以手段是否能达到目的作为判断的标准；在社会学领域，考虑到目的理性与工具理性极度扩张造成价值理性的失落，在追求效益的同时，必须以社会正义作为终极的关怀；在经济学领域，必须以追求长期的、最大多数人的利益为导向。虽然我们根据不同的划分方法，可以将合理性分为不同的种类，但是我们在社会实践开展的过程中，不能将这些合理性标准割裂开来，比如仅重视价值理性而不顾工具理性，或者仅重视工具理性而忽视价值理性，实质上都是非理性的做法，都不利于我们预期目标的达成。

二、制度理性与课程改革制度理性

正如理性与非理性是相对的，制度理性也是与制度非理性相对的一个概念。制度存在于所有的社会中，但并不是所有的社会制度都能促进社会的发展，只有那些合理性的制度才能促进人与社会的和谐发展。制度非理性在我国的各个领域都有所表现，在我国的课程改革过程中也是如此，具体表现在以下几个方面：第一，不认真分析现实需要和社会发展规律，墨守成规，坚持认为课程改革的制度化是不可能实现的，因而，对于制度建设没有自觉性。如以先入之见贬抑制度化，以自然演进反对制度化，以人性本善排斥制度化，以国情特殊拒绝制度化，以改革复杂否定制度化等。第二，课程改革制度本身是具有强烈的价值倾向的，即制度总是存在非中性的问题[①]，部分利益集团或者社会强势阶层出于对自己集团或阶层利益的考量，而不是坚持公共理性精神来进行制度建设，因而，这些制度不利于最广大人民群众的基本自由权利的实现，没有体现公平正义的原则。第三，我们有可能也创建了一些好的制度，但一部分特权阶层却将这些制度视作约束他人的规则和行为框架，自己凌驾于制度之上，逃避于制度的约束之外，时时刻刻总想着利用制度为自己谋私利，长此以往就大大损伤了制度的权威性，使得普通大众不再愿意遵守制度的规定，社会成员各行其是，导致社会秩序的混乱。第四，不顾社会的客观条件，利用普通大众迫切想要改变现状的愿望，通过一种貌似神圣与合理的社会制度理想，来赢得大众的信赖和支持，从而使社会整体或大多数成员处于激情状态。[②] 但是由于其超越了历史发展阶段和社会的

① 辛鸣.制度论——关于制度哲学的理论建构[M].北京：人民出版社，2005：207.
② 司汉武.制度理性与社会秩序[M].北京：知识产权出版社，2011：218.

客观实际状况,这样的制度理想最终会被证实为是一种乌托邦,在这个证实的过程中,社会将为此付出极大的代价,甚至造成个人自由的丧失与社会发展的停滞。这方面的教训对于国人来说是极为熟悉和令人痛惜的。由此可见,制度非理性作为个人自由与社会秩序的中介,将导致个人的非理性或者整个社会的非理性。导向个人非理性的社会很有可能会陷入无政府状态,人与人之间的关系将变成霍布斯所说的"人对人像狼";而导向社会非理性的社会很有可能会走向专制主义,变成一部分人统治、压迫另一部分人,这两种非理性最终都将导致社会发展的停滞与个人自由的丧失。

制度非理性导致了制度偏离其原本的目的,没有促进或者阻碍了社会的正常发展,其关键原因是制度的设计与安排没有遵循社会发展的规律。[①] 正是基于课程改革中存在的诸多制度非理性现象,我们才提出了课程改革制度理性这一重要的方法论概念。制度理性从字面意义上可以有两种不同的理解,即作为人类能力的制度理性(institutional reason),与作为评价制度好坏的制度合理性(institutional rationality),制度理性的目的是为了使人类所设计的制度具有最大程度的合理性,能够对个人的自由与社会的秩序发挥良好的中介作用。本书是基于前一种意义使用制度理性的,即作为方法论层面的人类能力的制度理性。有关制度理性的问题,国内外学者做了大量的研究。但他们都是基于将制度合理性中的理性做狭义的理解,而非广义的"理由",因此,制度理性既蕴含着作为人类能力的一种理性类型,也内含着作为评价手段的制度合理性。如罗尔斯认为,一种社会制度的合理性取决于其是否具有公平、正义的价值观,而正义(合理)与否则取决于其对权利和义务的分配方式。现代社会的制度理性不是一种个体的思考与行事能力,而是一种有着明确价值取向的普遍性、公共性的社会行为选择能力。阿马蒂亚·森认为,合理性的社会制度应该是有利于社会福利与公共利益的最大化,应该能够确保人们的实质自由得以实现。理性不仅能够追求既定的目标与价值集合,而且能够对这些目标和价值进行反思与省察。还有其他一些学者也从不同的视角对制度理性做了不同程度的探讨,对何谓制度理性有着不同的回答。但都存在一个基本的共识,即公平、正义是制度理性的核心内容,制度的设计和安排应有利于最大多数人的最大福利与最大幸福。[②] 基于学者们对制度理性的探讨,我们可以尝试着对制度理性下一个定义,即制度理性是社会理性在制度创设与安排中的具体体现,具体是指制度本身不仅应该内蕴公平的正义这一价值精神,而且还应该进一步将这种价值精神具体化为一系列的制度设计与安排,以便使

---

① 侯琦,魏子扬.制度的非理性与社会和谐[J].中共福建省委党校学报,2008(7):41.
② 张映芹.制度理性与福利公正——基于国民幸福视角的分析[D].西安:陕西师范大学博士学位论文,2010:12—15.

这些具体的制度成为哲学家黑格尔所说的自由理念的定在。① 我们认为,制度理性是一种相对独立的人类理性形态,笔者不赞同有学者将制度理性视为韦伯所说的工具理性在制度设计中的体现②,因为制度本身就内含着强烈的价值意蕴。制度相对于人类的社会目的来说,确实是一种工具性的东西,但制度又不是一般的物质性工具,如实验仪器、工具书、交通工具等。制度在本质上是人的制度意识或制度观念的外化,制度本身就带有一定的价值倾向,不可能是价值中立的,同时它又能通过将制度意识外化为一系列的规则来规约人的行为。因此,制度是价值与技术的统一体,制度理性可进一步划分为制度的价值理性和工具理性,评价一种制度的合理与否应该结合其目的与手段两方面。一个在形式与工具方面"善",然而在实质与内容方面"恶"的制度,就其现实性而言是一个更加恶的制度,它是一个具有完备工具性的恶的制度,这种制度对人性、对自由的摧残与毁灭更为严重。一个合理性的、善的制度,不仅要求其形式与工具层面的合理与善,更重要的是其实质与内容方面的合理与善。③

在本书中,课程改革制度理性是针对课程改革中的制度非理性现象及其诸多不利于课程改革正常开展的后果而提出的,是一般制度理性的具体化或者特殊化,意指在课程改革的全过程之中,改革的发起者与参与者能够在制度自觉——意识到课程改革的各个环节所需要的制度或者现存制度的不合时宜之处的基础之上,秉持公共理性精神,建立新的合理性的制度或完善、修正现有制度使之趋于合理,发挥调节关系各方的权利—义务达至均衡,使其符合时代发展的规律、符合课程改革的需要、符合最大多数青少年儿童发展的需要。课程改革的制度理性与制度合理性是内在统一的,课程改革制度理性相对于制度合理性来说是手段,而课程改革的制度合理性相对于制度理性来说则是目的,但是二者相对课程改革的合理性来说却都是手段,最终都是为了规约课程改革合理、有序地进行。

---

① 高兆明.制度伦理研究——一种宪政正义的理解[M].北京:商务印书馆,2011:280.
② 将制度理性视为工具理性在社会制度中的表现,可参见:司汉武.制度理性与社会秩序[M].北京:知识产权出版社,2011:221;高兆明.制度伦理研究——一种宪政正义的理解[M].北京:商务印书馆,2011:280.
③ 高兆明.制度伦理研究——一种宪政正义的理解[M].北京:商务印书馆,2011:56.

第二节　课程改革制度理性的基本特征

非理性是人类内在的生物本性,时时刻刻都在对人类的活动产生着影响,如果没有理性的规制和约束,非理性将会产生不可预见的严重后果。因此,人类要时常运用理性反思自己的行为是否合乎理性。也正因如此,我们才不需要过多地渲染非理性的功能,恰恰相反,理性才是需要我们时时刻刻关注和强调的东西,理性相对于非理性而言总是稀缺的。在课程改革的过程中,出现制度非理性的现象并不可怕,可怕的是我们对这一现象没有警觉和反思。更为糟糕的是,我们的课程改革制度建设过程中的非理性倾向,经常受到各种理论的支撑和推波助澜,如对复杂理论的误读与误解、对后现代主义理论的极端推崇等,这都是需要我们认真反思的。课程改革制度理性是我们进行课程改革制度建设时应坚持的方法论原则,也是我们在开展课程改革时所应坚持的方法论原则,它对于我们克服课程改革中的制度非理性倾向、对于课程改革的理性开展有着重要的现实意义。有关课程改革制度理性的特征,我们在前面课程改革制度化的发生论与价值论部分已经做了一定的论述,因为我们的分析与研究自始至终是站在一个特定的价值立场上进行的,承认这一点是一种实事求是的态度,否定这一点则是唯心主义的表现,只是在发生论与价值论部分,我们尚未明确提出制度理性这一重要的概念,有关其特征我们也只是分散地进行论述,可能不好被读者明确、系统地把握与理解。在此,我们有必要对作为课程改革制度化方法论的课程改革制度理性的特征进行明确、系统的论述,以便于我们能够自觉地、有区别地将其具体化为课程改革的各种制度设计与安排。

一、立足现实，面向未来

所谓"立足现实",是指课程改革制度建设,应该建立在对我国课程改革制度现实的清醒认识之上,改革主体能够运用自身的理性,对中国的课程改革制度进行准确的时代定位与把握,在此基础上对其进行检视和反思,以便完善与修正现有的课程改革制度;所谓"面向未来",是指课程改革制度建设,应该考虑到未来社会与人的发展需要,通过社会制度建设来涵养个人的道德修养,推动社会的健康发展,而不是固守旧有、抱守残缺,使社会的发展陷于停滞。立足现实是面向未来的前提与基础,面向未来是立足现实的目的和旨归,二者有机统一于课程改革制度建设的实践过程中。

对中国课程改革进行定位,就是从中国课程改革与国家发展的实际情况出发,将其放置于世界课程改革的一般图景中进行考察,看其到底处于什么样的时空位置,相较于其他国家,我们的课程改革制度有哪些是需要坚持的,哪些是需要完善与改革的。我国课程改革制度建设的实际情况是,开展系统、大规模的课程改革的经验少,即使"文革"时期的教育大革命给我们的教训也是制度不存、改革失序,教育沦为政治的附庸,社会陷入全面的混乱和全面的崩溃。课程改革的制度研究与建设一直是我们的薄弱环节,这无论从我们研究的数量还是制度建设的现实都可以得到确证。因此,当面对大规模的课程改革时,我们便手忙脚乱、不知所措,出现随意性、非理性的行为方式也就不足为奇了。只有在澄清"我国的课程改革制度建设最缺少和最急于克服的因素是什么"这一问题之后,我们才会做出符合我国课程改革实际的明智选择,否则我们的制度建设可能会出现方向性的失误。本书的研究实际上正是在这一方法论原则的指导之下进行的自觉探索与实践,这是立足现实、面向未来进行制度建设的一个层面。

立足现实,面向未来不仅是我们在进行制度建设之前的理论准备和实践检视阶段所应坚持的原则,更是我们在进行制度设计与安排的实践过程中,应牢牢坚持的一个方法论原则,否则,我们的制度建设将会受到各种因素的阻碍或者走向制度乌托邦,其结果都是不利于课程改革的正常开展的。我们在进行课程改革的制度设计与安排时,应该考虑到我国各地的实际情况,不能不顾各地的实际条件做出不合理的制度要求。如农村中小学布局调整就是一个典型的案例,很多地方的布局调整计划都是由省级教育行政部门自上而下做出的,教育行政部门只是根据数字定数字,或者撤并一师一校,或者撤并招生人数不达标的学校,追求学校数量的减少成为布局调整的终极目标。再加上政府多强调学校向乡镇中心或县城集中,追求学校的"点状集聚",造成了很多农村学校学生上学贵、上学难的问题始终得不到解决,引发了群众的不满,甚至遭到了村民们的反对、抵制和上访。① 这就是制度的安排与设计不考虑地方的现实需求和条件,所造成的不良后果。另外,如果我们对课程改革的现状感到非常不满,而制定了超出现实发展阶段的目标,也即根据目前发展的情况不可能实现预期的目标,则是制度乌托邦的表现。这在历史和现实中都有所表现,如"文革"时期的学生自编教材、知识分子向贫下中农学习,西方的非学校化社会思潮等。制度乌托邦确实可以鼓舞社会底层人士参与社会运动的热情,但实际上是忽视或贬抑现实社会中人的实际需要,最终的结果只能是教育的全面落后。制度理性的一个重要特征就是对人与社会现实需要的尊重与关照。一种制度是否合理性,关键在于这种制度对人与社会的现实状况持什么样的态度,对社会成员所处的位置进行怎么样的解读,为摆脱不利地位和维持有利地位提供了怎样的手段与途径。② 因此,我们的课程改革制

① 谢秀英.农村中小学布局调整中的集体非理性分析[J].中国教育学刊,2011(4):9—11.
② 司汉武.制度理性与社会秩序[M].北京:知识产权出版社,2011:227.

度建设需要坚持立足现实,面向未来的方法论原则,这样才能确立正确的发展方向,选择科学的手段与方法,实现预期的改革目标。

二、注重形式,兼顾实质

我国传统社会是一个熟人社会,人们之间较为熟悉和相互了解,人与人关系的调节是靠建立在血缘、地缘基础上而形成的道德、习俗、传统与惯例等非正式制度,这些非正式制度可以有区别地对待每个人,在这个过程中可以大致做到公正,因此,这些非正式制度可以称为实质性制度。社会的现代化是一个由熟人社会向陌生人社会逐步过渡的过程,原有的实质性制度已经不能适应这样一个开放的社会,尤其是随着以物为中介的交换与交往活动的频繁化,在客观上要求一种客观的、非人格化的、独立于人们的价值诉求的正式制度,来处理各种未知的、复杂的和动态的人际关系。① 现代社会的制度由于独立于人们相互冲突的价值诉求,力求公正、无差别地对待每一位社会成员,我们称这种制度为形式化的制度。这种分类方法的思路是与韦伯将合理性划分为形式合理性和实质合理性相一致的。形式合理性的制度是着重考虑手段本身的合理性,而不大在意人们使用手段的目的何在,只要所使用的手段不损害他人与社会的利益就是合理的;实质合理性的制度则是指从制度精神和目标方面追求最大限度的合理性,而不大考虑目标实现的手段和途径,只要能实现目标就可以不择手段。我们过去将制度的形式和工具层面当作其实质与价值层面的附属物,不大注重形式与工具层面的东西,然而,正是这形式与工具层面的东西才构成了东西方在法律制度方面的差别。

在现代社会中开展课程改革,理应建立起与现代社会发展趋势相一致的形式化制度,而不是继续坚守那些实质性的制度。但是,通过前面对新课程改革行为的分析,我们可以了解到,形式化的课程改革制度相对缺乏,反而很多情况下是实质性的制度在新课程改革中发挥着协调权力、价值以及利益关系,这是与课程改革的现代化进程相违背的。如决策制度中决策成员怎样产生,也即决策成员的资格问题就基本上不是形式化制度所规定的;政策的制定过程时常受到领导人意志的左右,有时甚至是决定性作用,正如有学者所指出的,我国课程改革的决策权主要是建立于个人魅力权威的基础之上,权力的合法化基础因人而异、不稳定、不牢固②;教科书的选用过程充斥着大量的潜规则,潜规则因人而异,与正式制度的无差别实施原则相违背,损害了制度的权威性;课程实施过程中,重点校与非重点校、农村学校与城市学校在获得

① 邹吉忠.自由与秩序:制度价值研究[M].北京:北京师范大学出版社,2003:336.
② 胡定荣.课程改革的文化研究[M].北京:教育科学出版社,2005:216.

资金、资源支持上的巨大差别,违背了制度规则的形式公平原则等。社会发展的客观规律和课程改革的现实背景,要求我们建立起形式化的课程改革制度,其直接表现是法律法规、行政规章以及其他正式契约等,以便借助这些正式制度实现课程改革行为的"常态化",避免课程改革过程中的非理性和随意化现象的频繁发生。西方发达国家的一般做法是为课程改革立法,如英国 1988 年颁布的《教育改革法案》[①]、美国 2002 年颁布的《不让一个孩子落伍法案》和《教育科学改革法案》[②]、日本 2006 年公布的《改正教育基本法》[③]等。

课程改革在本质上是一个"政治—社会"的过程,是对权力、价值与利益等稀缺资源的分配过程,但是这个分配过程并不是个人对这些稀缺资源的直接占有,而应该是占有可以获得这些资源的机会。形式化的制度可以通过制定适当的、透明的、无差别的、非人格化的规则,以激发参与改革的主体,通过自己的努力去占有这些机会。因此,形式化的制度本身就是一种分配的程序,这种程序要求实施过程的公平与正义,即要求正义必须实现,而且要以看得见的方式实现。只有建立起形式化的课程改革制度,才能保证以人为本理念在课程改革中的贯彻落实。因为对非人格化制度的服从不会使人感到像对他人意志的服从那样有失尊严和压迫感,反而由于大家都平等地遵守制度而体现出人的主体地位与个人尊严。总而言之,课程改革的科学发展需要形式化制度的创设,以约束课程改革主体的行为,摒弃实质性制度或潜规则,竭力避免课程改革的非理性和随意化倾向。

三、民主先于自由,公平先于效率

所谓民主先于自由,实质上涉及三个概念,即民主、自由与秩序。在此,民主制度是自由达至秩序的中介与途径,在工具论的意义上,民主先于自由。这对于我们课程改革的制度建设显然具有重要的方法论意义,因为我们的课程改革从一个方面看极度缺乏自由,从另外一个方面看又是自由泛滥、缺乏秩序,这是就不同的改革主体而言的。导致这种现象的原因就在于我们的课程改革制度安排的不合理,课程改革制度设计与安排的当务之急是建立民主的制度,以实现改革主体的自由,激发改革主体参与改革的热情与创造力,尤其是改革的发起者与决策者,同时又能够确保课程改革

---

① 张华.道德的课程改革与民主的课程领导[J].全球教育展望,2006(4):11.

② 吕林海,汪霞.当前世界发达国家课程改革的推进特征及其启示[J].比较教育研究,2009(7):36.

③ 欧用生.日本小学课程发展机制之分析——课程与政治的关系[J].教育资料集刊,2010(45):127.

行为的有序性与合理性,最终形成自由秩序。亨廷顿曾深刻地指出,就处于现代化进程之中的国家而言,其面临的首要问题不是自由,而是如何建立一个合法的公共秩序的问题。① 民主先于自由的制度,要求基于民主制度的社会秩序优先于个人自由,强调形成有秩序的自由。人民是否能够通过加入大规模的政治组织参与政治并受政治的影响,这是区分现代化国家与传统国家的最主要的标志。② 在此,亨廷顿就指出了人民参与政治要通过加入政治组织,通过政治组织对政治施加影响,组织本身就是内含着制度的,而不是通过个人随意性的活动,如果每个人都通过自己认为合适的方式去对政治施加影响,那么社会将陷入无政府状态,导致社会秩序的全面混乱和社会发展的全面停滞。从另一个方面看,民主先于自由的制度还确保了"人民当家做主"原则的实现,因为它要求所有人的自由或者多数人的自由应该得到优先保障,课程改革制度应该着眼于最大多数人的最大福利,使课程政策能够反映最大多数人的意愿,最终实现最大多数人的自由、全面发展。

有关公平与效率的问题近年来一直是经济学、政治学与社会学探讨的热点话题,我们的社会政策导向也先后由"效率优先,兼顾公平"发展到"公平与效率兼顾",体现了社会发展理念的进步。教育或课程改革也受到这个话题的影响,只不过这一话题到了教育或课程改革领域发生了变化,卓越取代了效率,成为效率的代名词,因此,在教育领域,我们探讨的更多是公平与卓越二者间的关系。回顾中外教育(改革)史,我们可以发现,教育或课程改革经常在二者之间摆荡。笔者认为,这是没有从根本上厘清二者之间关系的缘故,我们在认识上尚存在着极大的误区,实践中出现所谓的"钟摆现象"也就在所难免。公平正义主要是针对社会政治问题而言的,而效率则主要是针对社会经济问题而提出的,效率是经济活动的直接目的。公平与效率本来不是一个层次的概念,即使把公平与效率联系起来,公平相对于效率是目的性的,效率也只是手段而已。效率高并不一定表明社会就是实现了公平正义,个人实现了自由发展。因为,对于效率的评价不仅要考虑客体的尺度,而且更要重视主体的尺度。即效率是对谁而言的? 这种效率究竟是什么性质的?③ 比如对 A 而言有效率的,不一定就对 B 有效率。再比如原子弹相对于手榴弹的杀伤力是有效率的,但是一旦在某个地区使用,则对这个地区的民众来说就是毁灭性的,还何谈效率? 因而,效率不能规定公

---

① [美]塞缪尔·P.亨廷顿.变化社会中的政治秩序[M].王冠华,等译.上海:上海人民出版社,2008:6.

② [美]塞缪尔·P.亨廷顿.变化社会中的政治秩序[M].王冠华,等译.上海:上海人民出版社,2008:28.

③ 高兆明.制度伦理研究——一种宪政正义的理解[M].北京:商务印书馆,2011:263.

平，但反过来，公平却能说明效率。如果一个社会的制度确保公平正义的实现，那么这个社会必定是一个生产有效率的社会，因为这种制度极大地激发了人们生产的积极性，自觉有付出必定有收获，而且在这个过程中，个人实现了自由发展。当然，我们这里所说的公平并不是平均，而是意味着机会均等，是有差别的公平。我们通常所说的"效率优先，兼顾公平"是将两个不同层次的问题混合在一起，究其根本是认识上存在误区。教育决策者与教育研究者对这一关系的理解，就不可避免地影响到教育或课程改革。有学者对新中国成立以来的教育政策伦理倾向做了研究，认为我国的教育政策先后经历了新中国成立初期的"服务工农大众、服务生产建设"，"文革"期间的"平均主义、政治至上"，20世纪八九十年代末的"效率优先、兼顾公平"以及20世纪90年代末至今的"均衡发展"取向。[①] 虽然这些教育政策的伦理取向的产生都有着特定的时代背景和一定的合理性，但是总的来说，只有发展到了20世纪90年代末的"均衡发展"取向，教育（改革）的伦理取向才算是回归到了理想的境界。但即使这样，现实的课程改革中仍然存在着大量的以效率的名义损害公平的现象，比如教育投入的区域差别、城乡差别、校际差别，升学制度的规则不公等。这种效率在教育上表现为培养卓越的学生与创新人才，以牺牲一大部分人正常接受高质量的教育为代价，来换取一小部分人的卓越，这不是真正意义上的有效率和卓越。其实，结合"钱学森之问"来检视我们的教育（改革）制度安排，可以发现这种"效率优先，兼顾公平"的制度也是没有达到预期目的的。道理很简单，当学校教育培养创新人才的理想，遇到社会中不容许异见的存在、缺乏鼓励创新氛围的非理性现实时，教育的理想将是不堪一击的。只有社会成员素质普遍提升、普遍具有宽容和承认与自己意见不同者时，卓越人才的培养才会有坚实的社会文化基石，教育的效率目标才能够得以真正实现。因此，课程改革应该建立公平优先，兼顾效率的制度，只有这样，卓越人才的培养才是具有普遍性和现实性的。

四、权责明晰，对等统一

现代社会的一个重要特征是伴随着工业化而来的不断细化的专业分工，这就要求建立不同分工的专业组织，而组织正常运作的必要条件则是制度，因此，现代社会的课程改革制度理性的表现之一便是组织分工的专业化与科层化。专业化是指特定领域的事务，只能由懂得这个领域特定规律的专业人士来主要负责和开展，而不能由不懂得这个领域规律的外行人士负主要责任，因为外行只能凭感觉和经验行事，经常会做出许多违背领域规律的事情，如果再加上外行拥有绝对的不受监督的权力，那么

---

① 刘世清.教育政策伦理[M].上海：上海教育出版社，2010：174－207.

将对这个领域造成严重的不良后果,这在课程改革开展的过程中表现得尤为严重。科层化是指社会事务应该实现分门别类的等级管理,处于各层级的管理部门,负责制度范围内所规定的相关事务,并相互沟通,这样可以实现社会事务运行的高效率,同时又可以实现各层级管理部门的相互监督。管理部门的等级化在我国各领域中都是比较到位的,甚至用"等级森严"来形容也不为过分,但是这些部门之间通常是互不沟通的,只对自己的上级部门负责,导致了一项事业的开展如果牵涉到很多职能部门的时候,则面临着极大的困难。课程改革作为一项牵涉部门面广的社会公共事业,需要教育部、财政部、地方人民政府、地方教育行政部门、中小学校、大学以及出版社等多个社会部门的多方协同、多方联动方能正常开展。如果在开展的过程中,各职能部门相互推诿、各自行事,其后果将是各级职能部门争着揽做对自己部门利益有益的事务,而对那些不利于自己部门利益的事务就极力回避或者出现"表面一套,背地一套"的象征性行为。[①] 这归根结底是由于:一方面,各级部门之间的权力与责任规定不够明晰,常常出现某一事务这个部门可以办,那个部门也可以办的奇怪现象,导致有些部门不清楚自己的权力和责任到底是什么;另一方面,职能部门的权力和责任、公民的权利和义务不能很好地对等统一,经常出现权力(权利)大于责任(义务)或者责任(义务)大于权力(权利)的现象,这就不能很好地调动相关部门和人员的积极性。俗话说,有多大的权力干多大的事,这是有一定道理的。然而,长期以来,我国政府部门之间的权力和责任存在着极大的不平衡,造成了各项事业发展的受阻。以义务教育财政体制为例,有研究表明,我国各级政府之间的事权和财权划分不清晰,财政收入与财权层层集中而支出责任却下移,使得地方政府尤其是一些财政困难县所承担的义务教育事权与其财政能力不对等。[②] 这就造成了义务教育发展的不平衡,也是课程改革在很多地方不能正常开展的重要原因。一部分财政困难县的青少年儿童不能像其他经济发达地区儿童一样接受较高质量的义务教育,有的甚至失去了上学的机会,这直接造成了公民的权利与义务的不对等,因为接受九年义务教育是公民的法定义务,但由于财政制度原因失去了上学的机会则表征着接受教育的权利的丧失。因此,课程改革制度理性的一个重要特征或内在要求便是,清晰规定相关部门的权力和责任,清晰规定公民的权利和义务,并分别使二者对等统一,只有这样才会有力调动各方参与课程改革的积极性,使其形成合力,共同推动课程改革顺利开展。

---

① 研究性学习在课程改革实践中所遭遇的"命运"似乎可以很好地说明这一现象。具体可参见:柯政.理解困境:课程改革实施行为的新制度主义分析[M].北京:教育科学出版社,2011:138—152.

② 李祥云.我国财政体制变迁中的义务教育财政制度改革[M].北京:北京大学出版社,2008:183.

第三节 基于制度理性的课程改革制度化路径

课程改革制度理性是改革的发起者与参与者能够在制度自觉——意识到课程改革的各个环节所需要的制度或者现存制度的不合时宜之处的基础之上,秉持公共理性精神,建立新的、合理性的制度或完善、修正现有制度使之趋于合理。因此,课程改革制度化的前提条件就是认真分析课程改革制度化究竟包含哪些层面的内容,只有把这个问题搞清楚,我们才能有针对性地进行制度建设,不至于陷入盲目的境地。通过我们的分析,课程改革制度大体上包含课程决策制度、课程管理制度、教科书制度、课程实施制度以及课程评价制度五个层面。其中,课程决策制度是课程政策科学性与合理性的重要保障,而课程政策又决定着其他各层面制度的具体样态,因此,课程决策制度是课程改革制度化的核心,但它并非是课程改革制度化的全部内容,还需要其他相关制度的配合,形成合力[①],共同推动课程改革的顺利进行。课程改革制度化应该从这五个方面着手进行。课程改革制度理性的基本特征或一般原则是:立足现实,面向未来;注重形式,兼顾实质;民主先于自由,公平先于效率;权责明晰,对等统一。这些原则是抽象性和普遍性的,只有具体到课程改革制度化的每一个层面上,结合课程改革具体制度的内容和特性,进行有区别地细化和深化,这些原则才算是真正得到了实现,否则就只是一种理想层面的东西。而制度的要素包括制度观念、规则系统、规范对象以及呈现载体等四个方面。笔者认为,课程改革制度化的一般程序是,分析制度的规范对象究竟是什么? 规范的对象性质究竟是权力、观念还是利益,抑或它们之间的结合体? 根据规范对象提出规则系统的内容,并根据规范对象的性质提出相应的制度观念。至于课程改革制度的呈现载体,与现代社会制度的发展趋势相一致,课程改革制度应该越来越趋向于形式化,也就是必须建立正式制度,应以法律法规、行政规章以及其他正式契约等为载体而呈现,增强其权威性和强制性,使其成为课程改革行为必须遵循的一般规则,违反制度的规定必须受到相应的制裁,这体现了"注重形式,兼顾实质"的制度理性特征。因此,在制度化路径的具体分析过程中,就不再一一分析各层面具体制度的呈现载体,而是集中分析制度的规范对象、规范对象的性质、对应的制度观念和规则系统等,力求清晰地呈现课程改革制度化的一般方法和具体路径。

---

① 徐洁.论制度创新在课程改革中的作用[J].中小学教师培训,2007(5):35.

一、建立民主参与、科学论证的课程决策制度

课程决策是指以政府与政党为代表的公共权力机构为了解决特定的课程问题，在课程发展(curriculum development)的过程中，决策主体秉持一定的教育价值观念对教育目的和手段进行谨慎的判断与选择，进而决定学生应该学习什么样的课程的行动过程，主要包括决定课程目标、课程内容、课程实施方式、课程评价方法等几个方面的工作。[①] 从课程决策的定义中我们可以看出，课程决策既包括权力的行使、价值观的落实，又包括知识的分配，即利益的权威性配置。因此，课程决策集中体现了课程改革的所有特征，本身就是一个浓缩的社会系统。课程决策具备制度化的前提条件和要素。课程决策的产物是课程政策，具体表现为课程纲要、课程标准与课程计划等文本形式，它们对学校的教学内容起着决定性的作用，对学生的发展方向起着关键性的影响作用。课程政策的权威性配置的价值诉求就在于，使不同的教育价值观念在不同利益集团之间达成平衡，以期有利于社会的稳定和发展，解除利益与价值失衡给教育系统所造成的诸多危机、困扰与问题。[②] 如果课程政策科学、合理，那么将对学校教学产生积极的影响，否则将会对学校教学、对学生的发展产生不良影响，最终影响到国家的核心竞争力。而课程政策合理与否，关键要看课程决策的过程是否科学、合理。因此，就需要建立相应的制度来规约课程决策的过程，使其趋向于科学、合理，保障其程序的公平正义。我们的课程改革在开展过程中，往往在决策过程中出现许多非理性、随意化和主观臆断的现象，这是典型的人治而非法治，非常不利于科学、合理的课程政策的制定，这需要引起我们的高度关注和警惕，需要我们秉持课程改革的制度理性并在课程决策制度的完善与修正方面做出努力。

其实，我国有关教育决策的研究已经比较成熟，但是教育决策的制度化却进展缓慢，与教育决策研究的繁荣形成了明显的反差，这反映出我国相关决策部门实践理性的欠缺和制度意识的淡薄，当然这也可能与既得利益集团担心制度化之后自己将会面临失去发言权和维护自己利益的机会有关。正如学者所说，对于我国当下的教育改革来说，主要的问题早已经不是认识不到位，而恰恰是行动不作为。[③] 然而，作为社会头脑的知识分子，作为教育研究工作者，我们应该充分运用自己的理性思维来分析课程决策制度化的一般原则和程序，而不是拘泥于现状，裹足不前。课程决策制度的规范对象理应是课程决策这个实践过程本身，主要包括两个方面的内容，即谁来决策以及如何决策，前者是对决策主体的规定，后者是对决策程序的规定。规范对象

---

① 丁念金.试论我国基础教育课程决策机制的转变[J].课程·教材·教法,2001(5):11.
② 蒋建华.知识·权力·课程——政策视野中的课程研究[M].北京:教育科学出版社,2010:28.
③ 吴康宁.深化教育改革需实现的三个重要转变[J].南京师大学报(社会科学版),2013(3):7.

涉及决策权力的分配、教育观念的竞逐以及文化资本的重新分配,那么对于不同规范对象的不同方面就要采取不同的制度观念予以指导。在谁来决策的问题上,即决策成员的选取上,就要将课程改革的利益相关者的代表纳入决策工作小组,使课程政策能够全面反映社会成员的需要和意愿,也就是说决策主体要坚持民主性、代表性和功能性的原则。课程决策制度的一个重要方面,就是要规定具有什么资格的人可以参与课程决策,各种类型的成员比例如何,才能使课程决策科学、合理地开展,使课程决策成为集中反映民意和充分协商讨论的过程,这是课程决策的前提条件。这应该形成一种制度,而不是在每次进行课程改革时,才重新思考什么样的人有资格参与决策,使决策工作组的成员具有可预期性和必然性,而不是充满偶然性的。有关如何决策的问题,有很多学者赞同决策本身是一个"和稀泥"的过程,不可能具有固定的一套流程和规则,只有如此,才能应对变化多端的决策环境。这在一定程度上揭示了决策的复杂性,但如果以此为借口而放弃制度化的努力,甚至做出违背决策规律的事情,如官僚主义、经验主义、形式主义与冒进主义等,这是制度非理性的表现。这种错误观念还有一个理论假设,即制度就是约束人的,使人成为只会机械遵循固有程序的"机器",而没有看到制度宽容和自由的一面,因而是片面的。如何决策的规则就表现为决策者遵循一定的程序进行决策,如课程政策问题的认定—政策议程的设立—政策的形成—政策的合法化—政策的采用,这一程序只是课程决策的一般程序,并不意味着它是一种线性的、简单的过程,相反决策的每一个阶段都应有理有据、谨慎而行。关于课程决策的程序,几乎每本《教育政策学》的著作都做了较为详细的论述,只是我们是否有决心根据我国的国情将其固定下来,成为课程改革决策常规的问题,从而避免决策过程中的非理性和随意化现象。因为同美国等一些民主化程度较高的国家在课程决策方面的发展相比,我国的课程决策过程还远远谈不上规范和严格,尚且没有形成较为系统的制度化与程序化。[①] 课程决策过程在大众看来就如同一个黑箱,只能看到其最终的产物——课程政策,至于课程政策由谁制定、如何制定、根据什么而制定则不得而知。因而,有必要建立与课程决策程序相适应的咨询制度、审议制度、公听制度以及监督制度等,通过这些制度的创设和执行,使课程决策全过程实现透明化、科学化,使课程政策更加富有针对性和科学性,也可以增强其合法性,使其更容易为教育实践工作者所认同,从而使课程改革的推进更加顺利。因此,民主与科学是课程决策制度化的制度观念,这不仅是针对决策成员而言的,更重要的是针对决策过程而言的,当然,这两方面是紧密相连的,因为决策的开展需要决策成员之间的相互配合、共同协商、集思广益。

---

① 黄忠敬.课程政策[M].上海:上海教育出版社,2010:238.

二、建立权责明晰、对等统一的课程管理制度

课程管理,简单地说,即是对课程所进行的管理。具体地说,课程管理就是在课程规划、课程编制、课程实施以及课程评价等课程运作过程中,相关部门或人员对课程的各个运作环节中的人、财、物以及信息等要素所采取的统筹规划、指导服务、监督协调等措施,以达成预期课程目标的过程。可以说课程管理存在于课程运作的所有环节,课程改革的顺利推进离不开科学的课程管理。因此,课程管理并不是一种独立存在的行为,而是存在于课程运作的各个环节之中,课程管理制度可以作为一种独立存在的制度形式,也可以在其他课程改革制度中对其进行规定。本书将其作为课程改革制度中的一种独立制度形态进行论述与分析,只是基于我国课程管理的历史与现状一直令人不太满意这个事实,以便引起人们的重视和深入思考,并不意味着一定要建立一种独立形态的课程管理制度。

自新中国成立以来到现在,我国的课程管理一直在放权与集权之间两极摇摆,找不到一个合理划分课程管理权的有效途径。[1] 但总体而言,我国长期以来实行的是高度集权的课程管理体制,即偶尔有过放权,但地方与学校在课程管理中的权力还是十分有限,只有"文革"时期是全面地放权,但由于多重因素的影响,也造成了教育的全面崩溃。课程管理的高度集权在建国之后的很长一段时间内确实发挥了积极的作用,如实行统一的教学大纲,有利于维护教育平等;利用国家的行政手段进行干预,有助于保障教育质量;保持文化的统一性,有利于提升学生的文化认同感;国家对各地教育实行统一管理,有利于增强中央的权威和控制力等。[2] 但是随着时代的发展,这种高度集权的课程管理体制越来越不能满足人民群众日益增长的物质文化需求,造成了"千校一面,万生一书"的局面,学校培养的人才不能很好地服务于地方经济建设,同时政府在很多该管的事情上没有管好甚至放手不管,相反却管了许多不该管、也管不好的事情,造成了地方和学校在课程管理上毫无积极性可言,只能严格、机械地执行中央下达的各项指令,课程失去了原本应有的弹性和灵活性。正是基于这种状况,为了保障与促进课程对不同地区、不同学校与学生的多方面需求,我国在新课程改革中正式提出要实行国家、地方和学校三级课程管理。三级课程管理就其本质而言,是课程权力的重新分配,也即是怎么协调好国家、地方以及学校这三个权力主

---

① 谷丽洁.我国课程管理体制探析[J].教学与管理,2004(1):5.

② 蒋建华.知识·权力·课程——政策视野中的课程研究[M].北京:教育科学出版社,2010:
　164.

体之间的关系问题。① 目前我国虽然建立了中央、地方与学校的三级课程管理制度，尤其是学校层面作为课程管理主体的地位首次获得了确认。但三级管理主体之间的权限与责任范围尚不明确，再加上课程管理制度的"路径依赖"性，原有课程管理的职能依附在新的制度上，三级课程管理主体中的地方特别是学校的主体地位很难得到保障，容易变得名不副实。② 出于各种复杂的原因，如高考升学率的压力、财政负担过重等，有些地方根本没有进行地方课程开发，有些学校仅仅将地方课程和校本课程当作是应付上级检查的手段，而没有真正实施地方课程与校本课程，三级课程管理制度在有些地方和学校变成了仅仅围绕国家课程实施的管理制度。

课程权力的重新合理配置是课程管理制度创设与安排的核心问题。因此，我们应该首先对课程权力的类型进行分析，搞清楚课程权力到底包含什么内容，各种权力的性质为何。其次，课程权力有自己的载体，即权力主体，因此，应该对课程权力的主体进行分析，看看课程权力主体包括哪些社会成员，这些成员适合拥有和行使哪些权力，如归属于教育行政部门的课程决策权、课程教材审查权等就不应该下放给地方和学校，该下放给社会才能更好地发挥作用的课程教材编制权等应该归属社会，而不能将权力都集中在一处，只有如此，才会激发各层面权力主体的积极性和创造性。再次，如何协调各权力主体之间的关系。在课程管理中，中央、地方和学校这三者之间应该是上下衔接的，这种衔接既包括组织上的领导关系，又包括业务上的指导关系。要搞清楚哪些是组织上的领导关系，哪些是业务上的指导关系。③ 不能以组织上的领导关系替代业务上的指导关系，这是我们在课程管理过程中不容易把握的一点。最后，课程权力配置应遵循的一般原则是，坚持权责明晰、对等统一的原则，坚持分权制衡的原则。然而，我国目前的课程管理制度并没有对课程管理权力的类型与性质进行认真分析和准确定位，在《基础教育课程改革纲要（试行）》中，国家仅仅给出了一个很笼统的课程管理框架，到了课程改革的实践过程中，各层面的权力主体面对很多具体事务时不知道自己的权力和责任是什么，或者仅仅赋予了相应的权力，但对这些权力怎么行使却不加规限和监督，实践的迷茫和混乱也就在所难免。因此，我们有必要对课程管理中的权力配置进行认真的研究和探讨，以便于能够建立一个科学、合理的课程管理制度，确保课程改革的各环节顺利运作。有学者根据课程权力配置的一般程序并结合我国三级课程管理的基本框架，给出了一个适合我国的课程管理制度框架（见表6—1），这对于我国课程管理制度的创设有着重要的启发意义。

---

① 黄忠敬.课程政策［M］.上海：上海教育出版社，2010：166.
② 吴刚平.国外课程开发机制的基本类型及改革经验［J］.教育研究，2000（10）：79.
③ 郭晓明.课程管理研究引论［J］.课程·教材·教法，1995（2）：10.

表 6－1　课程管理制度框架①

权力配置		权力概述	权力主体	权力内容	权力特征	注意事项
中央一级	行政权力	国家课程决策与管理,保障国家利益;对地方实施国家课程进行监督、管理;对民间力量建设国家课程进行支持、监督和管理;对地方课程和学校课程实施行政监督和管理	教育部基础教育司	课程决策权、课程教材审定权、课程教材选择监督权	维护国家利益;强制	只需履行宏观的行政管理权,不必直接介入微观的课程活动,从具体的课程事务中解脱出来,对地方课程的业务管理可通过民间力量的中介功能实施

① 此表的绘制参照:蒋建华.知识·权力·课程——政策视野中的课程研究[M].北京:教育科学出版社,2010:230—233.

续表

权力配置		权力概述	权力主体	权力内容	权力特征	注意事项
中央一级	社会权力	多个社会组织对中央课程行政权力进行支撑，在保证国家利益的课程中进行有效的竞争，作为业务单位的社会组织对课程专业更具有发言权	教育部基础教育课程教材发展中心、中国教育科学研究院、部分有资质的出版机构、教育部重点高校等	课程计划、课程标准制定权，教材编写权，课程教材审查权，课程教材实施权；其中，课程计划、课程标准制定权要与课程教材审查权分离，课程计划、课程标准制定权、教材编写权要与课程教材审查权相分离，符合权力制衡原则；对地方课程实施进行业务指导	在维护国家利益的基础上，实现自身利益；课程管理法规内的自治	以业务竞争的方式获得行政部门与全社会的认可，从而实现"私利公益"；由于传统管理体制使然，所有这些权力主体均归属教育部管理，随着国家行政管理体制改革的深化，将逐渐实现政事分开
	个人权利	参与国家课程建设的各个成员	专家、教师、政府官员、学生、家长、企事业单位和社会团体负责人	课程实施权、课程教材选择权、课程教材政策建议权	公共选择理论中的集体选择模式，要坚持少数服从多数和弱势补偿的原则	人员应该具有代表性

续表

权力配置		权力概述	权力主体	权力内容	权力特征	注意事项
地方一级	行政权力	国家课程在各地方的代表,负责国家利益在本区域的实现,分级对本地区内国家课程实施工作进行监督与管理;地方课程建设的监督管理者	各省、自治区、直辖市教育委员会、教育厅、局基础教育处	国家课程在本地区的执行权,地方课程决策权、教材审查权,国家和地方课程教材选择监督权	维护国家利益、满足地方利益;强制	只能作为中央课程行政权力在本地区内的行政权力支撑,而不能混淆自身的权力性质,与民间竞争课程教材建设的社会权力
	社会权力		各地教研室、教科所、地方高校、教育学会、企事业单位、出版机构、考试机构等	通过集体决策原则享有国家课程建议权;地方课程计划、课程标准制定权,地方课程编写权、教材审查权、课程实施权、课程评价权;与国家一级的社会权力内容相似,这些权力之间要符合制衡原则	支撑地方行政权力维护国家利益和地方利益,在此基础上实现自身利益;课程管理法规内的自治	
	个人权利		专家、教师、地方政府官员、学生、家长、企事业单位、社会团体负责人	课程实施权,课程教材选择权,课程教材政策建议权	公共选择理论中的集体选择模式,要坚持少数服从多数和弱势补偿的原则	人员应该具有代表性

续表

权力配置		权力概述	权力主体	权力内容	权力特征	注意事项
学校一级	行政权力		学校	通过集体决策原则享有国家和地方课程建议权;学校课程管理权;校本课程决策权;校本课程教材审查权;校本课程教材实施权	支撑地方行政权力维护国家利益和地方利益,实现自身利益;权力较笼统,各种权力交织一体,很难区分;权力较小,只影响一所学校	
	社会权力		社会企事业单位	校本课程计划、课程标准制定权,校本课程教材编写权,课程教材实施权。由于影响范围较小,这些权力之间可以不必分离,可以不符合权力制衡原则	对校本课程进行支撑	只是学校校本课程建设的伙伴
	个人权利		专家、教师、学生、家长	课程实施权,课程教材选择权,课程教材政策建议权	公共选择理论中的集体选择模式,要坚持少数服从多数和弱势补偿的原则	人员应该具有代表性

三、建立指标完善、公开透明的教科书制度

教科书是教材的权威,是教学方案的心脏,是中小学阶段学生最主要的学习资

源,也是教师教学活动的主要依据①,课程的目标与内涵要靠教科书来加以落实。由于教科书对学校教育的影响巨大,大部分国家都会采取必要的控制机制,借以确保教科书的品质。例如在德国与日本,学校只能从经过审查合格的教科书名单中选用教科书。即使是实行"自由发行制"的美国、英国与法国等国家,出版商虽然可以自由出版、发行教科书,但地方政府、学区或学校也有一定的选用制度。因此,教科书制度对于确保学校教育的质量起着至关重要的作用。教科书制度的规范对象是教科书的编制、审查与选用的整个过程,因此,又可具体分为教科书编制制度、教科书审查制度以及教科书选用制度。

与传统的计划经济模式相适应,我国中小学校长期以来实行"一纲一本"的课程教材制度,实行标准化、一致性的教学规范,这在无形之中限制了教学活动的生动性与多样化,窄化了教师在教学过程中的专业发展空间。随着社会朝向自由化、多样化与民主化的发展,这种教科书制度越来越不适应人民群众的文化生活需要,不适应我国各地区独特的发展状况。因此,我国自 20 世纪 80 年代开始探索"一纲多本"的教科书制度,积累了一定的教科书建设方面的经验。新课程改革以来,我国明确提出实行教材多样化政策,鼓励有关机构与出版部门等依照课程标准编写中小学教材,并建立教科书核准制度和选用制度。这在很大程度上推进了我国教科书多样化的步伐,有利于激发社会成员参与教材建设的积极性和创造性,增强了教科书对不同地区、不同学校的适应性。然而,由于教科书制度的不完善或异化,教科书建设在多样化发展的过程中也出现了诸如同质化、业余化以及地方化等诸多不良倾向,教科书建设陷入了混乱与无序状态。② 因此,我们应该认真反思并积极进行教科书制度建设。

新课程改革实施以来,教科书编制权下放给了有资质的机构或出版商,教科书编制由出版商自行组织人员进行,因而教科书编制制度应由编写单位自行拟定,宏观制度不宜介入微观的专业领域。因为教科书编写完成之后尚且需要经过国家教育行政部门的审定通过方能出版、发行,质量不过关的教科书是不能通过教材审定环节的。当然,这也需要国家相关部门对其进行专业、资金等方面的支持,因为很多单位都是第一次承担教科书开发工作。在此,需要宏观制度创建者注意的是,在很多国家的课程改革过程中都会出现教科书编写时间紧迫而影响教科书质量的问题。这在我们国家的新课程改革中表现也是相当明显的,我国于 2001 年 4 月公布各学科课程标准,5 月份之后进行第一册实验教材的审查工作,7～8 月份开展教师培训,新学期开始即

---

① 蓝顺德.九年一贯课程教科书的审定与选用[J].中等教育,2002(6):4.
② 靳玉乐,王洪席.十年教材建设:成就、问题及建议[J].课程·教材·教法,2012(1):14.

使用新教材上课。① 也就是说一册实验教科书的编制仅用了 1~4 个月的时间就完成了，教科书的质量可想而知。虽然教育行政部门未对教科书编制过程进行过多的行政干预和限制，但是改革的时间表却严重制约着教科书编制的质量，这是课程改革宏观制度的一个副效应，需要引起我们的高度关注。

我国的教科书审查制度相对来说比较健全、合理，原国家教委 1996 年 10 月 30 日，颁布实行经重新修订的《全国中小学教材审定委员会工作章程》以及教育部 2001 年 6 月 7 日，发布的《中小学教材编写审定管理暂行办法》，对教材审定的机构、机构成员组成、原则、标准与程序等均进行了详细的规定，这对于严把教科书质量关有着重要的意义。目前，较为迫切的是树立教科书审定制度的权威性，这不仅是针对教科书送审单位而言，更是针对教科书审定委员会而言的。上海历史教科书被叫停事件，便是有关部门在外界压力下基于意识形态原因而损害教科书审定制度权威的做法。以行政命令的手段终止已经通过审定的正在使用的教科书，是对教科书审定委员会之前做法的否定，更是对教科书审定制度权威的损害。这使人民群众对法律制度的信任感逐渐消失，对于法治社会的建设是非常不利的，更遑论一直备受轻视的教育政策法规建设。与此相关联的是，要建立教科书审查争议处理机制。因为教科书审查不仅是技术性的审查，更是一种价值判断，在审查过程中难免产生争议，②尤其是在面对课程编写理念存在差异的时候，争议和分歧更加不可避免。因此，我们建议成立中小学教科书审查争议审议会，邀请相关领域的专家、教师代表、学生家长代表以及社会人士等组成审议会，对审查中有关课程编写理念等争议进行专业、中立、客观的仲裁，以提高教科书审查的成效。而目前我们的《中小学教材编写审定管理暂行办法》仅规定了"教材编写者认为教材管理部门、教材审定机构在教材立项核准、初审及审定过程中，有违反本办法的行为，侵犯其合法权益的，可以向同级教育行政部门申诉或依法提及行政复议"③。但对到底由哪一个同级教育行政部门来接受并处理申诉等问题却没有进行实质性的说明，而且说到底都是教育行政部门内部的事情，缺乏社会的有效监督和制约。

在新课程改革过程中，一直备受批评的则是教科书选用环节的不规范，诸如一些地方教育行政部门或领导为了自己部门利益或者个人私利，同教科书出版机构相互勾结，违规选用不适合本地区学校需要或者质量低劣的教科书，或中途更换教科书版

---

① 叶澜.中国基础教育改革发展研究[M].北京：中国人民大学出版社，2009：185－186.
② 蓝顺德.教科书审定制度运作之问题检讨与改进建议[J].课程与教学季刊，2002(1)：24.
③ 教育部.中小学教材编写审定管理暂行办法[EB/OL]. http://www.gov.cn/fwxx/bw/jyb/content_2267198.htm.

本,给学校教学的正常开展带来很大的干扰。这其中固然有个人道德问题,但最根本的还是由制度的不健全或程序的不透明所造成的。各地也成立了教材选用委员会,制定了一定的规章制度,但是由于缺少对教科书选用流程的思考,选用过程也缺乏透明性和社会的监督,导致教科书选用过程乱象丛生。因此,首要的是要建立公示制度和监督机制,确保教科书选用的程序公正。另外,要认真思考教科书的选用程序该如何设计才能选择到真正高质量的教科书,实现课程改革的预定目标。严谨的教科书选用过程,至少包含四个步骤,即准备规划阶段、分析评鉴阶段、讨论决定阶段和追踪反馈阶段。[1] 准备规划阶段最重要的工作是成立教科书选用委员会,由教育行政人员、学科专家、优秀教师、学生代表及家长代表等组成,本着专业的精神行使职责。接着要建立各选用单位的教科书评价标准,作为选择的依据;决定选用办法、流程与进度。同时要提供充分的信息供小组成员参考,如各版本教科书、教师手册、相关教具等,相关的研究报告,出版社的概况,教科书的编写理念、计划和整体架构等。在分析评价阶段,要依照法令规定、相关文献与学校需要,依据评价标准,对教科书做出严谨而完整的分析评鉴,搞清楚各版本教科书的特色和优缺点。在此基础上,进行小组讨论,开展充分的意见交流,达成一定的共识,选择最合适的教科书。最后是追踪反馈阶段,要公布选用结果和选用理由,作为下一次选择的参考,并将使用过程中遇到的问题反馈给出版社,作为教科书修订的参考。目前,我国教育部正在制定《中小学教材选用管理办法》[2],这是我国教科书选用制度化的一大进步,希望可以为教科书选用提供规范,保障教科书选用的民主化与科学化。因此,无论是在教科书审查环节还是在教科书选用环节,最为关键的是审查或选用的标准完善、程序公开透明,即增加制度的形式化程度,尽力避免主观性的干扰。

四、建立分工明确、及时到位的课程实施制度

20世纪五六十年代,随着学科结构运动的开展,课程改革研究开始受到学者们的普遍关注,当时人们普遍认为只要改革方案足够完美,其一旦被采用,就会在实践的过程中自然而然地实现其预期目标。因此,学者们重点关注的是课程改革方案设计的科学性以及对人们采用改革方案产生重要影响的那些因素。结果,学科结构运

---

[1] 张盈霏.现行教科书选用机制之探究——以国中英语科为例[J].教育行政双月刊,2003(7):71—72.

[2] 国务院法制办公室.教育部公开征求对《中小学教材选用管理办法(征求意见稿)》意见的通知[EB/OL].http://www.chinalaw.gov.cn/article/cazjgg/201303/20130300385371.shtml,2013—3—27.

动并未取得预期的效果。20 世纪 70 年代，通过对学科结构运动的反思，研究者们发现原来的假设存在着重大的缺陷——即使人们采用的改革方案是设计完美的，也并不意味着改革就能取得预期的效果，而如何将改革方案付诸实践才是课程改革的关键所在。① 学科结构运动的一个重大失误就是只专注于课程改革计划与假设体系的创制，而对课程改革的具体实施过程关注很少。② 自此以后，课程实施走进了教育研究者的研究视野，成为课程改革实践领域与研究领域中一个绕不开的话题。长期以来，我国的教育研究工作者一直忽视课程实施的研究，这与我国高度集中的课程管理制度是相一致的，全国采用统一的课程方案，学校和教师也被要求无差别地实施国家规定的课程，因此，教育实践其实不大需要这方面的研究。直到 20 世纪 90 年代，伴随着课程研究领域在我国的兴起，这一领域才逐渐走进了人们的视野。我国有关课程实施的研究也取得了一定的进展，但是在课程改革的过程中，还是不足以能够引起改革发起者与相关教育行政部门的重视，改革在实践中难免遭遇困境，更不用说课程实施的制度化了，我国课程实施的制度化水平远落后于世界上许多国家。

　　课程实施就是将设计好的课程计划付诸实施的具体过程。③ 因此，课程实施就涉及两个方面的问题，其一，谁来实施；其二，怎么实施。关于谁来实施的问题，一般我们认为课程实施的主体是学校及教师，但这未免过于狭隘，因为课程实施也需要地方教育行政部门、学校对各种性质的课程做出协调，需要各级相关部门的支持，因此，这些部门同样是课程实施的主体。但学校及教师是课程实施过程中最主要、最核心的主体，各级教育行政部门的课程政策的落实最终都需要学校及教师的认可，并付诸实践，最终对学生的身心发展产生积极的影响，离开学校及教师，课程改革最终必定会走向失败。课程实施的大部分工作是教师在课堂上完成的，教师的知识和能力问题必须成为提高课程水平的中心任务，也必须成为课程改革高度关注的中心任务之一。要想真正实现课程改革的预期目的，其前提是教师的业务能力必须有所提升④，因为课程改革意味着要求教师对自己以往的教学观念、教学方式以及时间安排等做出调整和适应，而教师对新课程计划的认可，教师教学观念、教学方式的转变都需要教师进行专业发展。在教师专业发展的过程中，教师了解新课程的理念、自己能对新课程做出什么贡献、自己能从中获得什么，进而吸收新的教育理论、学习新的教学方

---

① 尹弘飚.论课程变革的制度化——基于新制度主义的分析[J].高等教育研究，2009(4):76.

② 张华.课程与教学论[M].上海:上海教育出版社，2000:330.

③ 施良方.课程理论:课程的基础、原理与问题[M].北京:教育科学出版社，1996:128.

④ [美]艾伦·C.奥恩斯坦，弗朗西斯·P.汉金斯.课程:基础、原理和问题[M].柯森，等译.南京:江苏教育出版社，2009:333.

式。因此,是否为教师的专业发展提供机会,那么专业发展的效果便成为影响课程实施的一个关键要素和前提条件。然而,我国的教师专业发展面对新课程改革表现得较为迟钝,无论是职前教师培养还是在职教师培训,都远远滞后于课程改革的需要。就在职教师培训而言,一项针对北京市新课程改革开展状况的调查显示,接受访谈的绝大多数"主科"教师都认为,培养学生的创新精神与他们无关,而是体、音、美教师的事情。这说明教师的教育理念仍有待继续更新与发展。另外,学生对教师的教学内容不感兴趣,在一定程度上是由于教师的生活阅历、知识储备和专业技能与新课程内容的要求相去甚远,连教师自己都不能够很好地理解课程内容,更别提进行高质量的教学了。国外研究人员玛尔顿(Marton,A.M.)通过调查研究发现,上海市的地理教师大都缺乏教育学和心理学方面的知识,很少有机会与同事或地区教育专家交流并获得帮助,基本上是靠自己尝试探索新课程的实施方法。诸如北京、上海这些课程改革的重镇尚且如此,很多贫困偏远地区的情况就更加糟糕。那里的教师们几乎没有进行专业发展的机会,即便少数教师参与了短期的培训,然而这些培训的内容也大多是宏观理论层面的,很少有对新课程教学方法的具体指导。由此观之,在职教师专业培训不仅要加大力度,而且质量也有待提升。[1] 就职前教师培养而言,我国教师教育的课程体系长期以来沿袭苏联的做法,学科教师的培养一般是专业课加上所谓的"老三门"(教育学、普通心理学以及学科教学法),这已经远远不能满足新课程对教师素质的要求,教师教育课程体系亟待改革。因此,有必要建立教师专业发展制度,明确各级教师教育机构的职能,及时更新教师教育课程体系,使教师的专业发展能够适应并推动课程改革,而不是阻碍课程改革的步伐。可喜的是,我国目前在教师专业发展的制度化方面已经迈出了坚实的一步,教育部于 2011 年颁布了《教育部关于大力推进教师教育课程改革的意见》和《教师教育课程标准(试行)》这两份重要的文件,标志着教师专业发展制度的初步建立。

关于怎么实施新课程的问题,一个重要的方面是教师的教学,另一个重要的方面就是课程实施的支持系统,这两个方面对于新课程的顺利实施都起着重要的作用。然而,教师教学属于教师的专业领域,宏观制度不宜干涉此领域,学校可以根据实际情况建立适合本校的教学制度,微观制度应该放手给各学校自行创设,这样才有利于激发教师教学的活力和创造性。这里我们重点讨论课程实施的支持系统。如果说教师专业发展解决的是人力资源保障的问题,那么课程实施的支持系统所要解决的则是新课程所需要的物力资源和财力资源保障的问题。如果没有足够的课程实施资源

---

[1] 肖磊,靳玉乐.中国新课程改革的检视:异域学者的观点[J].课程·教材·教法,2013(6): 13—14.

作为保障,推广新课程的努力必定会以失败而告终。美国课程改革的经验表明:许多学区之所以对改革表现得相当热心,是由于联邦政府资金的吸引,但他们并没有将自己的资金投入学校的预算中。联邦政府的资金仅仅可以作为必要的启动资金,一旦这些资金用毕,学区想要继续实施新课程就会出现缺乏必要的资金的情况。① 我国新课程改革的过程中,"省级以下的实验区经费投入明显不足,个别实验区地方财政甚至对课改工作没有投入"②,而国家也并没有根据课程改革的全面推进继续追加经费。这些问题反映了我国课程实施支持系统的随意性与经验主义,临时性的拨款使得课程改革的支持系统成为一种富有很大"弹性"的策略,极大限制了课程政策的顺利实施。③ 因此,课程实施的支持系统应该考虑的问题是,新课程所需要的物力资源和财力资源到底应该由哪些部门承担,这些部门之间的责任如何划分,不同地区的资源应该如何分配等。对于这些问题我们应该进行深入思考和认真研究,建立起必要的课程实施保障制度,而不是面对课程改革,各级政府部门出于自身利益的考量而相互推脱责任,致使新课程的实施遭遇瓶颈。笔者认为,承担课程实施资源的各级行政部门之间应该遵循"权责明晰,对等统一"的原则,即拥有多大的课程权力,就要承担与之相匹配的课程资源供应责任;不同地区课程资源的分配应遵循"公正透明,及时到位"的原则,即综合考虑各地区的实际情况,做到公平、公正,要使资源向落后地区倾斜,也即符合罗尔斯所说的平等原则与差别原则。只有建立起课程实施的保障制度,课程资源的获取才不会受制于主观意愿,课程改革才能够顺利推进。

五、建立多元参与、客观中立的课程评价制度

课程评价是指人们收集相关的资料去评判所设计、开发或实施的课程,是否正在产生或能够产生预期的结果,以便决定是否采用、修改或者删除总体课程或某一特定教科书的过程。④ 在这里,课程评价指涉的是课程改革的全过程,包括课程决策的评价、课程实施的评价以及课程实施结果的评价等。在这个意义上,课程评价即相当于

---

① [美]艾伦·C.奥恩斯坦,弗朗西斯·P.汉金斯.课程:基础、原理和问题[M].柯森,等译.南京:江苏教育出版社,2009:316.

② "新课程实施与实施过程评价"课题组.课程改革实验区追踪评估的最新报告[J].教育发展研究,2005(5A):22.

③ 屠莉娅.课程改革政策过程:概念化、审议、实施与评价——国际经验与本土案例[D].上海:华东师范大学博士学位论文,2009:283.

④ [美]艾伦·C.奥恩斯坦,弗朗西斯·P.汉金斯.课程:基础、原理和问题[M].柯森,等译.南京:江苏教育出版社,2009:339.

课程改革评价。课程改革需要课程评价来促进,评价是课程改革的重要一环。[①] 第一,课程评价有助于进一步明确课程改革的目标。课程评价要以改革的预定目标为重要依据,去检验课程改革是否实现了预期的目标。因此,课程评价必然是进一步明确课程改革目标的过程,确保课程改革不会迷失方向。第二,课程评价有助于对课程改革的过程进行调节。课程改革是一项复杂的系统工程,任何计划周密的课程方案都难以预料到实际改革过程中所遇到的全部问题。如果能够在课程改革的过程中定期进行形成性评价,及时发现问题,将问题反馈给改革者,并有效解决问题,必然会促进课程改革的顺利推进。第三,有助于课程决策与课程管理的科学化。课程决策和课程管理都需要建立在对现实情况科学分析的基础之上,没有对现实情况的准确把握和定位,决策和管理都将是盲目的和经验主义的,这对课程改革将贻害无穷。课程评价可以帮助决策者与管理者了解课程改革之实施情况,找出其中的问题与成就,分析课程改革方案之利弊得失,进而将结果反馈给改革者以进行持续的课程改革。[②]因此,课程决策与管理需要课程评价提供客观、准确的事实材料和依据。第四,课程评价有助于形成良好的改革激励机制。通过课程评价使课程改革者不断了解改革的效果,有助于强化改革者的动机,提高参与改革的热情,激发改革者的创造活力。因此,制度化的课程评价对于课程改革的持续、科学推进有着重要的保障作用,有必要建立起科学、合理的课程评价制度。

然而,我国长期以来一直将课程评价等同于教学评价,又将教学评价等同于学生学业评价,人们重视的是学生成绩如何。这是与我国传统的集权课程管理体制相适应的,当课程发展与课程改革集权于中央时,焦点只有一个,资源集中运用,教育品质比较容易得到保障。而当课程发展和课程改革分权给地方、出版机构和学校时,焦点就变得多元,资源也是分散运用,教育品质就可能优劣不一,不容易得到保障。这就要求我们对课程评价的理解不能简单聚焦于学生学业成绩,而是要定位于课程改革的全过程,而且课程评价也不能只是终结性评价,更需要在课程改革开展的过程中进行形成性评价,及时、准确地发现问题,并将问题反馈给改革者,及时调整改革策略。因此,定期的、常规性的课程评价就显得必不可少。世界上许多发达国家都建立起了较为完备的课程评价制度。如上文我们提到的日本在课程改革中定期开展大规模的课程评价,其他的如英国在《1988 年教育改革法案》颁布实施后,便采取了一系列的手段和措施监控教育质量,定期对 7 岁、11 岁和 14 岁的学生进行学业测试,每四年对学校开展一次教学质量评估,并将这些评估的结果向家长或者社会公布。[③] 相比

① 王宗敏,张武升.教育改革论[M].郑州:河南教育出版社,1991:288—291.
② 黄政杰.课程改革新论——教育现场虚实探究[M].台北:冠学文化,2005:153.
③ 崔允漷.试论建立国家义务教育质量监测体系的价值[J].教育发展研究,2006(3A):2.

较而言,我国以往的历次课程改革都没有开展较为系统和持续的课程评价,只是针对面临的课题进行一时性的研究,导致了下一轮的课程改革只能依据经验而开展。在新课程改革中,我们虽然建立起了较为科学的评价观,但并没有将这种评价观落实为具体的课程评价制度。一位课程专家感叹道:"当初新课改也成立了评价中心,后来在北师大又成立了质量监测中心。本意是通过学者们的研究酝酿形成一个较为合理的评估体系。但自上而下却没有谁使用这套评价体系去开展评价。各地的评价还是自行其是,评价内容也多是以升学为绩效的。所以实际上,研究者搞的评价和行政实行的评价没有变成一回事。"①另一位课程改革工作组的核心成员也说道:"我们并没有与三级课程管理体制相匹配的监督评价体系…这轮课程改革,我们做过努力,但没有制度。"②这就造成了教育管理部门的政策失效和行为失范,更造成了地方政府的工具理性泛滥。改革过程中也有少数针对改革试验区的追踪评估,但基本上都是在政府主导下开展的评估活动,也发表了有限的几篇评估报告,但是正如我们前面所说的,这些评估报告一般是谈成就、说贡献的多,摆问题、查不足的少。也就是说我们的课程评价主体较为单一,不受行政干涉的独立、客观的评价机构尚在萌芽之中。不过近年来,这一情况也在逐步好转。21世纪教育研究院、新教育研究院和北京西部阳光农村发展基金会于2011年10月14日,公布了他们与中国网联合开展的"教师对新课改的评价"的网络调查结果,比较客观、公正地呈现出教师对新课程改革的评价情况。③ 调查结果引起了社会各界的热烈讨论,这可以说是社会力量参与课程评价的一个良好开端。但是,这种评价具有偶然性和不可持续性,我们需要的是制度化的课程评价。建立科学、合理的课程评价制度需要考虑以下几个问题:第一,谁来评价,即评价的主体包括哪些社会成员;第二,评价什么,即评价的内容包括哪些改革要素;第三,怎么评价,即评价的标准是什么,评价要遵循哪些程序;第四,评价结果怎么使用,即评价结果应该向哪些人公布,这些人应该怎样利用评价结果等。课程评价制度的创设与生成应遵循"多元参与,客观中立,公开透明,及时到位"的原则,其中多元参与是就课程评价的主体而言,客观中立、公开透明是就课程评价的程序而言,及时到位是就课程评价的时机而言。只有建立起合理性的课程评价制度,才能确保课程改革科学、深入的推进。

① 李志超.三级课程管理的权力运作研究[D].重庆:西南大学博士学位论文,2013:125.
② 李志超.三级课程管理的权力运作研究[D].重庆:西南大学博士学位论文,2013:126-127.
③ 查有梁.十年新课改的统计诠释[J].教育科学研究,2012(11):6-7.

第七章 协同共促：课程改革
顺利推进的条件保障

课程改革制度化是社会现代化转型的内在要求,社会的现代化要求为课程改革行为制定出各种清晰、明确、合理的规则系统,使改革者有章可循、改革行为有法可依。课程改革的制度理性是课程改革实现制度化的方法论,唯有秉持课程改革制度理性,才能对课程改革的现实情况做出实事求是的分析,并搞清楚课程改革制度理性的基本特征,方能实现课程改革的制度化。课程改革的制度化有助于规约课程改革行为,使不同层级的权力在自己的"笼子"里高效运行,多元价值观在同一平台上相互竞逐并达成底线共识,各种利益能够得到公平、正义的分配,从而减少课程改革过程中的非理性倾向和随意化现象,确保课程改革朝着合理性的方向发展,实现课程改革的自由秩序。需要特别注意的是,本书是基于我国课程改革过程中的诸多非理性、随意化的现象,而提出课程改革制度化这个主题并加以系统分析的,笔者认为,相对于其他措施来说,课程改革制度化在很大程度上可以减少课程改革行为的非理性成分,而不是倡导和鼓吹课程改革若实现了制度化就必定会使非理性的、随意化的行为彻底消失。如若真是如此,那么我们就将陷入制度决定论的陷阱而不可自拔,再加上我们以前不怎么注重正式制度的建设,而倾向于利用非正式制度实现社会的稳定,所以很有可能会走向另一个极端,认为非正式制度已经被社会的发展与历史的潮流所淘汰,从而也就会更加忽视那些非正式制度因素对课程改革行为的引导、规范和约束的作用。学术界曾经就制度决定论和文化①决定论这两种理论进行过激烈的讨论,观点双方都想从以往的人类发展历程中找出对方理论的缺陷,试图表明自己所支持的对象(制度或者文化)在人类社会生活中起着决定性的作用,甚至能够决定对方的状

---

① 广义的文化指人化,包括物质文化和正式制度在内。但我们这里是在狭义的层面上使用文化概念,是指除了物质文化和正式制度之外的价值观念、意识形态、风俗习惯、伦理道德等。参见:邹吉忠.自由与秩序:制度价值研究[M].北京:北京师范大学出版社,2003:264.

态①,事实上他们都能找到一些案例来反驳对方,至今也未达成共识。② 这就好比不同的科学哲学流派依据特定的科学史料,从这些选择出来的史料中,都能找到支持自己理论的证据,但都不是对科学史整体发展的全部概括,因此,都有一定的道理,但也都有一定的不足之处。其实,无论是正式制度也好,非正式制度也罢,都会从不同的方向对个人与社会的发展产生相应的效力,但都不是从决定论的意义上产生效力的,都有其自身的功用边界和限度,其区别只是在现实生活中哪种类型的因素效力更强而已。原因就在于人类本质上是一种有主观能动性的、复杂的高等动物,在不同的时间、不同的地点基于不同的心理状态,会对同一种事物表现出截然不同的态度和行为方式,不是某种单一的因素就能解释清楚人类行为的动因的,持决定论的人一般来说都是对人类社会的发展做了极端简单化的解释和分析。正确的态度是承认正式制度和非正式制度都对人类社会的发展有着重要的意义,但二者也都有其功用界限,需要我们在课程改革实践过程中对它们进行功能协调和互补,使它们形成最大合力,共同促成课程改革自由秩序的实现,保障课程改革的顺利推进。

第一节　课程改革制度化的功能限度

　　课程改革是一项复杂的系统工程,其正常开展需要制度的规约和保障,但是即便建立起了相应的制度也并不一定能够保证课程改革的必然成功,并不一定能够保证课程改革预期目标的顺利达成。课程改革制度有其自身的局限,其功用也是有边界的,超出了一定的边界课程改革制度也是无能为力的。套用一句被广为使用的句式来描述课程改革制度的功用是再合适不过的,即"课程改革制度并不是万能的,但课程改革离开课程改革制度是万万不能的",也就是说课程改革制度化是课程改革成功的必要但不充分条件,课程改革尚需要其它要素和条件共同作用方能达成预期的改革目标。一般说来,根据课程改革制度的内外部制约因素,课程改革制度化的限度可分为内在限度和外在限度两种类型。内在限度是由于制度或制度系统本身的问题所

---

① 究竟是制度决定文化,还是文化决定制度,这一问题类似于"鸡生蛋还是蛋生鸡",在此笔者不想过多涉及,抛出这一问题只是想提醒我们注意制度和文化都是现代社会生活所必需的,二者之间存在着密切的关系。

② 相关论述可参见:尹伊文."制度决定论"的神话[J].读书,2008(7):25—33;袁烜.对制度决定论的质疑[EB/OL].http://guancha.gmw.cn/content/2008-07/25/content_810593.htm;张旺.文化与制度二者不可偏废——兼论中国现代化路径的选择[J].淮阴师范学院学报(哲学社会科学版),2012(6):723—724;段拥军.制度不起决定作用吗?[EB/OL].http://club.kdnet.net/dispbbs.asp? boardID=1&ID=1130036.

引发的功用限度,外在限度则更多的是由于受制度规约的改革主体自身的问题所引发的功用限度。这种分类只是相对的,内在限度与外在限度二者之间是紧密相关的,而不是截然分离的,它们通过人这个中介相互作用。这两种类型的功用限度是不可避免的,因为无论是制定制度的主体,还是受制度规约的主体都不是完美的人,都是有限理性的人,而且这两类限度都会在特定的时空环境中对课程改革的顺利推进产生困扰,有时是单一类型的限度产生阻抗作用,有时则是两种类型的限度同时产生作用。

一、内在限度

课程改革制度作为课程改革实现自由秩序的作用机制,是通过制定规约改革者以及参与者行动的规则系统,并规定相应的激励或者惩罚措施,以便使改革主体按照制度规定来行事,减少改革主体的主观意愿、长官意志对改革过程的干扰。遵循制度安排行事的主体将得到相应的激励措施,违反制度规定行事的则将受到相对应的惩罚措施。因此,强制性是制度得以实施的前提条件和内在要求,"他律""他治"便是制度作用机制的显著特征①。课程改革制度的这种强制性只是针对主体外在行为而言的,主体按照制度的规定去行事并不代表其一定从内心深处接受并信奉了这一制度的内容或观念,很有可能只是出于害怕违反制度所伴随而来的惩罚措施。而且,现代"陌生人"社会要求制度日益形式化,而不必也不用去追究这种行为背后的动机是什么,只要行为及其结果符合制度的规定就是合理的。在制度层面上对自由秩序问题的解答,实际上是一种社会解答,是从社会宏观结构以及人与人之间的互动规则的角度入手,寻求自由与秩序这一问题的解答方式。这种解答方式的缺陷与不足之处在于,它只是从外在层面、横向切面以及非人格化的角度触及自由秩序问题,往往忽略了内在层面、纵向切面以及人性特质等。② 这就容易造成很多人格分裂、内外不一的"虚伪"主体,即心中所想与现实所为并不是一回事,这种状态在一定程度上是符合马克思所说的"人的异化"的。比如面对新课程改革大力倡导的研究性学习,很多学校的校长也明白学校教育必须促进学生的全面发展,研究性学习的开展是有必要的,但是基于必须尽力帮助学生获得高分这一社会责任,他们选择了表面上执行新课程制度,而实质上依然是在旧制度预设的轨道上前行。其实,这些校长在面对课程改革的

---

① 孙莉.德治与法治正当性分析——兼及中国与东亚法文化传统之检省[J].中国社会科学,2002(6):98.

② 邹吉忠.自由与秩序:制度价值研究[M].北京:北京师范大学出版社,2003:264.

"好事"和应试教育的"急事"时内心也是很矛盾的。① 按照马克思主义社会发展理论,这种现象在根本上是由于人类尚未进入共产主义社会的必然结果,这一时期人摆脱了对人身的直接依附,实现了以物的依赖性为基础的人身的自由和解放,形成了普遍的社会物质交换和全面的生产关系,但是这种自由实质上只是资本的自由,相对的则是人的不自由和受物的奴役,也即这种自由只是形式自由而非实质自由。只有到了共产主义社会,建立于社会物质极大丰富基础上的人的思想观念、道德修养同社会的制度安排相一致时,方能实现人的实质自由,摆脱形式自由的异化状态。但是,我们不能坐等共产主义的到来,在此之前,我们在加强制度建设的同时,也不能忽略人的精神状态、道德修养、社会文化的改造、教育的提升,使制度创新与人的思想观念的更新渐趋一致,逐步消除人格分裂、内外不一的状态。

课程改革制度并不一定能够使相关主体从内心真正接受和维护,它只涉及人们外在的行为方式,而不直接涉及其内在的精神过程和行为动机②,这是课程改革制度内在限度的一个方面。课程改革制度内在限度的另外一个方面就是,课程改革制度并不能够深入到课程改革全过程的每一个细节,不可能完全预料到课程改革过程中将发生的所有事情,而对每一个细节做出详细的规定。立法者和普通人一样,都会在工作中出现种种错误和偏差,其对社会交往法则与合作规则的把握、认定可能与普通人以实际活动所体现出来的判断有差别,而不会因为进入了立法机关就一夜之间变成了全知全能的上帝。③ 而且如果真是在课程改革制度化的过程中将人的理性运用到极致,那么势必会出现无数条有关课程改革的规则,改革的参与者将处于制度之网中,没有一丝自由的空间,个人的所有个性、欲望、情感、精神世界等都将被抹平或被悬置起来④,人最终将成为制度的牺牲品,也即是人的异化状态。笔者在本书中提倡的应有做法是,创设宏观制度,那些微观层面的制度留待课程改革的实践过程中自发生成。那么,在那些课程改革制度没有涉及的微观领域,人们要依据什么标准去行动就成为一个亟待思考和解决的问题。这也迫使我们将目光转向那些非正式制度的因素。此外,课程改革制度是一个多层次、立体化的制度规则系统,这个系统内部各子制度之间是否协调一致,也关系到课程改革制度功能发挥的程度,如果某一种制度同其他制度的理念、功用相冲突,那么势必会造成课程改革制度系统的功能内耗,改革的参与者也将对制度产生迷茫感和不信任,制度的权威将受到损害。比如我们的新

① 柯政.理解困境:课程改革实施行为的新制度主义分析[M].北京:教育科学出版社,2011:135.
② 杨育民.德性与制度化规则[J].人文杂志,2002(2):25.
③ 苏力.制度是如何形成的[M].北京:北京大学出版社,2012:206.
④ 邹吉忠.自由与秩序:制度价值研究[M].北京:北京师范大学出版社,2003:249.

课程改革中的很多理念和具体做法同考试评价制度是不吻合的,考试评价制度的变革远落后于新课程制度的变革,因此,地方政府和一线教师只有首先考虑那些学生和利益相关者迫切需要的"急事",而不会多想、多做那些有利于学生和社会长远发展的"好事",这就造成了新课程改革在推进过程中屡屡受阻。实际上,在新课程改革政策制定初期,决策层也是认真考虑过改革考试评价制度的,意欲发挥评价的正向功能,但是后来由于各种复杂的原因这一设想被中断了,这就为后来的制度冲突埋下了很深的隐患。[①] 因此,在课程改革制度化的过程中,各职能部门应该及时沟通、相互配合,努力达成一致的理念,避免课程改革制度系统内部的功能内耗。这种矛盾状况也使我们思考当人们在遇到制度系统内部不协调时该如何行事,是听从内心的召唤还是随波逐流、路径依赖地行事? 最后,课程改革制度的违规成本低也是课程改革制度功能不能充分发挥的一个重要原因,在我国,与教育紧密相关的法律制度的违规成本是最低的,恐怕也是最不受我国民众尊重和维护的制度了,比如儿童辍学基本上是没有人会去追究教育行政官员及学生监护人责任的、教科书违规选用相关负责人也是很少会受到处理的。违规成本低必然给制度客体造成这样一种印象——反正违反了制度的规定也没多大事,而违反制度又能给自身带来超额的利益,那么就必然选择违规行事。就制度的违规成本过低而言,这才是课程改革制度功能的内在限度,制度客体的违规行事方式不在此列。

二、外在限度

如果说课程改革制度化功能的内在限度是由于主客观条件所塑造的制度自身的原因所造成的,那么其外在限度则是在完善、合理的制度条件下,制度客体或制度对象——人的思想观念、行为方式出于各种原因而违反了制度的规定所造成的。有些内在限度是造成外在限度的直接原因,比如我们上面所说的制度的违规成本过低所带来的制度权威降低、违规行为泛滥等现象,这是人类固有的机会主义行为倾向。无论形式化的课程改革制度对课程改革有何等重要,无论现代课程改革制度的作用机理是何等的有效、巧妙,无论建立于契约基础上的现代课程改革制度是何等的完善、严密与精巧,它都离不开活生生的、具有丰富情感的人。在现实生活中,人并非是统一规格的棋子,而是活生生的、有能动性的、在个性上存在千差万别的主体。[②] 不管是制度的设计者抑或是执行者,都不是制度所预设的那样理性、公正、信奉与遵守制

---

① 沈伟,曲琳.我国普通高中课程改革的反思与展望——杭州师范大学张华教授访谈[J].全球教育展望,2012(12):4.

② 尹伊文."制度决定论"的神话[J].读书,2008(7):27.

度。相反,实际的情况是一有机会,这些"制度化的头脑"就会偏离课程改革制度所预设的轨迹,自私、暴躁、易怒、好斗、短视与投机取巧等人类所固有的秉性就会暴露无遗,变成一个十足的机会主义者和功利主义者。制度可以在一定程度上降低人的机会主义行为发生的概率,但是不能完全消除这种行为发生的可能性。克服这些毛病的主要手段是制度,但是非制度因素所起的作用要比我们能够想象到的重要得多。[①]社会结构与制度对人的思想观念和行为方式有一定的影响,但并不能决定人一定按照何种观念去思想、按照何种方式去行动。

很多时候,机会主义行为与主体的道德修养无关,只是在面对自身利益而不得不做出抉择时的一种行为方式,可能这些人的内心是善的,只是他们的制度意识较为淡薄,民主与法治的观念尚未在他们的内心扎根,没有考虑到或者很少去反思其行为对他人和社会所造成的影响。社会成员的制度意识淡薄,主要表现在,多数成员对制度的权威缺乏应有的尊重,只是仅仅将制度作为一种可以为自己所有、为自己所用并且为自己所随意变动的工具和手段。符合自己利益的制度就维护和遵守,与自己利益相悖的制度则不惜违反甚至破坏。[②] 然而,也有一些人的机会主义行为方式是其道德修养的低下所造成的,他们为了自己的一己私利,明知违反制度的规定以及这样做的后果,但不惜任何代价也要达成自己的目的,给他人和社会造成了较为严重的不良后果,比如违规选用质量低劣的教科书、教师在课堂上不好好讲课而在课后开设补习班等现象的发生就是道德修养不高的表现。

课程改革制度化功能的外在限度的另外一个重要方面就是制度与环境之间的互动关系。其中的一个表现是制度建设滞后于课程改革发展的实际需要,人们出于各种因素的考量不愿意或者很缓慢地推动制度变迁,造成了一部分人的利益受损、发展得不到保障。产生这种异化的原因就在于制度内容具有相对稳定性,而人的需求是不断变化的、发展是无限的,当制度的创新不能适应人的发展需求时,制度便成为人类异化的根源。[③] 任何制度只有在不断调整和改变以适应人们利益需要的过程中,才能逐渐使民众接受它,并逐渐形成遵守制度的习惯,自觉维护制度的权威,最终产生对制度的信仰。[④] 与制度变革滞后相反的是,很多时候制度创新在实践与逻辑上都先于民众观念的更新,而且往往采取"运动"的方式进行,旧的、落后的思想观念、思维方式、行事风格就会与新的制度相冲突,导致新制度的落实屡遭阻抗,这种情况在

① 邹吉忠.自由与秩序:制度价值研究[M].北京:北京师范大学出版社,2003:286.
② 辛鸣.制度论——关于制度哲学的理论建构[M].北京:人民出版社,2005:288.
③ 辛鸣.制度论——关于制度哲学的理论建构[M].北京:人民出版社,2005:135.
④ 苏力.制度是如何形成的[M].北京:北京大学出版社,2012:206.

一些发展中国家表现得尤为突出，在我们的课程改革中也有所显现，如在改革启动之初引进了大量的国外课程理念，这些理念与我们原有的教育理念相冲突，又没有为人们留出足够的时间去消化和适应这些理念，因此，在课程改革过程中不容易为教育工作者所接受，更不容易转化为实际的教育行动。我们的课程改革制度化的现状是以上所说的两种情况，即制度落后与超前于民众发展的需要同时存在，都不利于课程改革的顺利推进，这就提醒我们注意课程改革制度化的方式，是采取保守主义还是激进主义抑或是中庸的方式？

最后，课程改革制度的创制与执行、监督都需要建立相应的机构或部门来进行认真研究和切实运行，这是需要付出很大的代价和成本的，也即是我们通常所说的"制度成本"，制度成本是不可避免的。课程改革制度化应该适当考虑制度收益是否高于制度成本，但是教育和课程改革作为国家的公共事业，多数时候不能也不应该完全站在经济学的立场考虑问题，在很多时候应该不惜代价去发展教育、进行课程改革，因为这是一项立足长远的事业，哪怕牺牲短期的经济发展和经济效益也是完全道德的、完全合理的。我们国家在很多时候只是象征性地表示重视教育，在为教育投入方面却是杯水车薪，为教育的直接投入尚且如此，何况那些间接保障教育顺利发展的课程改革制度成本的投入了，这恐怕也是制约课程改革制度化功能有效发挥的一个十分关键的外部因素，值得相关部门认真考虑。

第二节 课程改革自由秩序形成的其他路径

自从人类与这个世界相接触的那一刻起，人类便开始了其对世界规律和人类之间交往规律的艰难探索，我们试图发现规律、利用规律为自身的生存和发展服务。在古代社会人们出于生存的需要，以血缘、地缘为纽带结成一个熟人社会，在这个相对封闭的社会中，人们交往范围狭窄，人与人之间彼此比较了解，慢慢地形成了风俗习惯、宗教信仰以及伦理道德等非正式制度，现代学者也称之为狭义的文化、共有的心智模型（shared mental model）[①]，他们以这种方式可以很好地调节人际交往关系，这种方式至今仍存在于我国的一些少数民族聚居区并发挥着其应有的功能[②]。随着生产力的逐步发展，人们之间形成了"普遍的社会物质交换和全面的生产关系"（马克思语），人类社会逐步从熟人社会进入了一个陌生人社会，人与人之间实现了独立、平等

---

① Denzau，A.T.，North，D.C..Shared Mental Model：Ideologies and Institutions [J]. Kyklos，1994(1)：1—31.

② 参见：伍装.非正式制度论[M].上海：上海财经大学出版社，2011：7—9.

和自由,原来对人际交往关系起调节作用的那些文化形式不再能够约束陌生人之间的交往,因此,需要人们建立起形式化的正式制度如法律、规章、条令等约束陌生人之间的交往,使人在交往过程中的冲突减少或能够得到解决。然而,现代社会的发展并不是仅靠正式制度就能够实现自由秩序的,正式制度只是在公共领域产生作用,一涉及私人领域或人的内心深处,正式制度则是无能为力的,再加上正式制度功能的顺利实现也需要外部环境的支持和配合,诸如与制度理念相一致的文化氛围、个人崇高的道德修养以及理论素养等文化性因素。制度与文化之间的关系十分紧密,制度可以从文化因素中发展进化而来,制度本身都内涵有文化因素,如伦理道德。制度的设计与安排必须考虑是否合乎道德,否则这种制度安排是不会得到社会成员的尊重与信仰的,也就没有实质性的效力[①],合理的制度也可以涵养个人的文化品性;文化也需要制度的支持和保障,否则文化的建设无异于水中捞月。但是正式制度的功能是有限度和边界的,文化因素又有其自身的长处和优势,现代社会自由秩序的实现需要正式制度和文化因素协同作用。课程改革自由秩序的实现也同样需要正式制度和非正式制度的协同作用,在加强制度建设的同时,不能忽视非正式制度的建设和创新,否则正式制度的功效将会大大削弱。

一、社会文化氛围的改造

制度与社会的整体文化氛围有着密切的关系,自由、民主的文化氛围塑造着民主的制度,保守、专制的文化氛围塑造着专制的制度,而一定时期相对稳定的制度又反过来影响和塑造特定的文化氛围。由于人具有主观能动性,文化不能完全决定制度的建立,制度也不能绝对左右文化的发展,无论是制度还是文化建设,关键要取决于社会生产力的发展和人的能动性,制度和文化之间只是相关关系,而不是因果关系。因此,正式制度不一定要建基于与其相对应的社会文化之上,并不一定要等文化完全转变过来才能创设和建立。西方发达国家的制度建设确实是与其文化的改造和发展基本同步的,但这对于发展中国家来说尤其不现实,因为文化的改造是一个漫长的过程,而且正式制度对文化的塑造也有一定的影响。对于发展中国家来说,制度建设和文化改造这两者都要兼顾,不可顾此失彼。我国改革开放以后的经济发展也证明了制度建设可以与文化改造同步进行,比如市场经济制度的建立与人们诚实守信、公平正义观念的树立同步,其他许多国家或地区,如日本、新加坡、韩国与我国的香港地区的发展也都能证实这一点。然而,正式制度的预期功效或理想价值,必须要有与其相对应的社会文化相配合才能最大限度地实现,否则正式制度与社会文化的作用力将

---

① 唐莉萍.论"法治"和"德治"的内涵及其关系[J].贵州社会科学,2002(5):46.

会向两个相反的方向发展,造成彼此功能的拉拽效应。

　　随着我国生产力的发展,现实地要求我们建立起形式化的制度来规约人们的行为,但是我国文化的改造尚在进行之中,许多旧的、保守的文化也广泛地存在于人们的社会生活中,对人们的行为方式产生着不可小觑的影响,也在无形之中降低了形式化制度的权威和功能,如社会潜规则流行并有压倒显规则之势、法治在很多时候沦落为人治等。因此,制度不一定要直接建基于一个特定的文化传统,但是一定要与相应的文化建设相合拍,这对于发展中国家来说尤为重要,这就要求我们积极主动地进行文化的改造和创新。在课程改革的过程中我们也建立了一些制度,但是在现实的社会文化面前总是显得那么脆弱和不堪一击。良好的课程改革制度的建立是一个方面,良好的制度能否为人们所接受和有效落实则是另外一个方面,它要求与其相对应的社会文化的协调和配合方能最大限度地实现。相对于形式化的课程改革制度而言,社会文化在对个人自由与社会秩序这个问题的解答上,其作用机制更加隐秘、更加复杂,更加具有无为而治的特征,它好比一只“无形的手”使社会交往关系形成自生自发的秩序。① 我们以往总是认为教育或者课程改革应该适应和传承社会文化,这是教育或课程改革应有的责任和义务,而几乎没有认真思考过社会文化如何适应教育或课程改革的问题,这种观念已经变成了我们的潜意识,如今需要我们转变这种不正确的观念,因为教育、课程改革与社会文化之间是一个双向互动的关系,“离开了文化参与和支持的课程改革犹如缺少灵魂的肉体,注定是不完整的”②。

　　文化的改造和创新是我国自鸦片战争以来,持续被社会仁人志士所高度关注和努力参与的一项事业,但是其成果始终不能令人感到满意,理想的社会文化氛围始终没有形成,笔者认为最重要的原因恐怕就是,人们在文化改造和创新的方法论上一直存在比较激烈的争论,尚未达成一致的共识。对于文化的改造,我们一直徘徊于托古改制、中体西用抑或全盘西化这几种立场之间而摇摆不定,久久不能超越这几种文化改造观。托古改制主张借“古圣先贤”之名行变革之实,虽然这种主张的目的不是复古,然而这种思想观念总是将古代社会加以美化,在这些人的心目中和笔下,越是蒙昧无稽的上古社会,越是他们理想的盛世、人间的天堂,这不符合社会发展的规律,推崇和提倡托古改制的人一般来说都是空想主义者。③ 中体西用是出于救亡图存这个功利主义的直接目的而出现的一种思想观念,提倡以“中学”为本体与根本原则,“西

---

① 邹吉忠.自由与秩序:制度价值研究[M].北京:北京师范大学出版社,2003:287-288.
② 李志超,靳玉乐.学校文化重建与课程改革[J].中国教育学刊,2013(2):22.
③ 李锦全.托古改制与变法维新[J].天府新论,1989(4):44.

学"只是具体的方法与具体的表现,以中驭西,以道御器。① 人为地割裂了西方文化中的体与用,直接模仿和照搬西方的技术,而对于技术背后的科学精神、社会的民主文化则很少予以关注。中体西用对于我国的文化创新和建设影响很大,其市场也很广,目前很多思想观念都是中体西用的变体。很多人骨子里仍很排斥西方的民主和科学文化,谈到民主就色变,工作、生活非理性,就是最突出的表现。再加上我们曾经为了宣扬新文化而发起的几场批判传统文化的运动,我们也失去了传统文化之根,而新的文化又没有在中国扎根,这就造成了很多人思想上呈现出文化保守主义与虚无主义,失去了文化改革与创新的理想②。中体西用的实用性和目的性过强,实际上是将文化降低为可以随意置换的"器"的地位,这是其悖谬之处。"全盘西化"论者则认为并不存在什么"道"的文化与"器"的文化之分,文化在本质上是一个整体,这是较"中体西用"论的科学之处。但他们秉持"矫枉务必要过正"的文化创新态度,认为必须在根本上与旧文化割裂开来,才能彻底地、全盘地进行新文化的创造。全盘西化论者忽视了社会生产力的发展状况,而将文化视作人类可以随意选择的一种东西③。上述诸种文化创新观都预设了一个先验的前提——某一理想的文化模型,或是中国古代,或是希腊罗马,我们要做的就是将其模仿或者照搬过来即可,因此,它们在本质上都是文化保守主义。我们认为,文化的创新应把握社会发展趋势,立足传统文化,放眼全球文化,坚持"文化有机体"观念,综合中西文化和古今文化,进行有中国特色和中国气象的文化创新和改造。我国目前的各项事业都处于现代化建设之中,需要创设与现代化建设相适应的社会文化氛围,即自由、平等、民主、理性、开放与宽容的社会文化氛围。这就对我国的知识分子和新闻媒体提出了要求,即创作出优秀的作品宣扬这些价值理念,持续进行社会启蒙,重塑社会的文化氛围,为课程改革的制度化打下坚实的社会文化基础。

二、改革参与者道德修养的提升

西方传统文化的核心是宗教,而我国传统文化的核心则是世俗性的道德。④ 但这并不是说西方社会不存在道德,道德是一个普遍存在的现象,只不过道德在我国古代社会的地位比较特殊,甚至发展成为"道德治国",道德的世俗化、平民化以及道德的政治化相结合,成为我国古代道德教化的方法与手段。我国古代社会十分重视统

---

① 郑金洲.教育文化学[M].北京:人民教育出版社,2000:360—361.
② 王岳川,胡淼森.文化战略[M].上海:复旦大学出版社,2010:183.
③ 王岳川,胡淼森.文化战略[M].上海:复旦大学出版社,2010:167.
④ 邹吉忠.自由与秩序:制度价值研究[M].北京:北京师范大学出版社,2003:298.

治者的道德修养,强调社会应交由那些道德高尚者、贤能者治理,其目的是为了防止政治道德的堕落,反对暴君与暴政,以缓解统治者和被统治者之间的紧张对立关系,维护政治统治的长治久安。① 对于普通百姓而言,良好的道德修养则是为人处事的基础和原则,依据内心道德律令的指引而行事也是其向上层社会流动的砝码之一,而且形成了一套提升道德修养的方法,"格物致知,诚意正心,修身齐家,治国平天下"就是儒家所提倡的普通人乃至帝王将相的道德修身方法。随着我国市场经济的不断深入发展和社会的现代化转型,道德虽已渐渐失去了它在传统社会中的特殊地位与作用,形式化的制度逐渐取代了其在传统社会中的地位而在现代社会关系的调节中发挥重要的作用,但道德本身所内含的普世价值与积极意义——调节人际关系以及维护社会秩序,却不能被我们所忽略,道德对于人们心灵的净化与行为的自我约束却是现代"陌生人"社会所不可缺少的。② 现代制度对社会成员的要求是消极的,一般只规定了最起码的行为要求;而道德对社会成员的要求则是积极的,能够解决人类精神生活和社会交往中的更高层次的问题。而且,制度功能的有效和持续发挥必须通过转化为社会成员的自觉意识这个中介环节,即制度必须"深入人心",制度的理想目标和终极目标也是使社会成员能形成遵守社会制度如同道德自觉那样达到自动化的程度。社会成员的道德水平和德性程度,是课程改革制度得以正确应用和发挥作用的重要前提条件。课程改革中出现的诸多现象固然与制度的不健全、不完善有关,但与一些人的道德修养不高也不无关系,因此,课程改革的参与者应注重自身道德修养的提升。尤其是当社会处于转型期,旧的制度功能失灵,新的制度又尚未建立起来,人们此时只能依凭内心道德的召唤,以实现个人的自由和社会的秩序。

一般来说,道德在人类生活中有两种存在状态:一是表现为道德主体的内在品质,即"德性";二是道德主体的外在行为,即"德行"或"道德生活"。③ 德性的外化即是现实生活中人们的道德行为,所谓"在心为德,施之谓行"。人之所以追求道德并依据道德行事,不是为了自身利益的获得,而是个体自身的德性使然。德性是人的意志决定自身的一种道德力量,是个人内在秩序的根源,它使个人超越其自然属性的牵绊与生理本能的绝对驱使,使人成为一种可以自我调整与节制的社会存在,使人不为不当利益所动心、不为威严所屈服,使人在他人身处困境时怀抱一颗恻隐之心。德性可以建构人的品格,纯化了人的心灵,为人的尊严奠定了基础。④ 因而,道德所关注的

① 高兆明.制度伦理研究——一种宪政正义的理解[M].北京:商务印书馆,2011:95—96.
② 安云凤,朱慧玲.现代社会对制度与道德的双重诉求[J].哲学动态,2012(11):53.
③ 李朝东,王金元.教育启蒙与公民人格建构[M].北京:中国社会科学出版社,2009:132.
④ 杨育民.德性与制度化规则[J].人文杂志,2002(2):24.

对象是"义务",践德行为不与谋求个人权利相对应,而制度关注的对象则是"权利—义务"的对等统一。在对人的社会行为和社会关系的调节方面,制度与道德的作用机理是不同的,制度仅仅通过外部强制力量规约人的外在行为,而道德则可以深入人的内心深处,不仅规约人的外在行为,而且也可以自我规约其内在心灵。违反道德,不仅会受到社会舆论的谴责,而且也会受到自身良心的谴责。道德最根本的规定性在于人的行为并非是出于物欲和声名的驱使,而是出于个体自由、自觉的内在需求。因此,德性不应该被外在地强加于人,而是应该通过个人的人格自觉来实现。① 道德的本质特征在于人类的自觉,在于人的良心发现,着眼点在于"应当如何"。正如德国古典哲学大师黑格尔所说:"道德之所以是道德,全在于具有知道自己履行了义务这样一种意识。"② 一旦道德为人们所真正地接受,它就会像一只"无形的手",以一种隐形的但却强有力的力量,引导着人们的思想、评价并监督着人们的行为,将人的行为拉入符合道德规范的轨道。这种力量不像形式制度那样是外在的,而是发自人的内心深处的,是人的一种自愿和自觉,甚至是一种无意识。③ 道德通过自我良心或德性的指引和约束,可以发挥制度所不可触及的领域,这是道德功能的优势所在,但优势如果换一个角度看就成为其最大的劣势。正因为人们践行道德依靠的是人的自觉性、良心和自律,加上道德对人类行为的要求较为笼统、标准较为模糊,④ 违反道德顶多也就是会受到社会的舆论谴责,因此,道德行为就具有很大的随意性和不确定性。随着环境的改变,主体的行为方式也有可能会发生一定的改变,现代社会仅仅依靠道德是无法正常运转的。一般而言,道德万能论者秉持的人性观基本上都是人性本善论,这是一种脱离了具体环境的抽象人性论,它不是一种科学的人性观,因此,道德万能论在根本上是站不住脚的。

课程改革的顺利推进需要改革参与者的道德自觉和良好的道德修养,设计再好的制度也离不开具有良好道德修养的人来执行和实施。那么,如何使改革的参与者自觉提升其道德修养呢?德性是养成的,这在今日已基本达成共识。但对于德性究竟是如何养成的,却一直存在着较为激烈的争论,大致上可以分为两种极端的观点:其一是环境决定论,其二是教育修养说。前者认为个人生活的环境,包括本书的研究对象——制度,决定着个人德性的养成,但却忽略了德性的提升是人发挥主观能动性

---

① 杨育民.德性与制度化规则[J].人文杂志,2002(2):24.

② [德]黑格尔.精神现象学(下卷)[M].贺麟,王玖兴,译.北京:商务印书馆,1979:157.

③ 辛鸣.制度论——关于制度哲学的理论建构[M].北京:人民出版社,2005:261.

④ 孙莉.德治与法治正当性分析——兼及中国与东亚法文化传统之检省[J].中国社会科学,2002(6):99.

而自我改造和修养的过程；后者洞察到了德性的养成必须经过个人自我的心性改造，但却忽视了个人存在环境的制约作用，陷入了教育万能论的泥沼。实际上，个体德性修养的养成是主体在特定的社会环境中自我主动的精神提升过程，良好的社会环境和个体的自觉理性批判皆不可或缺。① 因此，一方面我们应该营造良好的社会环境，创建公平、合理的制度，使人们在良好的环境中自觉践德；另一方面，个体也应该加强自我反思和自我监控，严格要求自己遵守社会公德、职业道德以及做人原则，使个体的道德修养与社会的良好制度相协调，共同发挥各自的正向功能，减少负向功能，保障课程改革自由秩序的实现。

三、改革参与者专业素养的发展

社会事业的正常开展需要"德才兼备"的人，个体的道德修养是"德"的一面，个体在具备高尚道德修养的同时，还应该具备良好的专业素养，以便顺利地完成本职工作，这便是"才"的一面。现代社会是一个分工高度专业化的社会，专业素养是工作顺利开展的前提条件，它包括丰富的专业知识以及在此基础上解决实际问题的能力。专业素养是专业最重要的特质之一，这从"专业"的定义便可窥见一斑："所谓专业，是指从业者具有卓越的知识和能力，他们对知识和能力的运用，关系着别人的生死或利害。如果他们的知识或能力不够，当事人会立即受到影响。"② 如果从业人员的专业素养不足，将会给社会事业带来巨大的危害，使社会事业的开展只能依靠经验而非理性，从而陷入盲目的境地。改革参与者的专业素养不足是我国课程改革中许多非理性现象发生的一个重要原因，这不仅包括改革的发起者、教育行政人员，也包括相关研究者和一线教师。以我国新课程改革的纲领性文件——《基础教育课程改革纲要（试行）》为例，有学者对其进行了专门的分析，指出这份纲领性文件全文虽然只有五千字左右，但是其中的疏漏之处却颇多，甚至包括叙述逻辑上的混乱。这份课程改革的纲领性文件的起草汇集了我国高级教育行政官员、课程改革专家组以及相关成员，在充分借鉴美国、日本、澳大利亚等国家和我国台湾地区课程改革经验的基础上，经过二十次的反复讨论和斟酌制定而成，但是这份纲领性文件"却似乎难见专业水准"，这不是正说明我们的课程改革在理论准备上的不足吗？③ 再以义务教育学校布局调整为例，地方政府对农村中小学布局调整的依据是从数字到数字，而不是从农村学生的实际需要和农村中小学校布局的实际状况出发的，这在一个方面显示出地方政府

① 高兆明.制度伦理研究——一种宪政正义的理解[M].北京：商务印书馆，2011：242.
② 贾馥茗.教育概论[M].台北：五南图书出版公司，1979：154.
③ 吴刚.奔走在迷津中的课程改革[J].北京大学教育评论，2013，11(4)：37.

部门工作人员"价值理性"的过度膨胀和"工具理性"的严重缺失；另一个方面也可能与他们不清楚如何去调查、统计与分析农村学校的布局情况，并在此基础上制定出科学、合理的布局调整方案有关。改革参与者的专业素养缺失是课程改革过程中许多非理性、不符合教育规律现象出现的原因之一，因此，提高改革参与者的专业素养就成为课程改革不得不面对的一项难题。

提升课程改革参与者的专业素养，一个方面要靠相关制度的保障，给改革参与者提供在职进修的机会，使改革参与者在具备一定实践经验的基础上，重新学习新的知识，发展新的能力，使理论与实践有机结合起来；另一个方面要靠改革者自身的专业学习和专业发展，因为无论以何种形式进行专业发展，最终还是要靠个人自觉、主动地学习和反思，才能将所学的知识转化为相应的解决实际问题的能力，而且科学研究表明人们的很多能力都是靠非正式学习而获得的，关键在于改革参与者要具备乐于奉献的精神和持续学习的态度。改革参与者专业素养的提升之源泉在于教育研究工作者研究成果的针对性和指导性，改革中出现的很多不良现象和问题，也确实与我国教育研究中的一些薄弱环节有关，如学生课业负担过重，如何评判没有一个科学的评价手段，课程内容的难度如何测评理论研究也很欠缺，学生的综合素质如何评价到目前为止也没有达成共识，课程改革的理论基础到底是什么，在课程改革之前也很少有人关心等，许多研究方面的问题都是造成课程改革举步维艰的直接原因。这就给教育研究工作者提出了要求，即要求我们立足本土，[1]秉持实事求是的态度和理性批判的精神[2]，去关注和解决课程改革中的实际难题，避免空洞无物的研究，为课程改革的科学、合理开展提供智力支持，为改革参与者专业素养的提高提供资源保障，实现教育理论向教育实践的沟通和转化，推进课程改革的顺利开展。课程改革是一项复杂而又艰巨的任务，它需要改革参与者在搞清楚课程改革基本规律的基础上，制定出合理的改革方案，并科学、合理地推进改革方案的实施。不断探索并遵循课程改革的规律是改革参与者专业素养的核心，也是改革参与者实现课程改革自由秩序的必要路径，否则改革行为必定是盲目的、基于主观愿望和主观经验的，缺少科学理论的指导，最终必然导致改革的失败，对青少年儿童的健康发展造成严重不利的影响。不断提升自身的专业素养应该成为课程改革参与者的必要信念和自觉行动。

---

① 罗生全，敬仕勇.教育研究，立足本土解决问题[N].光明日报，2012—04—11.
② 袁振国.教育改革论[M].南京：江苏教育出版社，1992：283.

第三节　功能互补：课程改革成功的必要保障

　　课程改革制度是课程改革参与者制度意识的外化，是人的主观意识见之于客观的产物，一经产生便具有了客观性，是外在于制度客体的独立存在，通过强制力量要求制度客体遵守制度的规定，按照制度的要求行事。因此，课程改革制度是外在于课程改革参与者的力量，其功能的发挥必须依赖于制度客体接受制度并愿意按照制度的规定行事，它是课程改革的外部保障。社会文化氛围的重新塑造也是同样的道理，良好的文化氛围鼓励人们独立思考、平等相处、民主协商，使改革的参与者积极发挥自己的创造力投身于课程改革的事业之中，形成课程改革的自由秩序。课程改革制度的创设与社会文化氛围的塑造都是从外部保障课程改革的顺利推进，其功能的发挥要以主体自身的道德修养和专业素养为中介，否则它们就只是一种美丽的摆设。课程改革参与者的道德修养使其在面对不正当利益或自身利益受损时保持平静的心态，能从"教育是一项培养人的事业"这个高度思考所面临的问题和困难，遵循社会公德、职业道德以及个体良心参与到课程改革之中，达到"随心所欲而不逾矩"的境界。课程改革参与者仅仅具备高尚的道德修养尚且不够，课程改革的科学、合理开展尚需要改革参与者具备良好的专业素养，既包括合理的知识结构，也包括解决实际问题的能力，良好的专业素养是课程改革的参与者按照课程改革的基本规律办事的前提条件和必要保障，缺乏良好的专业素养只能使课程改革行为陷入盲目、非理性的境地，最终导致改革的失败。课程改革参与者的道德修养和专业素养是主体的内在素质，可以弥补课程改革制度的形式化和社会文化氛围不能深入主体内心深处的弊端，课程改革顺利推进的理想状态是课程改革制度的创设与社会文化氛围的塑造、改革参与者道德修养和专业素养的提升相同步、相协调，内外结合，避免它们之间功能的冲突和拉拽效应的出现。我国课程改革的实际情况显示，无论是课程改革制度的建设，还是社会文化氛围的塑造、主体素质的提升，这几个方面都是存在问题的，都需要加强和重视，使内部因素和外部因素相结合，使内部因素和外部因素之间的功能进行互补，共同保障课程改革的科学、合理推进，避免课程改革过程中的非理性、随意化现象的发生，保障课程改革促进教育事业的科学发展、促进青少年儿童的健康成长和全面发展！

结　语

　　课程改革的制度化是当代中国课程改革所面临的时代命题，它伴随着中国向现代社会转型的过程而出现，是我们时代精神的内在要求和具体化。课程改革的制度化过程是一个不断认识和反思课程改革行为的过程，正是在对课程改革实践的反思中产生了课程改革的制度意识，制度意识的外在表达即是课程改革的制度化。课程改革的制度化以减少乃至消除课程改革过程中的非理性倾向和随意化现象为直接目的，以实现人的全面发展与社会的和谐发展为终极目的。因此，课程改革的制度化需要秉持公共理性精神，以制度理性为方法论原则，围绕课程改革的一般规律和制度的内在要素而展开，正确处理课程改革过程中的权力分配与运作、教育观念的表达以及文化资本的再分配，即正确分配课程改革中的权利和义务的关系，保障课程改革的顺利推进和科学发展。课程改革的制度化水平是一个国家政治文明和社会生态的集中体现，因为课程改革制度相较于一个国家的基本政治制度而言只是具体制度，它要受到基本制度的影响和规约。而当前我们的课程改革制度化水平较低，这种情况同我们国家的政治文明状况是较为一致的。当然，这并不是说我们的课程改革制度变革一定要等待政治制度完全变革之后才能开展，政治制度的变革也需要突破口，课程改革制度完全可以先行先试，不断积累经验和反思教训，为政治制度的变革与创新提供示范。

　　本书通过对课程改革制度化的内涵、可能性、来源、价值、方法论原则以及限度等进行较为系统和深入地探讨，使课程改革制度化这一命题首次进入人们的视野，以期能够引起课程改革发起者与参与者的重视，为我国课程改革提供方法论层面的启发，也即能够自觉地以制度理性为指导而科学地推进。需要注意的是，本书对课程改革过程中制度化缺失现象的分析更多的是指向教育行政部门，这是与我国课程改革的权力集中模式密切相关的，课程改革的制度化更多的是规约权力主体的行为，使其权力的行使朝着合理性的方向发展，以保障观念表达的自由秩序和利益分配的公平正义。因此，课程改革的制度化更多地意味着对教育行政部门的约束，同时也是教育行政部门自我革命的过程，这个过程必定是异常痛苦和艰难的，但是这从长远来看，是有利于课程改革顺利、科学地推进的，这是发展中国家向现代化社会转型所必须经历的一个过程,任何违背这一历史发展规律的行为都必将对社会的发展造成无法挽回的损失。课程改革制度化需要相关行政部门有坚强的决心和信心来推动,否则课程改革的制度化也将会流于口号而得不到实实在在的落实,课程改革过程中的非理性行为和随意化现象也还将继续干扰课程改革的正常开展。

课程改革制度化这个命题值得我们深入研究和探讨,必须引起我们的高度关注,本书的开展只是对这个命题做一些基础性的研究工作。而且本书的研究属于学理层面的探讨,对课程改革中的非理性行为和随意化现象都是从文献中分析、归纳与整理而得,缺少与课程改革相关当事人的直接接触并获得一手资料,这是本研究的一个遗憾。本书的另外一个遗憾是,在分析和借鉴发达国家课程改革制度化的做法时,仅以日本为例而展开,尚未对其他发达国家课程改革制度化的做法做出系统的分析和借鉴。这些都是后续研究需要多加关注的,只有在对我国课程改革的现状做出准确的定位,对其他国家课程改革的经验做出系统的分析之后,我们才能够真正构建出具有中国特色和中国气象的课程改革制度,才能够保障课程改革的合理运行,确保青少年儿童的全面发展,最终实现社会的和谐发展!

参考文献

一、著作类

[1][以]A.莱维.教育大百科全书·课程[M].丛立新,等译.重庆:西南师范大学出版社,2011.

[2][加]Benjamin Levin.教育改革——从启动到成果[M].项贤明,洪成文,译.北京:教育科学出版社,2004.

[3][以]丹·英博,等.教育政策基础[M].史明洁,等译.北京:教育科学出版社,2003.

[4][美]E.博登海默.法理学:法律哲学与法律方法[M].邓正来,译.北京:中国政法大学出版社,2004.

[5][美]James M. Buchanan.自由的界限:无政府与利维坦之间[M].顾肃,译.台北:联经出版事业公司,2002.

[6][加]迈克尔·富兰.教育变革的新意义[M].武云斐,译.上海:华东师范大学出版社,2010.

[7][美]W.理查德·斯科特.制度与组织——思想观念与物质利益[M].北京:中国人民大学出版社,2010.

[8][英]阿克顿.自由与权力[M].侯健,范亚峰,译.南京:译林出版社,2011.

[9][印]阿马蒂亚·森.理性与自由[M].李风华,译.北京:中国人民大学出版社,2006.

[10][印]阿马蒂亚·森.以自由看待发展[M].任赜,于真,译.北京:中国人民大学出版社,2012.

[11][印]阿马蒂亚·森.正义的理念[M].王磊,李航,译.北京:中国人民大学出版社,2012.

[12][美]艾伦·C.奥恩斯坦,费朗西斯·P.汉金斯.课程:基础、原理和问题[M].柯森,等译.南京:江苏教育出版社,2009.

[13][法]埃德加·莫兰.复杂性理论与教育问题[M].陈一壮,译.北京:北京大学出版社,2004.

[14]白月桥.课程变革概论[M].石家庄:河北教育出版社,1999.

[15][英]伯特兰·罗素.权力论[M].吴友三,译.北京:商务印书馆,2012.

[16][法]布迪厄,[美]华康德.实践与反思——反思社会学导引[M].李猛,李康,译.北京:中央编译出版社,1998.

[17][美]查尔斯·霍顿·库利.人类本性与社会秩序[M].包凡一,王源,译.北京:华夏出版社,1989.

[18]陈伯璋.新世纪课程改革的省思与挑战[M].台北:师大书苑有限公司,2001.

[19]陈敦源.民主与官僚[M].台北:韦伯文化事业出版社,2002.

[20][美]戴维·斯沃茨.文化与权力:布尔迪厄的社会学[M].上海:上海译文出版社,2012.

[21]党国英.变革的理性[M].广州:南方日报出版社,2011.

[22][美]道格拉斯·C.诺斯.经济史中的结构与变迁[M].陈郁,罗华平,等译.上海:上海三联书店,1994.

[23]邓小平.邓小平文选[C].北京:人民出版社,2008.

[24][德]恩斯特·卡西尔.人文科学的逻辑[M].关之尹,译.上海:上海译文出版社,2004.

[25]范蔚.基础教育课程改革[M].重庆:重庆出版社,2006.

[26]费孝通.乡土中国 生育制度[M].北京:北京大学出版社,2005.

[27][英]弗里德利希·冯·哈耶克.自由秩序原理[M].邓正来,译.北京:生活·读书·新知三联书店,1997.

[28]傅林.当代美国教育改革的社会机制研究——20世纪60年代美国教育改革运动的形成[M].北京:教育科学出版社,2006.

[29]改革开放30年中国教育改革与发展课题组.教育大国的崛起:1978-2008[M].北京:教育科学出版社,2008.

[30]高兆明.黑格尔《法哲学原理》导读[M].北京:商务印书馆,2010.

[31]高兆明.制度伦理研究——一种宪政正义的理解[M].北京:商务印书馆,2011.

[32]关锋.实践的理性和理性的实践——马克思实践理性思想探析[M].北京:人民出版社,2009.

[33]郝德永.课程与文化:一个后现代的检视[M].北京:教育科学出版社,2002.

[34]胡定荣.课程改革的文化研究[M].北京:教育科学出版社,2005.

[35]黄乃荧.教育政策科学与实务[M].台北:心理出版社,2006.

[36]黄书光,等.文化差异与价值整合——百年中国基础教育改革进程中的思想激荡[M].北京:教育科学出版社,2011.

[37]黄显华,霍秉坤.寻找课程论和教科书设计的理论基础[M].北京:人民教育出版社,2002.

[38]黄政杰.课程改革新论——教育现场虚实探究[M].台北:冠学文化,2005.

[39]黄忠敬.课程政策[M].上海:上海教育出版社,2010.

[40][德]黑格尔.法哲学原理[M].范扬,张企泰,译.北京:商务印书馆,2009.

[41][德]黑格尔.精神现象学[M].贺麟,王玖兴,译.北京:商务印书馆,1979.

[42]霍秉坤,等.课程与教学:研究与实践的旅程[M].重庆:重庆大学出版社,2008.

[43]贾馥茗.教育概论[M].台北:五南图书出版公司,1979.

[44]莒从进.权利制约权力论[M].济南:山东人民出版社,2010.

[45]蒋建华.知识·权力·课程——政策视野中的课程研究[M].北京:教育科学出版社,2010.

[46][美]杰克·奈特.制度与社会冲突[M].周伟林,译.上海:上海人民出版社,2009.

[47]金生鈜.保卫教育的公共性[M].福州:福建教育出版社,2008.

[48]金生鈜.规训与教化[M].北京:教育科学出版社,2004.

[49]靳玉乐.新课程改革的理念与创新[M].北京:人民教育出版社,2003.

[50]靳玉乐,张家军.教育资源配置与结构调整研究[M].重庆:重庆出版社,2012.

[51]靳玉乐,黄清.课程研究方法论[M].北京:人民教育出版社,2012.

[52][英]卡尔·波普尔.历史决定论的贫困[M].杜汝楫,邱仁宗,译.北京:华夏出版社,1987.

[53][英]卡尔·波普尔.开放社会及其敌人[M].郑一明,等译.北京:中国社会科学出版社,1999.

[54][德]康德.逻辑学讲义[M].许景行,译.北京:商务印书馆,1991.

[55]柯政.理解困境:课程改革实施行为的新制度主义分析[M].北京:教育科学出版社,2011.

[56][德]柯武刚,史漫飞.制度经济学:社会秩序与公共政策[M].韩朝华,译.北京:商务印书馆,2000.

[57][德]兰德曼.哲学人类学[M].阎嘉,译.贵阳:贵州人民出版社,2006.

[58][英]理查德·普林.教育研究的哲学[M].李伟,译.北京:北京师范大学出版社,2010.

[59]李朝东,王金元.教育启蒙与公民人格建构[M].北京:中国社会科学出版社,2009.

[60]李德顺.新价值论[M].昆明:云南人民出版社,2004.

[61]李定仁,徐继存.课程论研究二十年[M].北京:人民教育出版社,2004.

[62]李祥云.我国财政体制变迁中的义务教育财政制度改革[M].北京:北京大学出版社,2008.

[63]李政涛,李云星.百年中国基础教育改革的方法论探析[M].北京:教育科学出版社,2011.

[64]刘放桐,等.新编现代西方哲学[M].北京:人民出版社,2009.

[65]刘复兴.教育政策的价值分析[M].北京:教育科学出版社,2003.

[66]刘俊杰.当代中国权力制衡结构研究[M].北京:中共中央党校出版社,2012.

[67]刘世清.教育政策伦理[M].上海:上海教育出版社,2010.

[68]陆有铨.躁动的百年:20世纪的教育历程[M].北京:北京大学出版社,2012.

[69][德]罗伯特·阿列克西.法:作为理性的制度化[M].北京:中国法制出版社,2012.

[70][英]罗素.西方哲学史[M].马元德,译.北京:商务印书馆,2011.

[71]吕达,周满生.当代外国教育改革著名文献(日本、澳大利亚卷)[M].北京:人民教育出版社,2004.

[72]吕达.课程史论[M].北京:人民教育出版社,2011.

[73]吕立杰.国家课程设计过程研究:以我国基础教育"新课程"设计为个案[M].北京:教育科学出版社,2008.

[74][德]马克思.1844年经济学—哲学手稿[M].刘丕坤,译.北京:人民出版社,1979.

[75][德]马克斯·韦伯.经济与社会[M].林荣远,译.北京:商务印书馆,1997.

[76][德]马克斯·韦伯.社会科学方法论[M].李秋零,田薇,译.北京:中国人民大学出版社,2009.

[77][美]迈克尔·W.阿普尔.教育与权力[M].曲囡囡,等译.上海:华东师范大学出版社,2008.

[78][加]迈克尔·富兰.变革的力量——透视教育改革[M].中央教育科学研究所,加拿大多伦多国际学院,组织翻译.北京:教育科学出版社,2004.

[79]毛泽东.毛泽东选集(第一卷)[C].北京:人民出版社,2006.

[80]卯静儒.课程改革——研究议题与取径[M].台北:学富文化,2009.

[81][法]孟德斯鸠.论法的精神(上册)[M].张雁深,译.北京:商务印书馆,1961.

[82][法]米歇尔·福柯.性经验史[M].佘碧平,译.上海:上海人民出版社,2002.

[83]欧用生.课程改革——九年一贯课程的独白与对话[M].台北:师大书苑有限公司,2000.

[84][美]派纳,等.理解课程:历史与当代课程话语研究导论[M].张华,等译.北京:教育科学出版社,2003.

[85]钱民辉.教育社会学概论[M].北京:北京大学出版社,2010.

[86][英]乔伊·帕尔默.教育究竟是什么? 100位思想家论教育[M].任钟印,诸惠芳,译.北京:北京大学出版社,2008.

[87][美]乔治·霍兰·萨拜因.政治学说史[M].刘山,等译.北京:商务印书馆,1990.

[88][美]塞缪尔·P.亨廷顿.变化社会中的政治秩序[M].王冠华,等译.上海:上海人民出版社,2008.

[89][美]塞缪尔·P.亨廷顿.文明的冲突与世界秩序的重建[M].周琪,等译.北京:新华出版社,2009.

[90]施惠玲.制度伦理研究论纲[M].北京:北京师范大学出版社,2003.

[91]施良方.课程理论:课程的基础、原理与问题[M].北京:教育科学出版社,1996.

[92]石中英.知识转型与教育改革[M].北京:教育科学出版社,2005.

[93][英]斯蒂芬·J.鲍尔.教育改革:批判和后结构主义的视角[M].侯定凯,译.上海:华东师范大学出版社,2002.

[94]司汉武.制度理性与社会秩序[M].北京:知识产权出版社,2011.

[95]宋兵波.学校改革的逻辑——现代教育改革的社会认识机制问题研究[M].北京:中央编译出版社,2013.

[96]宋增伟.制度公正与人的全面发展[M].北京:人民出版社,2008.

[97]苏力.制度是如何形成的[M].北京:北京大学出版社,2007.

[98]苏小和.我们怎样阅读中国[M].北京:北京航空航天大学出版社,2009.

[99]孙绵涛.改革开放以来中国教育改革的规律问题研究[M].北京:人民出版社,2012.

[100]孙绵涛,等.教育政策分析——理论与实务[M].重庆:重庆大学出版社,2011.

[101]孙振东.教育研究方法论探索[M].重庆:重庆大学出版社,2008.

[102]唐代兴.公正伦理与制度道德[M].北京:人民出版社,2003.

[103]王策三,孙喜亭,刘硕.基础教育改革论[M].北京:知识产权出版社,2005.

[104]王璐.英国教育督导与评价:制度、理念与发展[M].北京:高等教育出版社,2010.

[105]王伟光.利益论[M].北京:中国社会科学出版社,2010.

[106]王威海.政治社会学:范畴、理论与基本面向[M].上海:上海人民出版社,2008.

[107]王元明.人性的探索[M].天津:南开大学出版社,1993.

[108]王岳川,胡淼森.文化战略[M].上海:复旦大学出版社,2010.

[109]王震武,林文瑛.教育的困境与改革的困境[M].台北:桂冠图书股份有限公司,1994.

[110]王宗敏,张武升,等.教育改革论[M].郑州:河南教育出版社,1991.

[111][美]韦恩·K.霍伊,塞西尔·G.米斯克尔.教育管理学:理论·研究·实践[M].范国睿,译.北京:教育科学出版社,2011.

[112]伍装.非正式制度论[M].上海:上海财经大学出版社,2011.

[113]辛鸣.制度论——关于制度哲学的理论建构[M].北京:人民出版社,2005.

[114]徐继存.教学理论反思与建设[M].兰州:甘肃教育出版社,2004.

[115]杨继绳.中国当代社会阶层分析[M].南昌:江西高校出版社,2013.

[116]杨九俊.中国基础教育课程改革推进研究[M].南京:江苏教育出版社,2012.

[117]叶澜.教育概论[M].北京:人民教育出版社,2006.

[118]叶澜.中国基础教育改革发展研究[M].北京:中国人民大学出版社,2009.

[119]叶澜.教育研究方法论初探[M].上海:上海教育出版社,1999.

[120][美]约翰·杜威.民主主义与教育[M].王承绪,译.北京:人民教育出版社,2001.

[121][美]约翰·罗尔斯.正义论(修订版)[M].何怀宏,何包钢,廖申白,译.北京:中国社会科学出版社,2009.

[122]袁振国.教育改革论[M].南京:江苏教育出版社,1992.

[123]袁振国.教育政策学[M].南京:江苏教育出版社,2001.

[124]袁振国.中国教育政策评论 2008[M].北京:教育科学出版社,2008.

[125]袁振国.当代教育学[M].北京:教育科学出版社,2012.

[126]查有梁.课程改革的辩与立[M].重庆:重庆大学出版社,2009.

[127]张楚廷.教育哲学[M].北京:教育科学出版社,2006.

[128]张敦福.现代社会学教程[M].北京:高等教育出版社,2001.

[129]张国庆.公共政策分析[M].上海:复旦大学出版社,2004.

[130]张华.课程与教学论[M].上海:上海教育出版社,2000.

[131]张荣伟.我们需要怎样的教育:中国基础教育改革概论[M].北京:教育科学出版社,2012.

[132]张汝伦.历史与实践[M].上海:上海人民出版社,1995.

[133]郑金洲.教育文化学[M].北京:人民教育出版社,2000.

[134]钟丽娟.自然权利制度化研究[M].济南:山东人民出版社,2010.

[135]钟启泉,崔允漷,张华.为了中华民族的复兴 为了每位学生的发展——《基础教育课程改革纲要(试行)》解读[M].上海:华东师范大学出版社,2001.

[136]周彬.决策与执行:制度视野下的学校变革[M].北京:教育科学出版社,2005.

[137]周佩仪.从社会批判到后现代——季胡课程理论之研究[M].台北:师大书苑有限公司,1999.

[138]宗白华.中国哲学史提纲[M].南京:江苏教育出版社,2005.

[139]邹吉忠.自由与秩序:制度价值研究[M].北京:北京师范大学出版社,2003.

二、中文期刊类

[140]安富海.新课程改革与"穿新鞋走老路":教师视角[J].中国教育学刊,2011(12).

[141]安云凤,朱慧玲.现代社会对制度与道德的双重诉求[J].哲学动态,2012(11).

[142]编辑部."撤点并校"挥别"一刀切"[J].中小学管理,2010(3).

[143]陈福胜.法治的实质:自由与秩序的动态平衡[J].求是学刊,2004(5).

[144]陈桂生."制度化教育"评议[J].上海教育科研,2000(2).

[145]陈燕谷.文化资本[J].读书杂志,1995(6).

[146]褚宏启.教育公平与教育效率:教育改革与发展的双重目标[J].教育研究,2008(6).

[147]褚宏启.教育行政权力的优化配置:合理扩张与严格制约[J].北京大学教育评论,2013(3).

[148]崔允漷.试论建立国家义务教育质量监测体系的价值[J].教育发展研究,2006(3A).

[149]丁念金.试论我国基础教育课程决策机制的转变[J].课程·教材·教法,2001(5).

[150]杜鸿林,王其辉.马克思恩格斯人民群众观述论[J].天津社会科学,2013(3).

[151]樊亚峤,靳玉乐.学生综合素质评价的制度化[J].中国教育学刊,2010(6).

[152]丰子义.论现代化进程中的理性与非理性[J].北京大学学报(哲学社会科学版),1998,35(5).

[153]冯建军.程序公正:制度化教育公正的重要原则[J].教育发展研究,2007(7—8A).

[154]冯建军.教育自由及其原则:政治哲学的视角[J].教育学术月刊,2008(6).

[155]傅永军.韦伯合理性理论评议[J].文史哲,2002(5).

[156]谷丽洁.我国课程管理体制探析[J].教学与管理,2004(1).

[157]郭华.新课改与"穿新鞋走老路"[J].课程·教材·教法,2010(1).

[158]郭晓明.课程管理研究引论[J].课程·教材·教法,1995(2).

[159]郭元祥.学校课程制度及其生成[J].教育研究,2007(2).

[160]韩震.非理性主义批判[J].北京师范大学学报(社会科学版),1996(5).

[161]韩敬波,马云鹏.影响基础教育课程管理体制的因素分析[J].课程·教材·教法,2004(1).

[162]郝德永.新课程改革应警惕的四种问题与倾向[J].教育科学,2006(4).

[163]贺培育.论制度化[J].理论探讨,1990(2).

[164]和学新.课程评价制度创新与基础教育课程改革[J].教育研究,2004(7).

[165]和学新.实践理性:教改对专家的吁求[J].教育研究,2006(6).

[166]和学新,张丹丹.论学校课程制度[J].全球教育展望,2011(2).

[167]侯琦,魏子扬.制度的非理性与社会和谐[J].中共福建省委党校学报,2008(7).

[168]胡伶,范国睿.教育政策监测与评估主体的现状与发展建议:基于权力来源与向度的分析框架[J].教育发展研究,2012(C1).

[169]黄政杰.建立优良的教科书审定制度[J].课程与教学,1998(1).

[170]纪德奎.新课改十年:争鸣与反思——兼论新课改如何需新鞋走出老路[J].课程·教材·教法,2011(3).

[171]蒋建华.理解课程改革的知识政治学视点[J].课程·教材·教法,2011(10).

[172]蒋建华.权力多极化的课程权力定位——超越中央与地方的思维框架[J].教育学报,2005(2).

[173]靳玉乐,罗生全.课程决定的权力关系及其运作[J].教育发展研究,2009(8).

[174]靳玉乐,樊亚峤.中小学实施综合素质评价的意义、问题及改进[J].教育研究,2012(1).

[175]靳玉乐,王洪席.十年教材建设:成就、问题及建议[J].课程·教材·教法,2012(1).

[176]靳玉乐,李志超.我国课程改革决策的特点、问题及其改进[J].教育发展研究,2013(12).

[177]靳玉乐,肖磊.美国科学课程改革百年回眸[J].西南大学学报(社会科学版),2013(6).

[178]鞠玉翠.教育改革合理性探寻:罗尔斯反思平衡法的启示[J].教育研究,2011(10).

[179]康拾才.论制度化教育的合理性及局限[J].教育研究与实验,2007(2).

[180]蓝顺德.教科书审定制度运作之问题检讨与改进建议[J].课程与教学,2003(1).

[181]蓝顺德.九年一贯课程教科书的审定与选用[J].中等教育,2002(3).

[182]李芳.拷问新一轮基础教育课程改革——浅析《基础教育课程改革纲要(试行)》决策中的问题[J].当代教育科学,2007(22).

[183]李锦全.托古改制与变法维新[J].天府新论,1989(4).

[184]李志超,靳玉乐.学校文化重建与课程改革[J].中国教育学刊,2013(2).

[185]林丹,柳海民.渐进改革:当代中国基础教育改革路向的理性选择[J].教育研究,2009(7).

[186]林明煌.从日本《学习指导要领》的修订探讨其教育变革与发展[J].教育资料集刊,2008(41).

[187]刘生全.课程改革的合理性取向分析[J].教育研究,2008(4).

[188]刘永和.课程改革本身也需要不断改革[J].教育科学研究,2011(9).

[189]罗祖兵.消极教学自由及其积极价值[J].中国教育学刊,2012(10).

[190]吕林海,汪霞.当前世界发达国家课程改革的推进特征及其启示:课程政策设计的视角[J].比较教育研究,2009(7).

[191]马健生,石英姿.论教育改革活动的环境特性[J].辽宁师范大学学报(社会科学版),2003(1).

[192]孟令择,徐朝辉.制度化的思考[J].西北民族大学学报(哲学社会科学版),2005(3).

[193]苗启明.论制度理性:从不发达到现代化的主导力量[J].学术探索,2000(5).

[194]欧阳康.合理性与当代人文社会科学[J].中国社会科学,2001(4).

[195]欧用生.披着羊皮的狼:校本课程改革的台湾经验[J].全球教育展望,2002(7).

[196]欧用生.日本小学课程发展机制之分析——课程与政治的关系[J].教育资料集刊,2010(45).

[197]彭彩霞.教育改革的困境及其超越:基于国外对大规模教育改革反思的认识[J].教育发展研究,2009(C2).

[198]邱伟华.权力制衡与教育公平之实现[J].华东师范大学学报(教育科学版),2011(1).

[199]申超.中美基础教育课程改革的政策比较:以《基础教育课程改革纲要(试行)》和《不让一个孩子掉队法》的比较为切入点[J].教育学报,2008(4).

[200]沈伟,曲琳.我国普通高中课程改革的反思与展望:杭州师范大学张华教授访谈[J].全球教育展望,2012(12).

[201]石筠弢.好的课程政策及其制定[J].课程·教材·教法,2003(1).

[202]石鸥,刘丽群."荒诞"背后的理性——伊里奇《非学校化社会》及其给我们的启示[J].河北师范大学学报(教育科学版),2000(4).

[203]史宁中,马云鹏,刘晓玫.义务教育数学课程标准修订过程与主要内容[J].课程·教材·教法,2012(3).

[204]宋萑,李子建,程冬梅.中国大陆与香港课程改革政策及其实施之比较[J].课程与教学,2010(4).

[205]苏君阳,傅添.权力视域中教育改革应注意的问题[J].北京师范大学学报(社会科学版),2011(2).

[206]孙传远.新课程改革三次"学术争论"的回顾与反思[J].中小学教师培训,2008(4).

[207]孙莉.德治与法治正当性分析——兼及中国与东亚法文化传统之检省[J].中国社会科学,2002(6).

[208]孙云平.存有与自由问题:海德格对康德自由观的探讨与批判[J].东吴哲学学报,2004(10).

[209]谈松华,袁本涛.教育现代化衡量指标问题的探讨[J].清华大学教育研究,2001(1).

[210]唐莉萍.论"法治"和"德治"的内涵及其关系[J].贵州社会科学,2002(5).

[211]童仁.人民群众是历史的创造者[J].党建研究,2001(6).

[212]童世骏.关于"重叠共识"的"重叠共识"[J].中国社会科学,2008(6).

[213]屠锦红.我国十年语文课程改革:问题与反思[J].河北师范大学学报(教育科学版),2012(6).

[214]屠莉娅.隐形的对抗:课程分权管理中的困境与启示[J].当代教育科学,2007(12).

[215]万明钢.以促进教育公平和教育均衡发展的名义:我国农村"撤点并校"带来的隐忧[J].教育科学研究,2009(10).

[216]万作芳,任海宾.学校的双重角色:科层理性组织和制度化组织[J].清华大学教育研究,2011(4).

[217]王本陆.基础教育改革哲学刍议[J].中国教师,2004(5).

[218]王策三.对"新课程理念"介入课程改革的基本认识:"穿新鞋走老路"议论引发的思考[J].教育科学研究,2012(2).

[219]王海峰,郭素华.制度理性:政府公共治理的价值源起[J].理论观察,2007(5).

[220]王建华.论权力转移与教育转型[J].复旦教育论坛,2011(1).

[221]王举,范国睿.论教育改革的理性化品格[J].清华大学教育研究,2013(3).

[222]王敏勤.课程改革中的放权与用权[J].人民教育,2007(11).

[223]王旭.论制度存在与变迁的必然性及合理性[J].中共中央党校学报,2002(2).

[224]王艳霞.新课程改革与"穿新鞋走老路"的社会学分析[J].教学与管理,2013(4).

[225]王义君.走出地方课程管理的误区[J].人民教育,2006(12).

[226]王永昌.论主体的客体化[J].求索,1991(6).

[227]王岳川.布迪厄的文化理论透视[J].教学与研究,1998(2).

[228]温欣荣,薛国凤.课程改革背景下基础教育问题的反思[J].课程·教材·教法,2005(8).

[229]文黎明.论教育改革的体制障碍与超越[J].教育研究与实验,1990(2).

[230]吴非."不是爱风尘,又被风尘误"——反思南京教育界的一场讨论[J].教育发展研究,2004(10).

[231]吴刚.奔走在迷津中的课程改革[J].北京大学教育评论,2013,11(4).

[232]吴刚平.国外课程开发机制的基本类型及改革经验[J].教育研究,2000(10).

[233]吴康宁.制约中国教育改革的特殊场域[J].教育研究,2008,29(12).

[234]吴康宁.政府官员的角色:学校改革中的一个"中国问题"[J].教育研究与实验,2012(4).

[235]吴康宁.政府部门超强控制:制约教育改革深入推进的一个要害性问题[J].南京师大学报(社会科学版),2012(5).

[236]吴康宁.深化教育改革需实现的三个重要转变[J].南京师大学报(社会科学版),2013(3).

[237]吴宁.权利·自由·秩序[J].社会科学战线,2005(3).

[238]吴清山.当前教育改革的迷思与省思[J].学校行政,2002(17).

[239]吴小鸥.新课程改革教材建设十年回顾及趋势展望[J].教育科学研究,2012(1).

[240]吴永军.课程改革呼唤——理性精神[J].教育发展研究,2003(1).

[241]肖磊,靳玉乐.中国新课程改革的检视:异域学者的观点[J].课程·教材·教法,2013(6).

[242]谢秀英.农村中小学布局调整中的集体非理性分析[J].中国教育学刊,2011(4).

[243]"新课程实施与实施过程评价"课题组.课程改革实验区追踪评估的最新报告[J].教育发展研究,2005(5).

[244]邢红军.中国基础教育课程改革:方向迷失的危险之旅[J].教育科学研究,2011(4).

[245]邢红军.再论中国基础教育课程改革:方向迷失的危险之旅[J].教育科学研究,2011(10).

[246]邢红军.三论中国基础教育课程改革:方向迷失的危险之旅[J].教育科学研究,2012(10).

[247]邢伟荣,任顺元.新课程改革:基于制度伦理视角的分析[J].教育导刊,2008(6).

[248]徐继存.教学制度建设的理性与伦理规约[J].西北师大学报(社会科学版),2006(2).

[249]徐洁.论制度创新在课程改革中的作用[J].中小学教师培训,2007(5).

[250]许丽英.教育资源配置中的权力失范及其规制[J].教育发展研究,2005(11).

[251]阎亚军,周谷平.对课程改革的若干思考[J].教育研究,2008(1).

[252]杨爱玲.基础教育课程改革存在缺憾的原因反思[J].教育学报,2007(1).

[253]杨春兰.教育法规在课程改革中的保证作用[J].黑龙江高教研究,2008(3).

[254]杨启亮.课程评价:课程改革中的一个双向两难问题[J].教育理论与实践,2005,25(7).

[255]杨思伟.日本推动新课程改革过程之研究[J].教育研究集刊,2006(1).

[256]杨耀坤.理性、非理性与合理性——科学合理性的概念基础:科学合理性问题系列论文之三[J].科学技术与辩证法,1999(5).

[257]杨育民.略论"制度化"[J].社会科学辑刊,2001(6).

[258]杨育民.德性与制度化规则[J].人文杂志,2002(2).

[259]叶立群.日本的教育改革(二)[J].课程·教材·教法,1994(8).

[260]尹弘飚.论课程变革的制度化:基于新制度主义的分析[J].高等教育研究,2009(4).

[261]尹艳秋.培养"生存能力"——21世纪日本教育的基本走向[J].外国教育研究,2000(1).

[262]尹伊文."制度决定论"的神话[J].读书杂志,2008(7).

[263]余进利.我国基础教育三级课程管理体制实施述评[J].当代教育科学,2004(4).

[264]余小茅.究竟是什么导致了新课改中的"穿新鞋走老路":兼与郭华教授商榷[J].课程·教材·教法,2011(3).

[265]袁红梅,连桂玉.合理性的历史演变及其当代建构[J].河南社会科学,2012(8).

[266]查有梁.十年新课程改革的统计诠释[J].教育科学研究,2012(11).

[267]查有梁.论教育改革的限制性原理[J].教育科学研究,2013(4).

[268]张华.道德的课程改革与民主的课程领导[J].全球教育展望,2006(4).

[269]张旅平,赵立玮.自由与秩序:西方社会管理思想的演进[J].社会学研究,2012(3).

[270]张旺.文化与制度二者不可偏废——兼论中国现代化路径的选择[J].淮阴师范学院学报(哲学社会科学版),2012(6).

[271]张晓峰.非理性因素与中国转型时期的公共政策[J].中国行政管理,2003(10).

[272]张意.关于"看"的象征资本[J].国外理论动态,2010(6).

[273]张盈霏.现行教科书选用机制之探究:以国中英语科为例[J].学校行政,2003(26).

[274]赵中建.在"轻松宽裕"中培养学生的"生存能力"——日本《面向 21 世纪我国教育的发展方向》咨询报告述评[J].现代教育论丛,1997(5).

[275]中国教育科学研究院课程教学研究中心课题组.基础教育课程改革十年:经验、问题与对策[J].教育科学研究,2012(9).

[276]钟启泉.中国课程改革:挑战与反思[J].比较教育研究,2005(12).

[277]周洪宇,申国昌.20 世纪中国教育改革的回顾与反思[J].华中师范大学学报(人文社会科学版),2011(3).

[278]周建高.日本教育改革如何达成共识[J].日本问题研究,2009(1).

[279]周育民.关于上海历史教科书问题——对北京几位历史学家批评的回应[J].开放时代,2009(1).

[280]朱葆伟.理性与合理性论纲[J].湖北大学学报(哲学社会科学版),2011(6).

[281]朱成科.基于基础教育改革的课程哲学反思——关于"新课程改革"三个理论问题的探讨[J].当代教育科学,2007(10).

三、学位论文类

[282]曹俊军.反思与构想:我国基础教育新课程改革研究[D].长沙:湖南师范大学,2008.

[283]代建军.论我国当前中小学课程运作机制的转变[D].上海:上海师范大学,2007.

[284]高水红.改革精英[D].南京:南京师范大学,2006.

[285]胡东芳.课程政策研究[D].上海:华东师范大学,2001.

[286]吉标.规范与自由[D].济南:山东师范大学,2008.

[287]姜朝晖.权力论[D].苏州:苏州大学,2005.

[288]康永久.教育制度的生成与变革[D].武汉:华中师范大学,2001.

[289]李秉中.教育均衡发展的制度化研究[D].长春:东北师范大学,2004.

[290]李泽宇.我国基础教育课程改革的适切性研究[D].长春:东北师范大学,2010.

[291]李志超.三级课程管理的权力运作研究[D].重庆:西南大学,2013.

[292]廖辉.学校课程制度研究[D].重庆:西南大学,2010.

[293]林奕莹.九年一贯课程政策决定之评析[D].台中:台中师范学院,2002.

[294]罗生全.符号权力支配下的课程文化资本运作研究[D].重庆:西南大学,2008.

[295]倪娟.初中理科课程标准的适切性研究[D].南京:南京师范大学,2008.

[296]潘新民.基础教育改革渐变论[D].北京:北京师范大学,2010.

[297]史晖.转型与重构:中国近代课程制度变迁研究[D].南京:南京师范大学,2011.

[298]孙艳霞.教育政策道德性研究[D].长春:东北师范大学,2006.

[299]屠莉娅.课程改革政策过程:概念化、审议、实施与评价——国际经验与本土案例[D].上海:华东师范大学,2009.

[300]涂志贤.权力、知识、主体性:Thomas S. Popkewitz思想的分析与应用[D].台北:国立台北教育大学,2008.

[301]王玲.博弈视野下的课程政策研究[D].济南:山东师范大学,2008.

[302]王平.课程改革中的文化适应问题研究[D].兰州:西北师范大学,2006.

[303]王玉珊.日本教育及其在经济发展中的作用研究[D].大连:东北财经大学,2012.

[304]吴华.课程权力:从冲突走向制衡[D].长春:东北师范大学,2008.

[305]吴静.课程变革视域下的课程监控制度研究[D].徐州:江苏师范大学,2012.

[306]吴全华.教育现代性的合理性研究[D].广州:华南师范大学,2005.

[307]张俊列.冲突与和合——教育改革的人性逻辑[D].北京:北京师范大学,2013.

[308]张瑞英.后现代知识观与基础教育课程改革的合理性关系研究[D].西安:陕西师范大学,2008.

[309]张树德.当代课程改革成功机制研究:澳大利亚经验和启示[D].上海:华东师范大学,2007.

[310]张映芹.制度理性与福利公正:基于国民幸福视角的分析[D].西安:陕西师范大学,2010.

[311]张振改.教育政策的限度研究[D].上海:华东师范大学,2006.

[312]赵爽.教育政策合法性研究[D].长春:东北师范大学,2005.

[313]郑家福.新中国基础教育课程改革的文化检讨[D].重庆:西南师范大学,2003.

四、英文类

［314］Arnold, G.B.. Symbolic Politics and Institutional Boundaries in Curriculum Reform: The Case of National Sectarian University［J］. Journal of Higher Education, 2004(5).

［315］Bartlet, L.. Rationality and the Management of Curriculum Change ［J］. Educational Management and Administration, 1991(1).

［316］Brock, A.. Moving Mountains Stone by Stone: Reforming Rural Education in China ［J］. International Journal of Educational Development, 2009(29).

［317］Carol, L.C.. Assessing Institutionalization of Curriculum and Pedagogical Reforms ［J］. Reseach in Higher Education, 2002(4).

［318］Clarke, J.. Student Centered Teaching Methods in a Chinese Setting ［J］. Nurse Education Today, 2010(30).

［319］Dai, D.Y., Gerbino, K.A. & Daley, M.J.. Inquiry－Based Learning in China ［J］. Frontiers of Education in China, 2011(1).

［320］Dello－Iacovo, B.. Curriculum Reform and "Quality Education" in China ［J］. International Journal of Educational Development, 2009(29).

［321］Denzau, A.T., North, D.C.. Shared Mental Model: Ideologies and Institutions ［J］. Kyklos, 1994(1).

［322］Han, X & Paine, L.. Teaching Mathematics as Deliberate Practice through Public Lessons ［J］. The Elementary School Journal, 2010(4).

［323］Hickey, C. & Jin, A.. The Struggle for PE Reform in China ［J］. Asia－Pacific Journal of Health, Sport and Physical Education, 2010(1).

［324］JIN, Y & LI, L.. A Postmodern Perspective on Curriculum Reform in China ［J］. Chinese Education and Society, 2011(4).

［325］Jones, A.. Politics and History Curriculum Reform in Post－Mao China ［J］. International Journal of Educational Research, 2002(37).

［326］Lou, J.. Suzhi, Relevance, and the New Curriculum ［J］.Chinese Education and Society, 2011(6).

［327］Mark, H.. Institutional Theory and Educational Change ［J］. Educational Administration Quarterly,2001(5).

［328］Marton, A.M.. The Cultural Politics of Curriculum Reform in China ［J］. Journal of Contemporary China, 2006(47).

[329]Maurer—Fazio, M.. In Books One Finds a House of Gold [J]. Journal of Contemporary China, 2006(47).

[330]Murphy, R.. Turning Peasants into Modern Chinese Citizens [J].The China Quarterly, 2004(177).

[331]Ni, Y., Li, Q., Li, X. & Zhang, Z.. Influence of Curriculum Reform: An Analysis of Student Mathematics Achievement in Mainland China[J]. International Journal of Educational Research, 2011(50).

[332]Rodney, T.O.. The Institutional Sources of Educational Reform [J]. American Educational Research Journal, 1994(3).

[333]Sargent, T.C.. New Curriculum Reform Implementation and the Transformation of Education Beliefs, Practices, and Structures in Gansu Province [J]. Chinese Education and Society, 2011(6).

[334]Tolbert, P.S., Lynne, G.Z.. Institutional Sources of Change in the Formal Structure of Organization [J]. Administrative Science Quarterly, 1983(30).

[335]Walker, A & Qian, H.. Reform Disconnection in China [J]. Peabody Journal of Education, 2012(87).

[336]Wang, D.. The Dilemma of Time: Student—Centered Teaching in the Rural Classroom in China [J]. Teaching and Teacher Education, 2011(27).

[337] West, W.F.. Institutionalizing Rationality in Regulatory Administration [J]. Public Administration Review, 1983(July/August).

[338]Winchester, I.. On the Applicability of Western Models to China [J]. Journal of Educational Thought, 2002(2).

[339]Woronov, T.E.. Raising Quality, Fostering "Creativity": Ideologies and Practices of Education Reform in Beijing[J]. Anthropology and Education Quarterly, 2008(4).

[340]Zhang, B., Krajcik, J.S., Sutherland, L.M., Wang, L., Wu, J. & Qian, Y.. Opportunities and Challenges of China's Inquiry — Based Education Reform in Middle and High Schools [J]. International Journal of Science and Mathematics Education, 2003(1).

[341]Alisha Vincent.. An Examination of Factors that Affect the Institutionalization of Service—Learning at American Institutions of Higher Education [D]. Vermillion: University of South Dakota, 2010.

[342] Sargent, T.C.. Institutionalizing Educational Ideologies: Curriculum Reform and the Transformation of Teaching Practices in Rural China [D]. Philadelphia: University of Pennsylvania, 2006.

后　记

　　本书是在我的博士学位论文的基础上修改而成的。之所以当时选择"课程改革的制度化"为主题进行研究,现在想来大致有两个重要原因。其一是基于我国新课程改革开展过程中的诸多问题所带来的困惑和不解。新课程改革中出现的许多问题可以确切地说都不是技术性的问题,而是思想准备上的不足、多方利益的博弈和管理上的混乱,导致了一些随意化和非理性的现象,而且这些现象目前仍然在各级各类学校教育改革中时有发生,给民众和参与教育改革的同仁造成了消极的影响。在全面深化教育改革的今天,如何避免这些问题的再次出现就成为我们不得不深入思考的课题。其二是基于我敬爱的导师靳玉乐教授富有前瞻性的引领和指导。靳老师早在2012年第八次全国课程理论研讨会上就初步提出了"课程改革制度化"这一研究议题,这与之后党的十八届四中全会的主题是不谋而合的,因为这次会议首次以全会的形式专题研究部署了全面推进依法治国这一基本治国方略,只有全面推进依法治国才能造就一个现代化的中国,同理,只有课程改革实现制度化才能正确引导思想观念的争鸣,规约权力的运行以及利益的博弈,才能使课程改革科学开展、顺利进行,才能使我国的教育尤其是教育治理走向现代化。

　　在研究的过程中,面对"课程改革制度化"这一富有挑战性的课题,我曾经退缩过,也曾彷徨过,但是在靳老师适时的鼓励和悉心的指导下,我克服了诸多困难,终于较为圆满地解答了"课程改革制度化"这一研究主题,而且博士学位论文也获得了重庆市优秀博士学位论文。因此,我首先要感谢我的导师靳玉乐教授对我的培养和指导,能跟随靳老师读书做学问真乃人生之大幸,向靳老师学习到的不仅仅是读书做学问的方法,更是做人和生活的真谛。现在,又承蒙靳老师不弃,将本书收录进其担任总主编的"学校教育理论的创新与实践丛书"并在国家一级出版社——西南师范大学出版社出版,这对于一个青年学子而言实在是莫大的激励和鼓舞,弟子只有以更加饱满的热情投入到我国的教育事业和教育研究中,才能不辜负靳老师的厚望。

　　本书能够顺利出版,也得益于博士学位论文答辩委员会成员吕达教授、刘志军教授、李森教授、杜静教授以及刘义兵教授等诸位老师的指导。在答辩过程中,各位老师都提出了很多有关课题深化研究的有益建议,在此非常感谢各位答辩委员及其所提出的富有建设性的建议。这些建议有的已在书稿的修改中进行了及时的调整，有的将作为我后续研究的资源加以充分利用。但囿于自己的愚笨，可能一些建议还没有完全消化，在今后的研究过程中会密切注意消化吸收。本书的出版也得到了西南大学教育学部副部长于泽元教授、西南师范大学出版社黄璜主任的关心和帮助，责任编辑张昊越老师时时提醒、不时督促，而且字斟句酌的态度令人起敬。在此，一并致谢！